Miradas oblicuas en la narrativa latinoamericana contemporánea: límites de lo real, fronteras de lo fántastico

Jesús Montoya Juárez
Ángel Esteban (eds.)

Iberoamericana • Vervuert • 2009

© Iberoamericana, Madrid 2009
Amor de Dios, 1 – E-28014 Madrid
Tel.: +34 91 429 35 22
Fax: +34 91 429 53 97
info@iberoamericanalibros.com
www.ibero-americana.net

© Vervuert, 2009
Elisabethenstr. 3-9 – D-60594 Frankfurt am Main
Tel.: +49 69 597 46 17
Fax: +49 69 597 87 43
info@iberoamericanalibros.com
www.ibero-americana.net

ISBN 978-84-8489-467-4 (Iberoamericana)
ISBN 978-3-86527-529-5 (Vervuert)

Depósito Legal: M-47133-2009

Cubierta: Alexandre Lourdel
Ilustración de cubierta: Fotografía original de Óscar Álvarez de Fiz
Impreso en España por Top Printer Plus S.L.L.
The paper on which this book is printed meets the requirements of ISO 9706

Miradas oblicuas en la narrativa latinoamericana contemporánea: límites de lo real, fronteras de lo fántastico

Jesús Montoya Juárez
Ángel Esteban (eds.)

ÍNDICE

ÁNGEL ESTEBAN. Fernando Aínsa 7

JESÚS MONTOYA JUÁREZ. Introducción al caos a través de una mirilla 9

MIRADAS OBLICUAS
EN LA NARRATIVA LATINOAMERICANA

FERNANDO AÍNSA. Miradas desde el subsuelo: la metamorfosis del punto de vista 19

JESÚS MONTOYA JUÁREZ. Écfrasis de lo fractal y sensorium massmediático en la narrativa de Mario Levrero 39

JULIO PRIETO. "¡Realmente fantástico!": notas sobre distopía y ciencia-ficción en el Río de la Plata 57

HEBERT BENÍTEZ PEZZOLANO. Poesía y mimesis en Marosa di Giorgio 77

ANA GALLEGO CUIÑAS. La escritura tallada: el anillo de Moebius, "El joyero" de Piglia 95

VICENTE CERVERA SALINAS. La contemplación oblicua del amor dantesco en Macedonio Fernández y Ricardo Piglia 111

ERIKA MARTÍNEZ CABRERA. Silvina Ocampo, fantástica criminal 129

ÁNGEL ESTEBAN. Reordenando el caos: las manos como elemento oblicuo y estructurador en los cuentos de Ribeyro 141

ANDRÉS NEUMAN. Siete cuentistas muy raros (propuestas para una zoología fantástica latinoamericana) 169

Ana Marco González. La extraña mirada mexicana de Juan Villoro   181

Francisca Noguerol. El escalofrío en la última minificción hispánica: *Ajuar funerario*, de Fernando Iwasaki   195

OTRAS MIRADAS

Rogelio Rodríguez Coronel. Avatares de la narrativa cubana más reciente...   221

Ronaldo Menéndez. El lobo, el campo literario y el hombre nuevo   237

María Caballero Wangüemert. Una mirada oblicua a la última narrativa puertorriqueña   243

Edmundo Paz-Soldán. McOndo en Macondo: los medios de masas y la cultura de la imagen en *El otoño del patriarca*   265

Rafael Courtoisie. Real y fantástico en la narrativa iberoamericana del siglo XXI: segunda parte. Imprecisas fronteras del cielo y el infierno   277

FERNANDO AÍNSA

Ángel Esteban

Fernando Aínsa no es el típico académico, entre otras cosas, porque no es un académico en el sentido estricto. Es decir, nunca ha estado ligado, a través de un contrato permanente, con universidad alguna. Sin embargo, todo lo que gravita alrededor del mundo académico, ha sido el pasto de su propia historia intelectual. Conocido y aclamado desde hace décadas por críticos, profesores y escritores de las dos orillas, ha realizado una labor densa y profunda en el universo de las letras en lengua española. En ese sentido, su doble faceta de escritor y crítico literario le ha dado una dimensión intelectual que está muy por encima de la de la mayoría de los académicos convencionales. Tiene el don del magisterio, aunque no haya sido un habitante asiduo de las aulas. Sus conferencias, que se cuentan por centenares, a menudo dejan con la boca abierta al numeroso público que acude a sus intervenciones. Su conocimiento de la vida universitaria, las constantes invitaciones de las que es objeto en instituciones de todo tipo, manifiestan que el prestigio no tiene nada que ver con las categorías burocráticas que, no siempre con justicia, encumbran desorbitadamente a profesores titulares y catedráticos. En estos últimos años, desde que abandonó su trabajo en la Unesco por jubilación (1999), no hay congreso de calidad y reputación que no cuente con su presencia, lo que es doblemente útil para los organizadores de los eventos: por un lado, asegura un nivel y, por otro, significa que el buen ambiente, la camaradería, el sentido del humor y el espíritu positivo van a ser el plato fuerte de todas las comidas y reuniones.

Su obra, además, se desarrolla en un extenso abanico de posibilidades literarias. Algunas de sus obras de ficción, como El paraíso de la reina María Julia (1994) y Travesías (2000), han merecido premios nacionales e internacionales en Argentina, México, España, Francia y Uruguay, y sus relatos figuran en varias antologías, como Ciempiés. Los microrrelatos de Quimera (Montesinos, Barcelona, 2005). En 2007 apareció su hasta ahora único libro de poemas, Aprendizajes tardíos, pero los mayores frutos de su dedicación intelectual tienen que ver con ensayos que han marcado un hito en la historia de la crítica literaria hispánica, como Los buscadores de la utopía (1977), Identidad cultural de Iberoamérica en su narrativa (1986), De la Edad de Oro a El Dorado (1992), La reconstrucción de la utopía (1999), Pasarelas (2001), Del canon a la periferia (2002), Espacios del imaginario latinoamericano. Propuestas de geopoética (2002), Narrativa hispanoamericana del siglo XX (2003), Reescribir el pasado. Historia y ficción en América Latina (2003) o Espacios de encuentro y mediación (2004).

Así es Fernando, un raro espécimen de una humanidad que se desborda a kilómetros, y que sabe conjugar la profesionalidad y seriedad en sus actuaciones profesionales, con la sencillez y la amabilidad en las relaciones personales. Donde él aparece se está bien, y no dan ganas de marcharse. Dueño de una conversación amena, protagonista de anécdotas inverosímiles en los cuatro puntos cardinales del universo, ni siquiera se apagó su chispa cuando estuvo más del otro lado que de éste. Pero superó el cáncer y nunca se sintió víctima ni perdió el don de la naturalidad que lo acompaña. Recuerdo muchas conversaciones en su piso zaragozano de la plaza San Francisco, pegado al recinto universitario, donde todo eran libros, autores, proyectos de futuro y poemas de aprendizajes tardíos, y recuerdo sobre todo un día inolvidable en su casa a las afueras de Oliete, un día de invierno donde el sol y el fuego invitaban a salir al patio, dar una vuelta por la finca y acercarse a la orilla del río.

Este libro es, de algún modo, un homenaje a Fernando. El segundo encuentro sobre las últimas tendencias de la narrativa latinoamericana nació de una conversación que tuvimos los organizadores, Jesús Montoya y yo, con él, en el primero de los congresos. A raíz de una de las intervenciones Fernando sugirió que el siguiente coloquio tomara una orientación sobre las miradas oblicuas en la narrativa latinoamericana de los últimos años, y así lo decidimos. Por ello, también, el primer capítulo que se ofrece en este libro recoge la conferencia que Fernando preparó para esta ocasión. Los que hemos leído la obra de Fernando y seguimos su estela intelectual, bien podemos decir que es un maestro para nosotros, aunque no nos haya dirigido tesis doctorales ni haya dictado cursos en nuestras universidades.

Introducción al caos a través de una mirilla

Jesús Montoya Juárez

La revolución romántica significó para la cultura contemporánea una crisis de la experiencia sin precedentes en la historia de la Modernidad, una crisis que se tradujo en el inicio de una heterotopía de lo visual que pervive hasta nuestros días y en la que se cruzan la filosofía, el arte, la ciencia y la tecnología. Un recorrido por la historia de esos cruces da cuenta de cómo se ha ido transformando el estatuto de lo real y del observador de un modo tal que, de la misma manera en que sólo a partir del siglo XIX deviene posible pensar un modo realista moderno, merced a agenciamientos tecnológicos nuevos, la realidad misma devendrá también, con el correr del siglo, fantasmagórica.

Si la óptica desde inicios del XIX vira desde una consideración sensorial de la percepción a su tratamiento en tanto proceso intelectivo, en lo que respecta a la literatura, las poéticas de la imitación neoclásicas entran en crisis en favor de las poéticas del genio de la etapa romántica, en las que, como ha señalado Abrams (1975), las cuestiones estéticas se resuelven antes en relación a los vínculos entre la obra y el artista que entre la obra y la naturaleza o el mundo externo a ella. La obsesión por la captación de la realidad que sobreviene a lo largo del siglo puede leerse como la contracara también de esta transformación de la experiencia perceptiva, que se traduce finalmente en la crisis modernista. Si por un lado la segunda mitad del siglo XIX asiste a una fascinación *voyeurista* ante las nuevas posibilidades que brindan la óptica moderna y nuevos medios técnicos como el daguerrotipo o la fotografía, en el corazón de las estéticas del realismo literario, por otro lado, el siglo XIX supone el advenimiento de lo que Benjamin llamaría lo "fantasmagórico", en que se abre paso la idea central de que lo real pueda no ser otra cosa que el resultado de una producción mecánica. El resultado es una desconfianza respecto del sentido de la vista (Crary 1994) crecientemente desligado de la red referencial que supone lo táctil.

Recogiendo las ideas nietzscheanas sobre la moderna crisis de la experiencia, Heidegger lo expresa con nitidez: la ciencia y la tecnología modernas instalan definitivamente "la época de la imagen del mundo". En ella, mediante la sustitución del modelo de conocimiento clásico basado en la aprehensión por el de representación, el mundo por vez primera resulta factible de ser representado como imagen. Pero, paradójicamente, bajo este nuevo régimen del conocimiento, más evidente se hace la necesidad de mediaciones para percibir (Heidegger 1996), de modo que todo esfuerzo moderno por captar la totalidad de lo real camina en paralelo de un desasosiego también moderno ante la pérdida de densidad de esa misma realidad, consecuencia de una inconmensurabilidad nueva que tematizará hasta la extenuación la literatura moderna y, muy particularmente, aquélla que elige un punto de vista oblicuo para narrar el caos inabarcable que deviene lo real.

El sinuoso recorrido por esta heterotopía de lo visual nos llevaría a visitar algunos de los capítulos más interesantes del ensayo contemporáneo. Desde la intensificación de la vida en los nervios que atisbó Simmel, a las nuevas impresiones quirúrgicas de la modernidad tecnológica de Benjamin; de las implicaciones simulacionales de la industria cultural, bajo cuya égida Horkheimer y Adorno pensaban que la vida se había convertido en indistinguible de las películas, a la *pseudo-physis* de Roland Barthes, el *panopticon* foucaultiano o el espectáculo de Debord, en quien se invierte la cita heideggeriana y es el mundo lo que deviene imagen. Recorrido que parecía haber llegado a su fin en el simulacro baudrillardiano y la teoría posmoderna, pero que, como señala Rafael Courtoisie en un incisivo texto que pone el broche final a este libro, encuentra modos topológicos de escapar a la entropía del sentido desde la noción una vez más de lo oblicuo, herramienta de la mirada "donde no es necesaria la aprehensión maximal, pues en lo particular, en cada fragmento, en términos fractales, puede encontrarse la verdad estética de la obra, la verdad, toda la verdad y nada más que la verdad", por lo que –prosigue Courtoisie– "queda patente que la realidad es más fantástica que el más atrevido de los ingenios".

Los capítulos de este libro parten por tanto de la no tan nueva idea de que para hacer más realismo es necesario recurrir a la invención o, como lo formula César Aira, "todo lo raro o lo fantástico que hacemos los escritores sirve para hacer más realismo" (Montoya Juárez 2004). Los cruces entre los modos realistas y fantásticos se convierten así en una cuestión fundante de la narrativa contemporánea, cruces que no dependen tanto de la convivencia en los textos de elementos del mundo físico con otros ajenos a la baraja de lo posible, sino de un efecto de distancia, a menudo de la elección de un punto de vista para narrar, de la adopción de determinadas estrategias de la mirada para extrañar la realidad. Lo fantástico, término controvertido como lo es hoy cualquier definición de realismo literario (Villanueva 1997), una vez se ha desecho del pesado bagaje de lo sobrenatural –como pensaba Lovecraft– debe, para ser fantástico, cuidar su realismo. En lo fantástico –al igual que en la ciencia ficción– se trataría, como apunta Julio Prieto en el ensayo que aquí incluimos, de obrar en efecto una verosimilización de lo inconcebible. Ya Coleridge lo apuntaba en su distinción entre *fantasy* e *imagination,* si ambas refieren a irrealidades, las de la fantasía penetran y transforman el mundo, mientras que las de la imaginación existen en un mundo propio en el cual vagamos libremente en un conocimiento total de lo verdaderamente real. En este sentido, lo fantástico, lo extraño o lo oblicuo modernos ingresan como un modo de perseguir apresar la cuota de caos de la realidad. O como se encarga de recordarnos Fernando Aínsa, citando a la Kabbala, ese caos que parece ser lo que el escritor descolocado encuentra en el mundo también resulta ser "'un estado donde el orden está latente: el huevo es el caos del pájaro'. Pájaros que despliegan sus alas para volar lejos en la imaginación que procuran, aunque quienes los ven a través de las mirillas puedan decirse: 'Sigo buscando algo de que estoy hambriento, pero que no encontraré nunca'".

Este libro por tanto no podía empezar de un mejor modo que con un primer capítulo a cargo del maestro Fernando Aínsa, que con su intervención en el primer seminario de narrativa de Granada (23, 24, 25 de abril de 2007) generó el deseo en estudiantes y profesores de organizar un nuevo seminario, los días 28, 29 y 30 de abril de 2008, germen de los estudios que componen este libro, enriquecido además con la aportación de otros especialistas en la materia. El texto de Aínsa sienta las bases teóricas de lo oblicuo en la narrativa modernista europea, analizando brillantemente cómo la construcción oblicua de la mirada recorre un hilo desde, sobre todo, Dostoievski, a través de la obra de Barbusse, Hesse, Kafka, Sartre o Camus. Aínsa recorre ese hilo, analizando textos fundamentales de la literatura contemporánea, para trazar una teoría de lo oblicuo cuya genealogía latinoamericana lo lleva al inquilinato de Montevideo en que habita Eladio Linacero, protagonista de *El pozo* (1939). Aínsa nos pone tras la pista de una de las vetas más originales de la literatura latinoamericana desde las vanguardias, particularmente, la narrativa cosmopolita, que bebe de la literatura rioplatense y se traduce ora en grotesco, ora en absurdo, parodia, ironía, en los cruces del realismo con el género fantástico, en polifonía temática y otras muchas heterodoxias. Una literatura, objeto de estudio de este libro, que –desde Onetti, Felisberto Hernández, Borges o Cortázar– se impregna de escepticismo, descreimiento, en ocasiones, de una cierta grisedumbre y también de una íntima melancolía. Estas miradas oblicuas en las literaturas latinoamericanas dan testimonio de una cierta "des-realización", una puesta en abismo de lo real y de la experiencia de lo político y lo social, que se analizan, en los setenta, como parte de las estrategias propias de lo que algunos han llamado "insilio" literario en la región.

Pero esta mirada oblicua sobre la realidad supone, pensamos, desde la finalización de los procesos militares latinoamericanos en los ochenta y noventa, nuevas trasgresiones y conexiones con el presente, ya sirviendo para dar testimonio de una experiencia nueva, neoliberal, de irrealidad, reflexionando sobre los vínculos entre literatura y memoria o entre literatura e imposibilidad de la memoria, ya apuntando a una fuerte conciencia de desarraigo y desterritorialización de la subjetividad en el presente. A ello se añade el elemento humorístico. Después de superar el crítico proceso dictatorial, el espacio narrativo se vio plagado de distintas formas de la ironía que aportaron –señala Fernando Aínsa (2008) con respecto a la narrativa rioplatense, algo también válido para otras narrativas o corrientes de producción novelística del continente– una sana "des-dramatización del mundo", una "descompresión de la realidad". Esta mirada oblicua, generalmente acompañada de una dosis de humor, ha funcionado y tal vez siga funcionando como un arma corrosiva, como una vía de exorcismo, convirtiéndose en una de las notas más características de unas literaturas latinoamericanas hoy en constante transformación, como demuestra el ensayo de Aínsa que incluimos en este libro, en su abordaje de textos mexicanos recientes como los de Guillermo Fadanelli o Daniel Sada. O los ensayos de María Caballero o Rogelio Rodríguez Coronel sobre la narrativa reciente de Puerto Rico y Cuba.

La primera sección del libro incluye capítulos que versan sobre modos de aproximar lo realista y lo fantástico, modos de posicionarse oblicuamente para referir a la realidad en el corpus narrativo latinoamericano, con especial atención a la narrativa de Argentina y Uruguay, países que gozan de una tradición narrativa en este sentido de valor incalculable.

Vicente Cervera y Ana Gallego dedican sus ensayos a la obra del argentino Ricardo Piglia. Cervera analiza cómo Piglia recupera en *La ciudad ausente* el impulso erotanático dantesco que obsesiona a Macedonio Fernández. Desgranando el modo en que la obra del adroguense tematiza el "síndrome de

Beatriz" macedoniano constituido como "duelo en ausencia", Cervera pone de relieve el modo en que este síndrome recorre como un río subterráneo buena parte de la literatura argentina. Gallego da algunas claves de lectura del relato breve de Piglia, analizando en su ensayo la simbología del sueño, el anillo y los diamantes en los textos más breves de este autor. Hebert Benítez Pezzolano invita a sus lectores a sumergirnos en el universo de Marosa di Giorgio, para quien podría valer lo afirmado por Calvino a propósito de Felisberto Hernández: "no se parece a nadie". Benítez propone una lectura de la poética de la escritora salteña estableciendo una crítica de la reducción alegórico-figurativa que se ha hecho de ella, poniendo al mismo tiempo de relieve la dimensión visionaria de su obra. Erika Martínez desmenuza "la crueldad inocente u oblicua" que encontrara Borges en Silvina Ocampo. Martínez encuentra una de las claves del "fantástico criminal" de la Ocampo en el ritmo de conjuro que Silvina rescata de los cuentos de hadas, para convertirlo –señala Martínez– "en una fuerza violenta al servicio de la venganza, la justicia o la crueldad más gratuita". Martínez traza paralelismos entre esta obra y la de Julio Cortázar. Este último, como también Silvina, frecuentemente preocupado por explorar la naturaleza intermedial de lo fantástico.

La atención a cómo lo intermedial, lo tecnológico y *massmediático* opera en los cruces entre modos realistas y fantásticos en la literatura contemporánea y, sobre todo, a cómo transforma al mismo tiempo el estatuto de lo realista o lo fantástico, es una nota común de diferentes trabajos que incluimos en el presente libro. Julio Prieto señala cómo la idea de lo intermedial lejos de ser la nota común de un fantástico posmoderno o contemporáneo está en los incipientes intentos de sistematización de la narrativa fantástica en el siglo XIX, en lenguas como el inglés y el alemán, para después confrontar los esfuerzos por traducir los recursos de esos otros lenguajes de la cultura *massmediática* contemporánea en un alambicado juego con el verosímil para obrar un "desvío" –dice Prieto– de lo fantástico común en autores del Río de la Plata de los últimos años. Jesús Montoya Juárez analiza la poética de Jorge Mario Varlotta Levrero, maestro del fantástico literario apenas estudiado fuera de su país. Siguiendo una línea de investigación que atiende a la tecnoescritura latinoamericana y a la construcción de nuevos realismos, Montoya Juárez pone de relieve el papel de la representación verbal de la representación visual en la narrativa levreriana, señalando cómo las imágenes fractales, representadas ecfrásticamente en muchas de sus novelas, se replican narrativamente en traducciones intermediales que condicionan la estructura novelística y resultan funcionales a la explicitación oblicua de una experiencia de irrealidad. Ya en la sección "Otras miradas" también Edmundo Paz Soldán nos propone en su capítulo un análisis a contrapelo de *El otoño del patriarca* que dialoga con este grupo de capítulos. Paz Soldán revisa críticamente tópicos asumidos y lecturas sesgadas del realismo mágico, poniendo de relieve cómo se trabaja sobre la noción contemporánea del simulacro *massmediático* en un texto canónico garcimarquino.

Del Río de la Plata saltamos a la obra del genial autor peruano Julio Ramón Ribeyro. Ángel Esteban principia su capítulo recorriendo parte de las obsesiones del escritor miraflorino, leyendo el modo en que lo oblicuo de su literatura responde a la obsesión de conjugar un esfuerzo de autoesclarecimiento con un radical escepticismo ideológico, para después dar cuenta exhaustivamente de cuál es la simbología de las manos en el conjunto de su narrativa. Andrés Neuman propone por su parte una exquisita lectura de lo oblicuo en la narrativa breve y el cuento latinoamericano a partir de la categoría de lo raro que aplica a la obra y la biografía de autores como Quiroga, Monterroso, Arreola, Marco Denevi, Leónidas Barletta, Hebe Huart o Virgilio Piñera. Ana Marco examina el modo en que Juan Villoro construye un México D. F. distópico en *El disparo de Argón* donde, antes que la aspiración a la descripción panorámica, encontramos –según Marco– "una aproximación a la ciudad desde referentes menores pero capaces de expresarla metonímicamente". Finalmente, Francisca Noguerol lleva a cabo una aproximación al terror como estrategia de la mirada oblicua en la última minificción latinoamericana, conectando la obra breve de Fernando Iwasaki con una reescritura hispánica del gótico cuyas claves son pormenorizadamente desgranadas al hilo de su examen de *Ajuar funerario*.

El libro se cierra con una sección titulada "Otras miradas", donde se recogen ensayos en que la categoría de lo oblicuo resulta productiva para explicar el recorrido de las estéticas latinoamericanas desde los años sesenta hasta el presente. Junto a los textos de Paz Soldán y Rafael Courtoisie, a los que ya nos hemos referido, los capítulos de Ronaldo Menéndez y Rogelio Rodríguez Coronel articulan una lúcida exposición del funcionamiento del campo literario cubano y un recorrido minucioso por la nueva narrativa que se escribe tanto en Cuba como en el exilio. En ambos la idea de un posicionamiento oblicuo de lo cubano respecto del mercado transnacional es de diferente manera examinada en detalle. María Caballero lleva a cabo en su ensayo un examen preciso y exhaustivo de la historia de la narrativa puertorriqueña de los últimos cuarenta años, tanto de aquélla escrita en español como de la escrita en inglés, leyendo las formas oblicuas de la tematización de la identidad puertorriqueña, sus hibridaciones culturales, lingüísticas y *Leitmotiv*. Caballero examina la tematización del folletín, la historia o la productividad de la música en la literatura isleña del siglo XX, para, por último, apuntar en la última narrativa de los noventa y el nuevo siglo, algunos rasgos compartidos, como el deshilvanado de obsesiones nacionalistas e identitarias bajo la influencia de la globalización.

Merced a la reunión de estudios de destacados especialistas y escritores latinoamericanos de máximo relieve internacional, *Miradas oblicuas en la narrativa latinoamericana contemporánea: fronteras de lo real, límites de lo fantástico* quiere ser la mirilla de una puerta a través de la que atisbar algunas formas contemporáneas del cruce en sentido lato de lo realista y lo fantástico en la literatura latinoamericana, buscando examinar los modos de extrañamiento de toda ficción que plantee una forma "oblicua" de "mirar" su presente, una forma en que está necesariamente implicada una reflexión sobre las mediaciones y su desautomatización, una voluntad de ampliar las fronteras y las gramáticas desde las que algo caótico llamado realidad puede narrarse.

BIBLIOGRAFÍA CITADA

ABRAMS, Meyer (1975 [1953]): *El espejo y la lámpara*. Barcelona: Barral.
AÍNSA, Fernando (2008): "Una narrativa desarticulada, desde el sesgo oblicuo de la marginalidad", en Montoya Juárez, J./Esteban, A. (eds.), *Entre lo local y lo global: la narrativa latinoamericana en el cambio de siglo (1990-2006)*. Madrid/Frankfurt: Iberoamericana/Vervuert, pp. 35-50.
CRARY, Jonathan (1994): *L'art de l'observateur*. Nimes: Éd. Jacqueline Chambon.
HEIDEGGER, Martin (1996): "The Age of World Picture", en Duckrey, T. (comp.), *Electronic Culture, Technology and Visual Representation*. Ontario: Aperture Foundation Books, pp. 47-61.
MONTOYA JUÁREZ, Jesús (2004): "Entrevista a César Aira: Para mí lo básico es la invención", en *Revista Kafka* 3, pp. 155-167.
VILLANUEVA, Darío (1997): *Theories of Literary Realism*. Albany: State University of New York Press.

MIRADAS OBLICUAS
EN LA NARRATIVA LATINOAMERICANA

MIRADAS DESDE EL SUBSUELO:
LA METAMORFOSIS DEL PUNTO DE VISTA

Fernando Aínsa

Todo empezó, muy probablemente, el día en que Stendhal decidió pasearse a lo largo de los caminos de Italia y Francia con un espejo que reflejara la realidad. De este simple principio hizo la base del "relativismo sensible" con que autolimitó los tradicionales poderes omniscientes del escritor, esa mirada privilegiada que lo había situado hasta entonces en el punto central del universo ficcional. Al descender a ras de tierra, redujo la mirada al *aquí y ahora* de las evidencias y a una visión fragmentada de las cosas, esa imposibilidad de "ver al mismo tiempo los dos lados de una naranja", con que Georges Blin define el estilo del autor de *Rojo y negro* (1830) (Blin 1954).

La pérdida de la imagen antropocéntrica basada en una mirada que se creía total y absoluta –el "mono de Dios" (*le singe de Dieu*) de que hablaba François Mauriac para referirse al privilegio del autor omnisciente– restringe, a partir de ese momento, el punto óptico en el que se sitúa el narrador para contar una historia. Esta restricción del campo de visión, ángulo de incidencia de la mirada, no sería otra que la culminación artística del proceso iniciado por el "relativismo filosófico" inaugurado en el siglo XVIII con los ataques de Kant contra la idea de eternidad de Platón y el Dios escolástico, proceso de destrucción de las pretensiones del absoluto de las ideologías normativas que desembocó en el epitafio de Frederic Nietzsche, "¡Dios ha muerto!" que Heidegger haría remontar, incluso, al absolutista Hegel[1].

---

[1] Según Martín Heidegger, Nietzsche enunció por vez primera la fórmula "Dios ha muerto" en el tercer libro del escritor, aparecido en 1882 y titulado *La gaya ciencia* y lo explicita en *Así habló Zarathustra*. El chocante pensamiento de la muerte de un dios, del morir de los dioses, ya le era familiar al joven Nietzsche. En un apunte de la época de elaboración de su primer escrito, *El origen de la tragedia*, Nietzsche escribe (1870): "Creo en las palabras de los primitivos germanos: todos los dioses tienen que morir". El joven Hegel dice así al final del tratado *Fe y saber* (1802): el "sentimiento sobre el que reposa la religión de la nueva época es el de que Dios mismo ha muerto" (Heidegger 1996).

Para Flaubert, por el contrario, el escritor-Dios no ha muerto: está disimulado, se esfuerza por desaparecer, no ostenta su autoridad omnipotente,
aunque sepa todo sobre lo que se cuenta y no lo diga. No narra, apenas muestra cómo debe hacer el buen artista que "debe estar en todas partes como
Dios, pero que, como a Dios, no se le debe ver jamás". Dios se disimula en
un escritor falsamente modesto que dice ignorar lo que realmente sabe. El
Frédéric Moreau de *La educación sentimental* (1868) cruza las barricadas de la
revolución de 1848 ignorando que está viviendo un acontecimiento histórico, obsesionado únicamente por sus frustrados amores por Madame Arnoux.
Se alude tangencialmente a los hechos que marcaron la época, se confunden
fechas, se prescribe la evasión como conducta, se reduce la mirada a sólo
aquello que se puede ver, aunque no se pueda explicar y menos aún comprender. Lejos de las narraciones en tercera persona tradicionales, donde se
aseguraba una presencia decisiva y "autorial", el narrador ficticio no representado de Flaubert, si bien no deja de juzgar y valorar, de participar en mayor o
menor grado con intrusiones y comentarios, lo hace no tanto para influir,
sino para neutralizar acotaciones valorativas y mediaciones de toda suerte,
para deslizarse en forma casi anónima entre personajes y situaciones de las
que afirma saber poco.

Se inaugura así el "realismo del punto de vista", un "realismo subjetivo"
centrado en la conciencia protagónica que –desde una perspectiva filosófica–
se prolonga en la fenomenología de Husserl: "toda conciencia es conciencia
de alguna cosa" y todo espíritu está rigurosamente situado en un punto preciso del espacio y del tiempo. Por su parte, Einstein –autor de la teoría de la
relatividad– sentencia lejos de toda preocupación literaria: "no hay más que
puntos de vista personales", multiplicación de centros focales que la narrativa
de fines del siglo XIX y del XX recoge en sus mejores páginas, especialmente a
partir del momento en que las técnicas cinematográficas, donde el punto de
vista de "la cámara" es ineludible, influyen directamente en la estructura
novelesca[2].

---

[2] Alain Robbe-Grillet, figura central de la llamada "escuela de la mirada" del *nouveau
roman* francés y de una novela titulada justamente *El mirón* (*Le voyeur*, 1954), sostiene que "el
cine, tenga o no un personaje al que atribuir el punto de vista, se ve absolutamente obligado a
precisarlo siempre; la fotografía debe tomarse desde algún lugar determinado, así como la
cámara debe hallarse en algún sitio" (1958: 129).

LAS VENTANAS DE LA CASA DE LA FICCIÓN

Henry James –uno de los fundadores de la novela contemporánea gracias a sus teorías sobre el punto de vista, llevadas a la práctica en buena parte de su obra– recordaba en el prólogo a *The Portrait of a Lady* (1881) que:

> La casa de la ficción tiene, en suma, no una ventana, sino un millón, es decir, un número incalculable de posibles ventanas; cada una de las cuales ha sido penetrada, o puede penetrarse, en su vasto frente, por la necesidad de la visión individual y por la presión de la voluntad individual (James 2001).

Todas estas aberturas, de forma y tamaños diferentes –nos dice el autor de *Otra vuelta de tuerca* (1898), la novela que marcó el giro copernicano sobre el punto de vista– miran hacia el "escenario humano". Se podría esperar que la información que se observa desde ellas fuera semejante, porque no son "más que ventanas, en el mejor de los casos, simples agujeros en una pared muerta, inconexos, colgados de lo alto, no puerta con bisagras que se abrieran directamente a la vida".

Sin embargo, cada una de esas ventanas o simples grietas tiene una señal que le es propia: hay un par de ojos que mira y cada uno ve algo diferente. Todos observan el mismo espectáculo, pero donde uno ve blanco, el otro ve negro, uno grande y otro pequeño, uno lo hermoso, el otro lo feo. Y Henry James concluye que ello sucede "afortunadamente" porque el campo que se extiende, la escena humana, es "la elección del tema"; la abertura perforada, sea amplia o con balcones, o sólo como una rendija o como una fisura, es la "forma literaria"; pero, estén juntas o separadas, no son nada sin la presencia apostada del observador, dicho con otras palabras, sin "la conciencia del artista".

Desde esa ventana, ese agujero o esa mirilla, lo real no es más que lo que se puede ver, restricción del campo visual que limita el conocimiento y erradica a los márgenes, tal vez a la mera imaginación, todo aquello que queda fuera del ángulo de visión propiciado. De este modo la percepción está disociada del conocimiento, el observador ve antes de saber, pero a partir de ese "ángulo subjetivo de un personaje preponderante" se expresa con modalidades narrativas como la primera persona, el monólogo interior o la "corriente de la conciencia", proyectando una mirada oblicua donde es esencial ese "estar en situación" que se confiesa desde la ambigüedad y la duda.

Es bueno recordar, que la historia de la literatura puede resumirse en un gran movimiento que va de lo impersonal y universal, del gran relato cosmogónico y épico, hacia la subjetividad; de la voz de un dios enunciando verdades eternas a la de un hombre solitario, cada vez más lejos de las verdades absolutas y más cerca del desamparo y la duda. La primera persona no tiene la autoría del pasado; está, por el contrario, atrapada en el dilema de sus propias fobias y aversiones, medias verdades y penumbras, tal como lo refleja la tradición literaria europea de personajes solitarios que viven encerrados en una pequeña habitación, observando fragmentos del mundo a través de una ventana, un agujero abierto en la pared o escuchando conversaciones con la oreja pegada en un tabique. Una tradición que se prolonga y desarrolla en la narrativa latinoamericana.

Si en esa línea pueden mencionarse –a título de ejemplo– *Memorias del subsuelo* (1864) de Feódor Dostoievsky; *El infierno* (1908) de Henri Barbusse; *La metamorfosis* (1915) de Franz Kafka; *El lobo estepario* (1927) de Hermann Hesse; *La náusea* (1938) de Jean Paul Sartre o *El extranjero* (1942) de Albert Camus[3], en América Latina deben citarse *El extraño* (1897) de Carlos Reyles[4], *Vida del ahorcado* (1932) de Pablo Palacio, *El pozo* (1939) y *La vida breve* (1951) de Juan Carlos Onetti, algunas páginas y relatos de Juan Emar[5] y Julio Cortázar, "realismo subjetivo del punto de vista" que se prolonga en

---

[3] *El extranjero* de Albert Camus, ofrece una variante de la mirada oblicua a través del prisma de la indiferencia, de una aceptación pasiva del acontecer humano que puede conducir al absurdo. Meursault, el protagonista, que pasa sus mañanas echado en la cama y fumando sin parar, es incapaz de emociones, incluso ante la muerte de su madre. Parece verlo todo a través de un cristal que aísla y opaca lo que sucede a su alrededor y hasta cuando es condenado a muerte escucha la sentencia como si se tratara de otro. Su mirada está impregnada de un sentido de irrealidad que parece inmunizarlo frente a todo sentimiento.

[4] La literatura uruguaya tiene un curioso antecedente en *El extraño* (1897) de Carlos Reyles. Julio Guzmán, su protagonista, vive aislado en una habitación recargada de objetos, lo que llama "su mundo" y se pregunta: "No hay dudas, soy completamente *extraño* a los míos ¡a los míos!… pero, ¿tengo que ver algo con ellos?", para comprobar poco después que "voy dejando de ser un miembro de mi familia, un hijo de mi patria". Dueño de una sensibilidad afinada, cuando mira, Guzmán degrada automáticamente lo que observa. Al ver pasar un hombre lo sigue con la mirada hasta perderlo de vista y se dice: "Sin duda una mezcla extraña de elementos contrarios forman la esencia íntima de mi ser; tengo el alma muerta" (Reyles 1968: 37, 47 y 53).

[5] Juan Emar, seudónimo de Álvaro Yáñez Bianchi, que tomó de la expresión francesa *J'en ai marre* ("estoy harto"), maneja un punto de vista original en el relato "El Hotel Mac Quice" y en las novelas *Un año* (escrita en forma de diario, 1934), *Miltín 1934* y, sobre todo, en *Ayer*, utiliza la primera persona para sorprender al lector.

novelas recientes como *El contagio* (1997) de Guadalupe Santa Cruz[6], *Lodo* (2002) de Guillermo Fadanelli y *Luces artificiales* (2002) de Daniel Sada. En todas estas novelas sus protagonistas reivindican la marginalidad, la impertinencia, la hipersensibilidad y hasta la locura como un derecho a un mirar diferente u, optando por la excentricidad, salen del sistema, abandonan las opciones mayoritarias, eligen el sesgo tangencial, la mirada oblicua o propugnan abiertamente la ruptura. La provocación, las agresiones perpetradas a las normas establecidas se asumen como un programa, cuya notas iniciales fueron las del "dandismo excéntrico" que inauguró *Baudelaire y Compañía*, según la definición de Roger Kempf (1977), "culto a la diferencia" que puede leerse como denuncia del centro, sus reglas y el canon establecido.

Una automarginación de origen romántico o decadentista que fue cediendo a un individualismo crispado, exasperado en sí mismo, pero sin soporte, sin asidero, donde seres desamparados cargan su individualidad como un peso difícil de asumir. Personajes frustrados, antihéroes anónimos, disconformes y desarraigados que se niegan a "desarrollar las cualidades de sensatez práctica requeridas para sobrevivir dentro de nuestra compleja civilización", seres que miran hacia donde yace la incertidumbre y comprueban que, una vez que la han contemplado, nunca más el mundo puede ser ya el mismo lugar franco que era –como define Colin Wilson al *outsider* (Wilson 1957: 292, 17) al que identifica con "un hombre que ve desde una mirilla"– son los protagonistas de una narrativa que desde fines del siglo XIX se cuestiona en

---

[6] "Soy una atención, soy un cuerpo mirando por la ventana", escribió Clarice Lispector y Guadalupe Santa Cruz utiliza estas palabras como epígrafe de *El contagio* (Santa Cruz 1997), una novela centrada en el universo claustrofóbico de un hospital –irónicamente llamado el Pedro Redentor– donde un herido, Elías, no está solo ingresado, sino detenido en una habitación –la 83 de la cuarta planta– desde cuya ventana sólo puede mirar en forma oblicua el movimiento desordenado del exterior. Una ventana desde la que Apolonia –la protagonista– se reclina para pensar en "viajes posibles" mientras se deja llevar por "la melancólica agitación de aquellas cabezas de alfiler que eran los transeúntes por las calles" (89). En *El contagio*, el punto de vista no es sólo visual, sino olfativo. "Olí mugre humana corrompiendo al jabón que la había sacado de los trapos que la mantenían", había escrito Juan Emar y Santa Cruz lo recuerda al inicio de su novela, impregnada de olores penetrantes, a encierro, sudores envejecidos, a viandas hospitalarias cocinadas en grandes ollas de cocinas mal ventiladas, sabores agridulces, alientos fétidos, sudores ajados... Para evadirse de la triste realidad de su trabajo en el hospital, recinto cerrado con claras reminiscencias de *El castillo* de Kafka, Apolonia imagina viajes. "Los viajes me están esperando. Tengo muchos lugares marcados en un mapa. Subrayo nombres de sitios, de regiones, de ciudades que deseo conocer..." (92).

todos los órdenes. El espejo *stendhaliano* ya no refleja la realidad tal como se representa. Ahora el espejo es convexo o cóncavo y, como en una caseta de feria de vanidades, devuelve a la mirada la imagen deformada y distorsionada, la caricatura grotesca de su propio reflejo.

UN RATÓN DE CONCIENCIA HIPERTROFIADA

La crítica acepta en general que el primer *outsider* de la narrativa contemporánea es el protagonista de *Memorias del subsuelo* de Dostoievsky. Desde un mísero sótano moscovita se proyecta la primera e inaugural mirada oblicua de la literatura universal, la mirada estremecida de alguien que –tal como había hecho el *Oblomov* (1859) de Iván Goncharov– juzga el mundo de un modo devastador echado en un camastro o paseando entre las cuatro paredes de un cuarto cerrado. A partir esa actitud indolente y depresiva optan por lo que en pleno siglo XX desarrolla Onetti en el Río de la Plata, la simple filosofía de que "hemos llegado a creer que lo mejor que podemos hacer es no hacer nada en absoluto, es hundirnos en una inercia contemplativa"[7]. Sin embargo, mientras Oblomov –como luego Eladio Linacero en *El pozo* y Brausen en *La vida breve*– puede soñar en las noches con lo que pudo haber sido y no fue, evadirse para forjar premoniciones favorables y promesas de una vida feliz alternativa, el protagonista de las *Memorias*, por el contrario, no se da tregua. Hunde la mirada en su propio abismo interior, en los subsuelos de la conciencia, en la covacha tenebrosa donde se agitan repulsivas alimañas que él mismo ha generado. Con apasionado encono se dice satisfecho: "Soy un hombre enfermo… Soy malo. No tengo nada de simpático", definiéndose como "refunfuñón y grosero" (Dostoievsky, *Memorias del subsuelo*: 1554). Retirado en un cuarto "feo y antipático", al que llama "mi rincón", asegura que no saldrá nunca de ese lugar cuyos muros protegen a los hombres que razonan y que, por lo tanto, nada hacen y detienen los ímpetus de los hombres de acción.

---

[7] Por su parte, los personajes de Onetti consideran que "No se puede hacer nada" o, lo que parece más grave, "nada merece ser hecho", ya que "toda la ciencia de vivir está en la sencilla blandura de acomodarse en los huecos de los sucesos que no hemos provocado con nuestra voluntad, no forzar nada, ser, simplemente cada minuto", como sugiere, por su parte, Aranzuru en *Tierra de nadie*.

Escrita sesenta y cuatro años antes que la novela de Hermann Hesse y cuarenta años antes que la de Barbusse, cuya traducción literal del ruso sería *Notas de debajo del suelo*, sugiere que el héroe, más bien antihéroe, no es un ser humano. Sin haberse metamorfoseado en un escarabajo como Gregorio Samsa en la obra de Kafka, habla de sí mismo como "un ratón de conciencia hipertrofiada" al que no le queda otro recurso que "hacer con las patitas un ademán de desesperación y afectando una sonrisa desdeñosa y poco sincera, meterse de nuevo bochornosamente en el agujero" (Dostoievsky, *Memorias...*: 1558). En esa madriguera maloliente, el ratón afrentado se abandona a una rabia fría, ponzoñosa y, sobre todo, eterna. En esa "pútrida fermentación de deseos reprimidos" reside la fuente de voluptuosidad que lo embarga, inercia en la que se acurruca rechinando los dientes.

También está alojado en un cuarto de pensión el anónimo protagonista de *El infierno* (1903) de Henri Barbusse, cuyo único contacto con el exterior es un agujero en la pared desde el que puede espiar lo que sucede en la alcoba vecina: "Miro, veo... El cuarto contiguo se me ofrece en su desnudez" (Barbusse, *El infierno*: 16), se dice. Lo que ve inicialmente –una mujer que se desnuda– limitado por el campo visual que le permite el agujero, debe completarlo con la imaginación e intentar reconstruirlo más tarde. Es imposible recuperar la intensidad de la experiencia –constata–: "Todo esto son palabras muertas". En nada afectan a la intensidad de lo que fue, no pueden conmoverle. Su visión es inevitablemente fragmentaria, por momentos incomprensible ya que se trata de huéspedes cuyo nombre y cuya historia ignora, pasajeros ocasionales de una habitación en la que se creen estar solos, al abrigo de miradas indiscretas. Todo lo que sucede es ante el agujero, desde amores regulares a sugeridos onanismos; en esa habitación nace un niño; muere un hombre; unos médicos, en el secreto del cuarto cerrado, confiesan la inutilidad de su ciencia con un desaliento aterrador; un sacerdote hostiga a un moribundo para salvarlo a viva fuerza. Aunque se diga estar "porfiando por ver mejor, por ver más" (Barbusse, *El infierno*: 32) y confiese su "encarnizamiento de visionario casi creador" (66) la visión de este obsesionado *voyerista* es siempre fragmentaria y está marcada por su propia limitación personal ya que: "Es como si no pudiera ver las cosas tal como son. Veo demasiado hondo y demasiado"[8].

---

[8] "Yo sólo tengo un recuerdo: acordarme y creer. Conservar en mi memoria con todas mis fuerzas la tragedia de esta habitación, por el fraude y difícil consuelo que a veces resonó en lo hondo del abismo" (Barbusse, *El Infierno*: 254).

De esa mirada que "ve demasiado hondo y demasiado" trata justamente *El lobo estepario* (1927) de Herman Hesse, aunque presuntamente no es verdadera. Está librada y condicionada por la imaginación, por los "deseos soñados" que anota en su diario. Autoapodado Steppanwolf (lobo estepario), Harry Haller vive encerrado con sus libros y un gramófono, da vueltas como una fiera por la habitación, aunque, cuando descubre la puerta misteriosa sobre cuyo umbral está escrito "Teatro mágico", deja el mundo de lo oscuro para ingresar a una realidad alternativa a través de un pequeño libro, *Un tratado sobre Steppanwolf,* que muy probablemente ha escrito el propio Haller.

Siempre encerrado en una habitación –esta vez en un cuarto de hotel en Le Havre– el protagonista de *La náusea* (1938) de Jean Paul Sartre, el profesor Antoine Roquentin, confiesa en su Diario[9]: "Vivo solo, completamente solo; jamás hablo con nadie, nunca: no recibo nada, no doy nada..." (Sartre, *La nausée*). Su mirada impregna y deforma todo. "La náusea no está dentro de mí –afirma– la percibo allí, en la pared, en los tirantes: por todas partes en torno a mí. Se unifica en el café: y yo soy el que está en ella". Mira a una silla y no puede reconocerla, para confesar ante su aterradora ignorancia: "Murmuro: es una banqueta, pero la palabra se queda en mis labios: se niega a ir a situarse en la cosa... Las cosas se han liberado de sus nombres. Están aquí grotescas, obstinadas, descomunales, y parece ridículo llamarlas banquetas, ni decir nada acerca de ellas. Estoy en medio de las Cosas, las innombrables" (Sartre, *La nausée*).

Más allá de la sombra de la pared

Un año más tarde, en 1939, en una triste habitación de un inquilinato de Montevideo, en el lejano hemisferio austral, Eladio Linacero, protagonista de *El pozo*, hace balance de su vida. A lo largo de una calurosa y húmeda noche de verano, al final de un día de fiesta y en la víspera de cumplir cuarenta años, fuma y se pasea sin parar entre las cuatro desnudas paredes. Está aburrido de

---

[9] Es interesante recordar que el Diario es una modalidad de la primera persona en la que se va desarrollando el relato en el propio devenir, con impresiones inmediatas, a diferencia de las Memorias donde se reconstruye el pasado desde el presente, graduación temporal que permite una distancia para la reflexión, pausa entre el acto y su narración, de evaluación y comparación mayor que la anotación cotidiana, casi simultánea, del flujo de las emociones. En *La náusea,* esta palpitación del instante se comparte como un jadeo.

estar echado en la cama y oliéndose alternativamente las axilas con una mueca de asco, inventaría sus males: no tiene trabajo ni amigos, se acaba de divorciar, sus vecinos le resultan "más repugnantes que nunca", hace más de veinte años que ha perdido sus ideales y "parece que habrá guerra" (Onetti, *El pozo*: 7).

Cualquier hombre confrontado a una similar circunstancia vital no podría evitar las reflexiones más sombrías. Sin embargo, Linacero logra evadirse de su triste realidad gracias a la escritura de su propio desajuste. En cincuenta y seis páginas narradas en primera persona a lo largo de esa noche de insomnio, se libera no sólo de los fantasmas más tenaces de su soledad, sino que funda *otra* realidad, gracias a la simple fórmula de aceptar que "yo soy un pobre hombre que se vuelve por las noches hacia la sombra de la pared para pensar cosas disparatadas y fantásticas" (54). Le basta empezar a escribir un sueño ("el sueño de la cabaña de troncos"), aunque para ello se haya visto obligado a "contar un suceso como prólogo" y a reconocer que "yo soy un hombre solitario que fuma en un sitio cualquiera de la ciudad" con el que termina su monólogo. Sin embargo, no ha salido de su habitación; todo ha sucedido a lo largo de una noche (56).

Once años más tarde —en 1950–, otro hombre también se pasea insomne en un pequeño apartamento del barrio bonaerense de San Telmo. "Hombre pequeño y tímido" que le ha dicho "no al alcohol, no al tabaco" y un "no equivalente para las mujeres"[10], Brausen, protagonista de *La vida breve*, se aparece como el heredero directo de Linacero. Lleva como él una existencia mediocre y después de cinco años de matrimonio ha descubierto el fin de su relación, viciada por la indiferencia. El pretexto de esta súbita revelación se lo ha dado la ablación de un pecho que acaba de sufrir su esposa Gertrudis, pero la realidad de su soledad parece mucho más profunda que la cicatriz que marca cruelmente la amputación[11]. Sin sentir compasión o cariño y mientras la escucha quejarse en sueños, Brausen

---

[10] Juan Carlos Onetti, *La vida breve*. Buenos Aires, Sudamericana, 1950, p. 67: "Este, yo en el taxímetro, inexistente, mera encarnación de la idea José María Brausen, símbolo bípedo de un puritanismo barato hecho de negativas –no al alcohol, no al tabaco, un no equivalente para las mujeres– nadie, en realidad".

[11] La descripción de la cicatriz es minuciosa y, a través de simples detalles objetivos, se obtiene un total rechazo del lector, al modo como Barbusse en su obra *L'Enfer* había acumulado descripciones médicas sobre enfermedades que llegaban a hacerse insoportables. La misma técnica será utilizada por José Lezama Lima en *Paradiso* para describir el tumor que le han extirpado a su madre.

acepta su fracaso con "la resignación anticipada que deben traer los cuarenta años"[12].

Sin embargo, desde las primeras líneas de *La vida breve*, Brausen oye, inicialmente a su pesar, los rumores y voces del apartamento vecino, donde vive
una prostituta, la Queca, cuyos gestos y aspecto imagina a partir de lo que
llega a través de un delgado tabique. No hay mirada posible, sino un progresi-
vo y atento escuchar: "Mi oreja recogiendo las voces y los ruidos del otro lado
de la pared" (Onetti, *La vida breve*: 92). El resto son suposiciones, especula-
ciones, un imaginar lo que sucede a partir de lo que se oye: "Yo la oía a través
de la pared. *Imaginé* su boca en movimiento" (12). "Cuando su voz, sus pasos,
la bata de entrecasa, y los brazos gruesos que yo le *suponía* pasaban de la cocina al dormitorio" un hombre repetía monosílabos. "El hombre *debía de estar*
en mangas de camisa" (12); ese hombre "*podría* estar" bebiendo; Ella "*tal vez*
estuviera tirada en la cama, como yo, en una cama igual a la mía"; un suponer
que puede ser imperativo: "*tenían* que estar en la cocina" (15).

Todo sucede del otro lado de la pared, "próxima y encima de su cabeza",
irrumpiendo en su soledad y tristeza, tanto cuando en la madrugada lo despierta el teléfono y escucha las risas de la Queca o cuando debe soportar "los
torbellinos" de su dormitorio prolongación, tabique por medio, del suyo.
Sólo cuando la mujer sale de su apartamento, Brausen puede verla: pero lo
hace a través de la mirilla de la puerta de entrada. El resto –lo que la Queca
dice y hace– sucede, lapidariamente, "pared por medio".

El punto de vista en esta novela, y en gran parte de la obra de Onetti, se foca-
liza en esa primera persona que no es titular de un rol protagónico, sino la de un
testigo secundario que observa, cuando no imagina, versiones contradictorias
sobre lo que ocurre a su alrededor y, por lo tanto, subjetiviza indirectamente el
relato. El sesgo específico que le imprime esa mirada indirecta, muchas veces
oblicua, le da un tono de aparente indiferencia, pero no de imparcialidad.

En Onetti es notorio que la primera persona no es el autor. Es el narrador
quién *representa* al autor y, en cierto modo, al lector, ya que es ése el punto de
vista en el cual lo invita a situarse para conocer *su* historia. Es una situación

---

[12] La barrera de los cuarenta años es significativa en la obra de Onetti. Edad que franque-
an Linacero y Brausen en el momento de su crisis, también es fundamental para Díaz Grey,
imaginado en su frustración alrededor de los cuarenta años, para Larsen derrotado en *Juntaca-
dáveres* cuando tiene cuarenta años. A veces, "desde los treinta años" les puede salir del "chale-
co olor a viejo", como le sucede a Julián, en *La cara de la desgracia*.

privilegiada, pero también forzada. El lector está obligado a situarse en ese punto de vista. No se trata de una simple diversidad de formas gramaticales, donde las funciones pronominales permiten una comunicación horizontal entre estas partes en el interior mismo del texto, estructuras que en el curso del relato podrían evolucionar, permutarse, simplificarse o complicarse, ampliarse o reducirse, sino además de dos actitudes narrativas: contar la historia por un narrador extranjero a la historia o por uno de sus personajes (agente narrativo).

Siguiendo el distingo de Genette entre narración autodiegética (narrador héroe, protagonista), homodiegética (narrador espectador, testigo, personaje secundario) o narración heterodiegética en primera persona[13], es posible comprobar cómo Onetti maneja con preferencia la segunda –la narración homodiegética– donde el yo no sólo es testigo de la acción de otros, sino que abandona toda vocación decisoria o rotunda para encarnar un yo dubitativo. Las elipsis explícitas e implícitas, así como las hipotéticas, funcionan como alusiones a los mecanismos que rigen la vigencia de esas estructuras, es decir, todo lo que puede imaginarse subyaciendo en los sucesivas locuciones moda- lizantes como "puede ser, sin duda, parece, tal vez...".

La creación de esta arquitectura pronominal permite introducir en el texto luces y penumbras y esa ambigüedad relativa que regula las informaciones que se transmiten. La mediatización por parte del narrador, por mucho que se esfuerce en describir (*showing*) más que en contar (*telling*), según el distingo ya clásico elaborado por Percy Lubbock[14] y Wayne C. Booth[15], se apoya en la suge- rencia de lo no dicho, más que en lo enunciado. La mimesis es una ilusión, la diégesis se integra al comentario implícito, a la insinuación y al sobreentendido, procedimiento elíptico sobre el cual se montan los diálogos sobre el destino de Magda entre Lamas y el protagonista de *Cuando entonces*, todo bajo un lema de aparente pasividad: "Dele; escucho, obedezco" (Onetti, *Cuando entonces*: 18).

---

[13] Genette en *Figures III* (303) relación del narrador con la historia que cuenta y de la que puede o no formar parte.

[14] El distingo entre mostrar y narrar es esencial en narratología. Lo consagra Percy Lub- bock al hacer del distingo entre *showing* (mostrar) y *telling* (narrar) el eje de su libro clave *The craft of fiction* (1920): "la novela como materia que debe ser mostrada, de manera que así exhi- bida se cuente a sí misma".

[15] W. C. Booth (1961) sostiene que toda narración supone un "autor implícito", una mirada que se despliega alrededor y crea una "distancia" que considera esencial, porque siem- pre está separado el narrador, del personaje y del lector. Esa mirada puede estar más o menos disimulada, pero se expresará siempre en la voz del autor a través de la máscara de la ficción.

El narrador le "cede la palabra", no para ser el "yo-héroe" de las novelas tradicionales escritas en primera persona, sino para introducir un punto de vista con el cual se incorpora a la narrativa no sólo la "relatividad", sino la propia "ignorancia" de lo que sucede en otros lugares donde no está el narrador, "fragmentación" de la información y "lagunas" que pueden llevarlo a ser un personaje secundario, un narrador testigo (el yo-testigo). Se cuenta "más o menos", como en *Para una tumba sin nombre*, difícilmente se puede agotar lo que se cuenta por muchos detalles que se den.

Dentro de la clasificación de los *roles* narrativos principales que propone Claude Bremond, el narrador de *Para una tumba sin nombre* como el de *Los adioses* aparece como el típico "informador voluntario de la actividad de otro". En tanto que agente que informa e influye sobre el "paciente", revela aspectos de la historia narrada pero filtrados a través de su conciencia. En este papel de informador que puede ser voluntario o involuntario, sobre "sí mismo" o sobre otros, el relato se ofrece como un testimonio que puede incluso referirse a lo que no ha visto ni oído, pero que se repite basado en lo que ha oído decir. Sin embargo, el relato como testimonio se funda en la presunta ignorancia del paciente de todo lo relativo a la información transmitida. Un paciente que —en estas novelas cortas— puede ser el propio lector, es decir, alguien que no sólo desconoce la acción propiamente dicha, sino también los contextos alusivos a la realidad descrita.

Pero hay más. Como ha anotado Antonella Cancellier, a través de los procedimientos de la anamorfosis —reducción y ampliación, alargamiento y ensanchamiento, hipérboles, contornos acentuados, anulación o degeneración de las formas, como si estuvieran sometidas a una lente deformante— Onetti sustituye la reproducción de la realidad por su "transfiguración aporética" acentuando "los excesos de los cuerpos y de los rostros creando una inquietante reseña de una humanidad degradada, imagen de un profundo malestar existencial" (Cancellier 2002: 165). Según Cancellier, estas características aproximan la estética de Onetti al expresionismo del que "la descomposición de la personalidad" y "la representación de la inconsistencia de la realidad" de la obra de Luigi Pirandello fueran paradigma.

EL SENTIMIENTO DE NO ESTAR DEL TODO EN NINGÚN LADO

La mirada oblicua supone siempre un observador descolocado, un "foco narrativo" (ese *focus of narration* estudiado por la crítica anglo-americana) orientado desde un ángulo en que la subjetividad prima al punto de poder modificar el sentido del relato. Una mirada que puede traducir el malestar –ese desasosiego que inmortaliza Fernando Pessoa en *El libro del desasosiego* y que Freud definió como el *Unheimlich*[16]– que recorre la narrativa de una serie de autores que oscilan entre el realismo, lo fantástico o lo simplemente absurdo y cuya mirada está esencialmente descolocada.

"Mucho de lo que he escrito se ordena bajo el signo de la *excentricidad*; esas narraciones [...] son en su mayoría aperturas sobre el extrañamiento, instancias de una descolocación" afirma Julio Cortázar en "Del sentimiento de no estar del todo" (Cortázar, *La vuelta al día...*: 21-25). Descolocación que entiende por ese "sentimiento de no estar del todo en cualquiera de las estructuras, de las telas que arma la vida y en la que somos a la vez araña y mosca" (21).

En Cortázar –en cuya novela *Rayuela* teoriza sobre el tema– la descolocación aparece agravada por el desajuste en segundo grado que resulta de la condición de destierro cultural en que se sitúa tradicionalmente el escritor rioplatense frente a Europa, aunque en su caso se neutraliza por un juego de representación paródica, donde la burlona mirada sobre sí mismo y los demás evita toda posibilidad de tomarse, aún queriéndolo, en serio. La variante cortazariana de la mirada descolocada resulta en definitiva más dramática que la propia angustia de sus antecesores europeos y americanos, porque: ¿acaso hay algo más serio que la imposibilidad de tomarse a sí mismo en serio?

En las diferentes variantes del juego de la representación –de la simple *mimesis* a la subversión del *clown* que propone *Rayuela*[17]– descubrimos algo más profundo: el intento a través del juego y las nuevas reglas instauradas, de darle un sentido al sinsentido de la descolocación como postura vital.

Ese sentimiento de "no estar del todo" en ningún momento, instala la mirada de sus personajes en una especie de "punto cero" inicial, fuera de toda rutina, es decir fuera de todo mecanismo que brinde la ilusión de estar insertos en el contorno. Al tener cortado todo vínculo con la realidad inmediata, el descolocado se aparece como indiferente o extranjero a los problemas de

---

[16] Antonio Tabucchi recuerda en "El hilo del desasosiego" (Conferencia pronunciada en Casa de las Américas, La Habana, 21 enero 2002) cómo Freud analizando un cuento de Hoffmann se refiere a la sensación de *Unheimlich* como el extrañamiento respecto a una circunstancia o situación que provoca malestar, desasosiego que puede ser también familiar o en relación al propio hogar.

[17] Hemos desarrollado este tema en Fernando Aínsa (1986: 369-409).

los demás, es decir, distante. La Maga se lo dice abiertamente a Horacio Oliveira en *Rayuela*:

> Vos sos como un testigo, sos el que va al museo y mira los cuadros. Quiere decir que los cuadros están ahí y vos en el museo, cerca y lejos al mismo tiempo. Yo soy un cuadro, Rocamadour es un cuadro. Etienne es un cuadro, esta pieza es un cuadro. Vos creés que estás en esta pieza pero no estás. Vos estás mirando la pieza, no estás en la pieza (Cortázar, *Rayuela*: 29).

Pero el hecho de estar descolocado no basta. Lo importante es tomar conciencia de ello y esto es lo que le sucede a Oliveira cuando se dice con tristeza:

> Feliz de ella que podía creer sin ver, que formaba cuerpo con la duración, el contorno de la vida. Feliz de ella que estaba dentro de la pieza, que tenía derecho de ciudad en todo lo que tocaba y convivía, pez río abajo, hoja en el árbol, nube en el cielo, imagen en el poema. Pez, nube, imagen: exactamente eso, a menos que... (29).

La toma de conciencia de la descolocación se traduce en un anhelo de inserción en la realidad. Esta imposibilidad de "estar del todo", genera un proceso literario según el cual el creador se autodestruye y se configura nuevas identidades, nuevas perspectivas buscando su legítima inserción. La más extrema y fantástica se da en el relato *Axolotl*. El personaje que mira como un espectador los movimientos del exótico pez mexicano –el *axolotl*– en un acuario, puede llegar a abolir la distancia que lo separa no sólo en el espacio, sino en la escala zoológica, para llegar a transmigrarse él mismo en el pez que está detrás del vidrio. La identificación es total y la mirada se revierte en su opuesto, hasta sugerir el absurdo: el pez mexicano es menos exótico que el espectador que lo contemplaba ahora desde el "otro lado" del vidrio.

La descolocación a través de una mirada que cambia de punto de vista resulta más sutil en el cuento *Orientación de los gatos*. La pareja formada por el protagonista y su mujer Alana está transformada en un triángulo por la presencia del gato Osiris, una descolocación que lleva a un desequilibrio que se rompe en favor del eje creado por Alana-Osiris, al punto de que ambos pueden desaparecer en el interior de un cuadro que se contempla en un museo, tal es su secreta identificación. Una vez transpuesto el otro lado de la pintura, representando un gato "idéntico" a Osiris, la mujer que lo contempla desde adentro, pasa a ser parte del paisaje. Es posible preguntarse, desde el desajuste consiguiente del protagonista, si alguna vez Alana y Osiris existieron en la realidad.

Si la original angustia existencial de los *outsiders* ha sido neutralizada por una burlona mirada sobre sí mismo, carente de la solemnidad del grito de los primeros habitantes del subsuelo de la literatura, incluidas las blasfemias y la procacidad de los antihéroes de Louis Ferdinand Céline[18], la conciencia paródica de los personajes descolocados de Julio Cortázar no supone, por el contrario, que la búsqueda de un asidero para la conciencia desdichada (*conscience malheureuse*) carezca de seriedad, aunque se disimule en un juego.

La mirada ajena crea monstruos

En general, hasta ahora, la mirada oblicua que hemos analizado está dirigida hacia el exterior, aunque sea a través de una mirilla. Sin embargo, puede replegarse sobre sí misma, "encerrarse" y limitarse al espacio de una habitación. El ecuatoriano Pablo Palacio la llama el "cubo" y entre sus paredes recluye al protagonista de *Vida del ahorcado* (1932), significativamente subtitulada "novela subjetiva".

En esa habitación de "grandes muros lisos y desnudos, en donde todo lo que entra se alarga o se achica, se hincha o se estrecha, para adaptarse y colocarse en su justo sitio como obra de goma" (Bloch Michel 1963: 146), el protagonista de *Vida del ahorcado* lleva, en principio, una existencia rutinaria. La novela está narrada inicialmente desde la perspectiva de una genérica e impersonal tercera persona:

> Ocurre que los hombres, el día una vez terminado, suelen despedirse de parientes y amigos y, aislándose en grandes cubos *ad-hoc*, después de hacer las tinieblas se desnudan, se estiran sobre sus propias espaldas, se cubren con mantas de colores y se quedan ahí sin pensamientos, inmóviles, ciegos, sordos y mudos (Palacio, *Vida del ahorcado*: 145).

---

[18] Según Jean Bloch Michel (1967: 135), con Bardamú, el personaje central de *Viaje al fin de la noche* de Louis Ferdinand Céline, surge en la literatura contemporánea un tipo de "hombre que habla solo y en voz alta", haciendo de su soliloquio la estructura misma de la obra, al "decir una novela": el *clochard* de la literatura, cuya estirpe será "fértil y numerosa".

Transcurrido un cierto tiempo, generalmente esos mismos hombres se "sienten vueltos a la vida y comienzan a moverse y a ver y a oír como desde lejos". De golpe el relato inicial en tercera persona pasa la primera: "Ahora bien: en este momento yo he despertado" [...] "Ya es de día. Ya es la hora de ayer, compañero. Está todo en su sitio". Todo está en su sitio, sólo en apariencia, porque en esa "hora de ayer" alguien lo llama en ese "cubo" donde no podía haber otra voz que la suya y el mundo exterior ingresa, poco a poco, conjurado por su voz: "Venid, entrad a ver cosas y cosas".

El anónimo personaje ha dicho, tal vez dirigiéndose al lector: "Yo os traeré aquí a mi manera y os encerraré en este cubo que tiene un sitio para cada hombre y para cada cosa" (146). Una vez que los fragmentos del mundo exterior, muchos de ellos breves relatos sobre la infamia humana, han entrado al cubo "cautelosamente, de puntillas, como ladrones asustados", anhelantes, con la angustia palpitando en el pecho, poseídos por el "desasosiego" y el "espanto", descubrimos que esa habitación cerrada es un observatorio privilegiado que, una vez más, invita a pensar que la máxima de Sartre: "el infierno son los demás", puede ser cierta.

Pablo Palacio ya había desplegado una estética de lo horrible en *Un hombre muerto a puntapiés* (1927) a través de una galería variopinta de héroes monstruosos de patética humanidad y víctimas del escarnio del que la mirada ajena les hacía objeto. No era su mirada la que les confería el carácter de monstruos, sino la de los otros, tal vez –una vez más– la de sus propios lectores. Criaturas singulares, monstruosas que además de ser victimas de su diferencia lo son por la sanción de esa colectividad plural del "nosotros" o del "ellos".

El homosexual de "Un hombre muerto a puntapiés", el antropófago del relato de mismo título, el brujo y el embrujado de "Brujerías. La primera" y "Brujerías. La segunda", el enfermo de "Luz lateral", el deforme de "La doble y única mujer", son ejemplos de lo que Adriana Castillo de Berchenko llama la "retórica del capricho", sesgo particular de la mirada que privilegia Palacio, al modo del capricho goyesco que sobre un hecho imprime la extravagancia fantasiosa de un mirar diferenciado. El propio Palacio llamaba "caprichos pictóricos" a sus poemas consagrados a la imagen de Laura Judith Vera. Una misma mujer mirada desde modalidades diferentes –juego de perspectivas, trazo hiperbólico, contraste caricaturesco, composición de ciertas atmósferas– son un procedimiento de "tema con variaciones" que subraya también su inspiración musical (Castillo 2000: 302).

Si los monstruos de Palacio pueden parecer aberrantes o caricaturescos, lo son sobre todo porque la mirada de los *otros* los convierte (o los deforma) en fenómenos. Y es que en estas historias –precisa Adriana Castillo– mucho más anómalo que el fenómeno de la monstruosidad es el comportamiento del grupo humano reconocido por el orden y confirmado por la sociedad (Castillo 2000: 307). Una mirada que puede ser insistente como la del narrador de "Un hombre muerto a puntapiés", hasta poder llegar a la revelación:

> Miré y remiré las fotografías, una por una, haciendo de ellas un estudio completo. Las acercaba a mis ojos, las separaba, alargando la mano; procuraba descubrir sus misterios (Palacio, *Un hombre muerto…*: 10).

LA ESTRATÉGICA COSTUMBRE DE ENTREOÍR

Mirar y remirar procurando descubrir misterios. De eso se ha tratado en este breve panorama de miradas desde ventanas o mirillas o vueltas hacia el interior de habitaciones cerradas. Sin embargo, el tema no se agota en los títulos analizados o aludidos[19]. Sigue teniendo interesantes variantes, en la reciente narrativa latinoamericana.

Entre otras, vale la pena referirse a *Luces artificiales* (2002) de Daniel Sada, cuyo protagonista Ramiro Cinco, parece haber sido contratado para espiar lo que sucede en un ático vecino: tal vez la preparación de un asalto a un banco. Émulo profesional de Brausen, vive con su oreja pegada a "la pared delgada" que lo separa de los rumores donde "pesaba la ambigüedad, también el malestar" (Sada 2002: 11)[20]. Su escuchar fragmentado no le permite más que elaborar suposiciones a través de filtraciones de palabras sueltas, entresacadas, fruto de su "estratégica costumbre de entreoír: adrede" que le han permitido transformarse "al cabo en un solaz avieso". Incluso a través de silencios sugestivos le permiten "inventar lo que oiría por oír: en espiral o en desorden o al fin y al cabo como se lo fuera dictando su ocio, o también el azar: que siempre da para mucho" (Sada 2002: 14)

---

[19] Aludimos, por ejemplo, a *La metamorfosis* de Kafka, paradigma de la mirada oblicua, novela que merecería un comentario extenso en esta "metamorfosis del punto de vista" al que aludimos en el título de nuestra comunicación.

[20] Sada (2002). La primera parte se titula justamente "La pared delgada".

Al clavar un clavo llama la atención de los moradores del penthouse vecino. Se instaura el silencio. El punto de vista cambia. Ahora estamos del otro
lado del tabique donde, alternativamente, se narrará el reverso de una misma
historia, entre detectivesca y novela negra. El vecino, Manolo, pega, a su vez,
su oreja izquierda en la pared que de "ahí en adelante sería su estigma diario,
su escozor nocturno" (25). Especula sobre su posible vecino, del mismo
modo que lo está haciendo Ramiro.

La que podría ser narración en tercera persona objetiva se convierte así en
"narración retórica" –al modo como la define Wayne C. Booth en *The retho-
ric of fiction*– donde el narrador "dramatiza" como "agente" involucrado en la
narración, aunque no lo esté del mismo modo con lo narrado. En algún
momento esta inserción dramática se transforma en narración subjetiva,
donde el discurso se contamina con variantes y fragmentos, puntos de vista
que restan toda legitimidad a la pretensión de objetividad. El recurso de
paréntesis integrado al texto para desmentir lo que precede o introducir
dudas con signos de interrogación, es utilizado profusamente por Sada. Lo
narrado se "tiñe" de la subjetividad del narrador ficticio que, aunque no esté
presente en el relato, se "presiente". No es extraño entonces que se prefiera
escuchar a ver, porque cuando por azar Ramiro Cinco se refleja en un espejo
siente que verse es "como si se asomara a un precipicio" (9).

El espejo que rechaza la mirada de quién se refleja en su azogue marca
también la novela *Lodo* (2002) de Guillermo Fadanelli, donde el encierro en
un estrecho apartamento, se transforma casi en secuestro. En una atmósfera
opresiva, el viejo profesor de filosofía que introduce en su casa a una chica de
veintiún años, Eduarda, que ha robado la recaudación de un "minisúper" de barrio donde trabaja, siente que "la imagen que le devuelve el espejo" –"la temida
imagen del otro, del ser deforme, agazapado, escondido dentro de uno"– le
está cobrando la cuenta de su desgaste y decadencia física. Trata de pasar
inadvertido, vive solo porque se dice "inteligente" y, poco a poco, entabla
una compleja relación con la que luego se sabe ha sido también asesina. Al
principio cree que Eduardo se le entrega por interés; descubre luego que lo
hace porque era cariñosa "de naturaleza". Sorprendido de poder seducir y ser
seducido por la procaz joven que busca refugio entre sus cuatro paredes, porque cuando se mira al espejo "no se inspira confianza", de protector se convierte en cómplice y, finalmente, en asesino. Cambiará su apartamento por
una celda y podrá decirse: "Estar en la cárcel es cómodo hasta cierto punto.
Cómodo si careces de proyectos o de famita, si no crees estar desperdiciando

tu vida. La cárcel es ideal para los pesimistas: trabas, comes, duermes sin desplazarte grandes distancias. Todo está resuelto siempre y cuando no poseas una idea corriente de la libertad, ideas acerca de pájaros que despliegan sus alas, por ejemplo" (Fadanelli 2002: 279)[21].

***

Lo que es evidente es que tanto si el narrador sitúa su punto de vista *dentro* o *fuera* de la historia que cuenta[22]; si el mundo aparece deformado a partir de la descolocación o si el personaje descubre poco a poco el sentido de lo que ve, el punto de vista sigue siendo un aspecto clave de la narración, lo que Henry James llamaba "the central intelligence". Sin embargo, cuando ese punto de vista es el de una "conciencia desdichada" –al decir de Hegel– esos descartados, proscritos, *outsiders*, esos expulsados del sistema que se reconocen entre sí en la marginalidad o el exilio interior, nos invitan a comprobar lo que ya había anunciado desde el subsuelo el personaje de Dostoievski: "Estoy seguro de que el hombre nunca renunciará al auténtico sufrimiento que nace de la rutina y del caos. Porque el sufrimiento es la sola y única fuente de conocimiento".

Si volvemos a la "casa de la ficción" del principio parece que lo que ve desde sus ventanas el escritor que despliega una mirada oblicua sobre el mundo es esencialmente "caos", aunque no debamos olvidar –según cuenta la Kabbala– que "el caos es un estado donde el orden está latente: el huevo es el caos del pájaro". Pájaros que despliegan sus alas para volar lejos en la imaginación que procuran, aunque quienes los ven a través de las mirillas puedan decirse: "Sigo buscando algo de que estoy hambriento, pero que no encontraré nunca".

Zaragoza-Oliete,
marzo/abril, 2008

---

[21] Fadanelli 2002.

[22] Pouillon (1946) distingue entre la visión *por detrás*, la visión *con* y la visión *por fuera*.

BIBLIOGRAFÍA CITADA

AÍNSA, Fernando (1986): "Las dos orillas de la identidad", en *Identidad cultural de Iberoamérica en su narrativa*. Madrid: Gredos, pp. 369-409.

BARBUSSE, Henri (s/f): *El infierno*. Buenos Aires: Editorial Tor.

BLIN, Georges (1954): *Stendhal et les problèmes du roman*. Paris: Corti.

BLOCH MICHEL, Jean (1967): *La nueva novela*. Madrid: Guadarrama. [Edición original, (1963): *Le present de l'indicatif*. Paris: Gallimard.]

BOOTH, Wayne C. (1961): *The Rhetoric of Fiction*. Chicago: Chicago University Press.

CANCELLIER, Antonella (2002): "Onetti: las formas inquietas del cuerpo y del alma", en *Juan Carlos Onetti, nuevas lecturas críticas*. Actas del coloquio de París (UNESCO, 13-14 de diciembre de 2001), *Río de la plata* 25, pp. 163-172.

CASTILLO DE BERCHENKO, Adriana (2000): "Pablo Palacio y las formas breves: poemas y cuentos", en Pablo Palacio, *Obras completas*. Edición crítica de Wilfrido H. Corral. Paris: Unesco/Allca XX.

CORTÁZAR, Julio (1967): *La vuelta al día en ochenta mundos*. México: Siglo XXI.

— (1969): *Rayuela*. La Habana: Casa de las Américas.

DOSTOIEVSKY, Fiódor M. (1935): *Memorias del subsuelo*, en *Obras completas*. Madrid: Aguilar.

FADANELLI, Guillermo (2002): *Lodo*. México: Debate.

HEIDEGGER, Martin (1996): *Caminos de bosque*. Madrid: Alianza.

JAMES, Henry (2001): "Prólogo", en *Retrato de una dama*. Barcelona: Ediciones del Bronce.

SARTRE, Jean Paul (1938): *La nausée*. Paris: Gallimard.

POUILLON, Jean (1946): *Temps et roman*. Paris: Gallimard.

KEMPF, Roger (1977): *Dandies. Baudelaire et Cie*. Paris: Seuil.

ONETTI, Juan Carlos (1950): *La vida breve*. Buenos Aires: Sudamericana.

— (1965): *El pozo*. Montevideo: Arca.

— (1988): *Cuando entonces*. México: Editorial Diana.

PALACIO, Pablo (2000): *Obras completas*. Edición crítica de Wilfrido H. Corral. Paris: Unesco/Allca XX.

POUILLON, Jean (1946): *Temps et roman*. Paris: Gallimard.

REYLES, Carlos (1968): "El extraño", en *Cuentos completos*. Montevideo: Arca.

ROBBE-GRILLET, Alain (1958): "Nota sobre la localización y los desplazamientos del punto de vista en la descripción narrativa", en *Revue des Lettres Modernes*, verano, p. 129.

SADA, Daniel (2002): *Luces artificiales*. México: Joaquín Mortiz.

TABUCCHI, Antonio (2002): "El hilo del desasosiego" (Conferencia pronunciada en Casa de las Américas, La Habana, 21 enero 2002).

WILSON, Colin (1957): *El disconforme (The Outsider)*. Buenos Aires: Emecé.

ÉCFRASIS DE LO FRACTAL Y SENSORIUM MASSMEDIÁTICO EN LA NARRATIVA DE MARIO LEVRERO

Jesús Montoya Juárez
Universidad de Granada

Para Fernando Aínsa

0. INTRODUCCIÓN

Mario Levrero (1940-2004), maestro uruguayo de la narrativa fantástica y autor de culto en el Río de la Plata, ha sido también hasta ahora un injustamente olvidado pionero de la literatura de los medios (Ludmer 1999) en Uruguay. Siguiendo una intuición de Elvio Gandolfo me atrevería a apostillar que el descubrimiento de Mario Levrero por parte de la narrativa más joven, no sólo uruguaya, sino de la narrativa en español, va a ser, cada vez más, un fenómeno de estudio, como lo deben ser los casos de otros autores fundamentales para entender la narrativa latinoamericana hoy como Roberto Bolaño o César Aira. Si Bolaño edificó una obra capaz de aglutinar en su estela a una generación transnacional de autores latinoamericanos que lo consideran como la bisagra entre las tradiciones literarias americanas y la globalización a la que pertenecen, si la narrativa de César Aira ha hecho lo propio, construyendo una teoría de la representación y una marca literaria, armando a su modo una tradición literaria argentina en la que ubicarse como lente a través de la cual leerla, la obra de Levrero construye un tipo de relación con las imágenes que hace que sus textos puedan pensarse como "textos-imágenes" (Mitchell 1994), plagados de pasajes ecfrásticos, teorizando la representación desde lo visual. El modo de entrecruzamiento de las imágenes con el texto, sumado a la experimentación con los medios masivos y a su modo de concebir lo literario más allá del libro, hacen de Levrero un iniciador en Uruguay de una poética mediático-imaginativa que se ha convertido en parte fundamental de la narrativa de numerosos autores contemporáneos. Su obra resulta clave por tanto para formular la posmodernidad narrativa uruguaya y debe ser necesariamente revisado su magisterio entre los narradores uruguayos más jóvenes de diferentes generaciones, que conectan de diversa manera con una obra radicalmente honesta, llena de aristas y vetas que la crítica prácticamente ha dejado inexplorada[1].

En este olvido ha influido el circuito marginal respecto de la *mainstream* editorial e interior al Río de la Plata en que los textos de Levrero circularon hasta entrados los años noventa, pero también el hecho de que el autor ha pensado su obra como parte de lo que Laddaga ha denominado como un modo de vida, que ha tenido el libro publicado como un objeto no imprescindible del proceso creativo. La rareza de esta literatura se veía acompañada de una rareza en la presentación pública del autor que ha contribuido a que sólo ahora se esté conociendo globalmente una obra que reúne más de treinta libros, novelas, libros de cuentos, manuales de parapsicología, textos musicalizados e historietas, que está siendo editada recientemente en España, tras la muerte del autor.

El presente artículo plantea analizar el papel que la écfrasis[2] de las imágenes y la tecnología de producción y reproducción de las mismas juega en el proyecto narrativo de este autor fundamental de las letras uruguayas contemporáneas, a partir del análisis de *París* (1979), texto culminante de su primera etapa y último volumen de lo que el autor ha llamado "trilogía involuntaria".

1. EL "LIBERTINAJE IMAGINATIVO"

La relación de la obra leveriana con las imágenes fue puesta de relieve desde las primeras aproximaciones críticas. Ángel Rama había explicado a Levrero en el contexto de un cambio de rumbo dentro de la narrativa uruguaya que significaba una ruptura con los escritores de la generación crítica de 1955.

---

[1] Si bien se ha ocupado de la obra del uruguayo una nómina excelente de críticos (Ángel Rama, Fernando Aínsa, Mabel Moraña, Helena Corbellini, Juan Carlos Mondragón, Hugo Verani, Jorge Ruffinelli o Jorge Olivera), no existen monografías críticas sobre Levrero. Por nuestra parte hemos dedicado un capítulo del ensayo *Realismos del simulacro: imagen, medios y tecnología en la narrativa del Río de la Plata* (2008) a la obra de este autor, que es el texto más extenso que conocemos.

[2] Aunque en los primeros estudios modernos dedicados a la écfrasis se la entendía de modo más estrecho como un género poético, críticos como Heffernan la entienden en varios sentidos: como un género menor caracterizado por la descripción retórica de una obra de arte (real o imaginada), pero también como un instrumento o modo retórico, por lo que queda definida como representación verbal de la representación visual. En este sentido se la entiende en este artículo.

En este sentido Rama leía en la nueva remesa de autores una voluntad de explorar "zonas inéditas de lo real" que conectaba con esfuerzos de ciertos precursores, Marinés Silva Vila, José Pedro Díaz, Armonía Sommers, Héctor Massa, Luis Carini, Marosa di Giorgio y, por supuesto, Felisberto Hernández, cuya obra completa sólo alcanza difusión tras su muerte en 1964.

Pero aunque el cultivo de lo fantástico es reconocible en textos de otros escritores uruguayos coetáneos, es el caso de *Zoologismos* (1967), de Mercedes Rein, o aunque ciertos otros, como Eyherabide, visiten lo raro, lo extraño o lo vago, inscribiéndolo en marcos eminentemente realistas, son narradores como Levrero, Porzekanski o Peri Rossi, como coincide en señalar la crítica (Rama 1972; Moraña 1988; Aínsa 2002), quienes con mayor nitidez ejemplifican la ruptura radical con las formas y la filosofía inspiradora de la literatura previa, a partir de una ruptura con los modos de representación realistas:

> [...] ella manifestaba una sociedad cuyo estancamiento, vejez, temor son ahora superdestacados hasta escamotear la expresión de cualesquiera otra virtud que la signara; desconfianza de las formas recibidas que traducen el mundo real, a partir de la comprobación de que las bases de ese mundo se presentan como repentinamente inseguras, inestables, imprevisibles, adquiriendo un estado fluido propio de inminentes cambios, rehusándose a cristalizaciones en estructuras firmes (Rama 1972: 238).

Esto explica el frecuentamiento de modos alegóricos que construyen "correlatos estéticos" de lo real en la nueva literatura, particularmente es el caso de Levrero, cuya obra supone –señala Rama– un "despliegue imaginativo signado por una nota de libertad irrestricta que fácilmente se confunde con la alucinación onírica, quizás porque se desplaza en el exclusivo campo de la imaginación funcionando en una zona sin resistencias", como si hubiera "cortado o suspendido temporalmente sus lazos con aquella realidad que, al devenir cambiante, insegura, impredecible, ha dejado de condicionar o limitar el funcionamiento de la imaginación que normalmente desde ella parte" (Rama 1972: 239).

La radicalidad de los desplazamientos que obra la literatura de Mario Levrero hace que Ángel Rama se detenga particularmente en este autor para definir los nuevos rumbos narrativos, no sin cierto tono moralista, como "libertinaje imaginativo". En efecto, las aperturas sobre el extrañamiento de Levrero, más audaces que las operadas en los textos de Cortázar y Felisberto Hernández, insertan lo extraño y aún lo fantástico en lo cotidiano, apoyándose en algunas ocasiones en recursos propios de la ciencia ficción y revelan obsesivamente el deseo de indagar el inconsciente humano, los "trasfondos velados y esquivos", las "zonas oníricas y penumbras que envuelven los procesos mentales" (Verani 1996: 157), si bien, y esto es interesante, desde o a través de la cultura de masas. En este aspecto Rama toma partido por Cortázar, frente a "excesos" como los de un Puig, o un Levrero. Esta seducción por lo masivo, diferente eso sí, de las operaciones de las novelas de Puig, es lo que, junto con su trabajo con la imagen, más catapulta a Levrero hacia el presente de su recepción.

El mundo de los textos del uruguayo es, desde su "trilogía involuntaria"[3], un recorrido por los paisajes de pesadilla que ha sido identificado con el arquetipo junguiano de la "transformación" (Corbellini 1996: 22), sus novelas fabulan "un callejón sin salida u otra situación imposible", cuya "meta es el esclarecimiento o una más elevada conciencialidad" (Jung 1970: 26). En estos espacios tienen lugar travesías de sujetos que manifiestan una inadecuación con una realidad entre onírica y carcelaria que recuerda a la que se construye en ciertos textos de Kafka[4]. Su vagar sin rumbo fijo por el mundo físico alegoriza un vagar errático por los laberintos interiores del inconsciente "donde tienen lugar acontecimientos atormentados [...] portadores de un simbolismo difuso e inaccesible a la razón" (Verani 1996: 158).

La proliferación imaginativa, en este sentido, sirve a Mario Levrero para tematizar el funcionamiento del inconsciente como una máquina que produce deseos, obturados por la superposición fractal de nuevas imágenes que prometen un sentido y dan lugar, en realidad, a simulacros. Como trataremos de mostrar, el laberinto levreriano particularmente tiene una vocación ecfrástica, trata en síntesis de reproducir textualmente la figuración de los objetos fractales, su iteración y autosimilaridad en todos los niveles posibles.

Esta característica ecfrástica se vuelve particularmente compleja en *París* (1979) una de las mejores novelas del autor. *París* despliega un universo a partir de esta exasperación de las imágenes donde se borran las diferencias

---

[3] Compuesta por *La ciudad* (1970), *El lugar* (1982) y *París* (1979), una trilogía a decir de Levrero no diseñada conscientemente pero que responde a un mismo impulso narrativo. El orden de escritura no corresponde con el de publicación. La primera en escribirse es *La ciudad* y la última es *París*.

[4] *La ciudad* se abre precisamente con una cita de Kafka.

entre la interioridad y la exterioridad. En *París* conviven oscuras instituciones sectarias que ejercitan un poder omnímodo de inspiración kafkiana, con seres extraídos de la narrativa popular y el gótico victoriano, lo onírico con estructuras que sugieren interpretaciones distópicas asignables al género de la ciencia ficción.

2. LA PESADILLA DEL TURISTA: FRACTALES EN *PARÍS*

La información contenida en el párrafo inicial de *París* revela un clima que, como en el resto de novelas que componen la trilogía, está imbricado de sueño planteando un pacto de verosímil que parece adentrarse en lo maravilloso. Sin embargo ya el primer párrafo sugiere una estructura fractal que dotará de una coherencia narrativa singular a la novela, el narrador parte de viaje y regresa al mismo banco de una estación de ferrocarril entrevista trescientos siglos antes:

> Cierro los ojos y me invade un cansancio extremo, una desilusión extrema y algo muy parecido a la desesperación. Un viaje de trescientos siglos en ferrocarril para llegar a París –un viaje durante el cual fui perdiendo casi todo, aun el impulso inicial que me llevara a emprenderlo; un viaje que al ir llegando a término me había devuelto fragmentos de ese impulso, abriendo camino a una esperanza remendada que ahora no tiene recompensa–, y encontrarme en esa misma estación desde donde había partido, trescientos siglos antes, y encontrarla exactamente igual a sí misma como demostración de la inutilidad del viaje; y encontrarme allí, en ese mismo banco –ahora lo recuerdo, es este banco– sin que nada haya cambiado en mi interior, salvo la cuota de cansancio, la cuota del olvido, y la opaca idea de una desesperación que se va abriendo paso (Levrero, *París*: 9).

El narrador vuelve a ser un yo innominado que parece mantenerse a lo largo de la trilogía y del que se revelan con cuentagotas informaciones contradictorias. El personaje se duerme, sueña dormido, despierta y sueña despierto a lo largo de *París*. Inclusive en ciertos momentos de la novela el sueño se materializa en la vigilia[5], superponiéndose sus imágenes, que llegan a tener textura física, a las "reales", percepciones provenientes de la realidad pesadillesca, por otra parte, de *París*: "[...] las imágenes y sensaciones del sueño persistieron un buen rato en la vigilia [...] las cortinas marrones seguían acariciándome el cuerpo ahí, dentro de la pieza [...] me paso la mano por los pies descalzos y realmente se me llenan de granos de arena [...] que poco a poco se van desvaneciendo" (Levrero, *París*: 27).

Dos iluminaciones, una verbal y otra visual, anticipan la estructura novelística. Por un lado, un extraño personaje que viste un sombrero de *cowboy* rompe el silencio de la estación: "[...] sin embargo no me parece insensato emprender un viaje para darse cuenta de su inutilidad. Si usted cambia esa naciente desesperación por una calmada desesperanza, habrá obtenido algo que muchos humanos anhelan" (Levrero, *París*: 10). Por otro lado, un objeto visual se invoca bajo écfrasis en la narración. El narrador confronta el dibujo de las baldosas de la estación de ferrocarril de París con el dibujo que recuerda haber visto en las fotografías de folletos y libros turísticos sobre París, baldosas que constituyen una "curiosidad especial, [...] una de las principales atracciones turísticas" (Levrero, *París*: 10). Lo fractal así deviene un elemento fundamental para interpretar la narrativa levreriana[6]:

> Me distraigo, prestando atención a las baldosas; en los folletos de las agencias de turismo, y en casi todos los libros que se han escrito sobre París figuran estas baldosas como una curiosidad especial, como una de las principales atracciones turísticas. Esta fama se debe a que en cada una de ellas se reproduce la imagen de la propia estación, no sólo en el aspecto externo sino también en todos los detalles interiores, incluyendo las mismas baldosas —mediante una técnica similar, más desarrollada y con nuevos recursos, a la de los pintores cubistas.
>
> Yo imaginaba [...] que cada una tendría un dibujo muy complejo, en el cual apenas se distinguirían algunas líneas; y más complejo aún el conjunto de las baldosas que unidas [...] representan la totalidad de la estación y cada una de sus partes [...] pero estos dibujos son simples y yo veo en ellos más bien flores, tanto en el detalle de cada baldosa como en el conjunto, hasta donde me es dado abarcar con la vista [...] cristales de nieve vistos al microscopio (Levrero, *París*: 10).

---

[5] Como también ocurre en "Los muertos" (vid. Montoya Juárez 2008).

[6] En una entrevista, Levrero vincula con una escueta afirmación su quehacer narrativo con las estructuras fractales: "Efectivamente, Rama me leyó con gran agudeza, pero estaba equivocado. Se encontró con formas y estructuras de tipo más bien fractal, cuya coherencia y lógica interna no supo captar" (Verani 1996: 15). No ha sido hasta ahora puesta en relación esta particular autopercepción de la estructura narrativa con los análisis críticos sobre *París*.

Los ejemplos citados corresponden a representaciones de los objetos matemáticos fractales más habitualmente empleadas para ilustrar el concepto, el objeto dibujado en las baldosas es el triángulo equilátero o el cristal de nieve conocido como "curva" o "fractal de Koch" (Vicsek 1991) cuya representación visual bien puede asemejar la de una flor[7]. En el texto se ponen de relieve la autosimilaridad[8] y la iteración[9] de los dibujos en las baldosas, dos de los rasgos característicos de las imágenes fractales, estructuras geométricas que responden a dinámicas complejas de crecimiento inestable y dimensiones anómalas, no euclidianas, que deben su nombre al matemático polaco Benoit Mandelbrot.

Estas iluminaciones iniciales sugieren una clave de lectura del universo de *París*, en primer lugar, como una búsqueda infructuosa, en la que la única salida estriba en trocar desesperación por desesperanza, aceptando el hecho de que no hay salida y en segundo lugar, como la écfrasis de un objeto fractal a lo largo de la novela que se disemina en múltiples niveles de significación. El límite o marco de la baldosa o las fotografías que evocan la memoria del narrador, redobla estos vínculos con la artificiosidad del espacio real representado como imagen. La realidad en la que el narrador se reconoce se nos

---

[7] La representación visual de numerosos fractales asemeja estructuras naturales que remedan flores o estructuras vegetales, como ocurre con algunos conjuntos de Cantor o Mandelbrot (Vicsek 1991), entre los más frecuentes ejemplos de fractales naturales se encuentra la cristalización del agua o el copo de nieve. Inspirándose en éste, Niels Fabian Helge Von Koch, uno de los precursores de la teoría fractal, concibe en 1904 un objeto poligonal de superficie finita y perímetro ilimitado, cuyo cálculo se podría describir según los siguientes pasos: partimos de un triángulo equilátero de lado unidad. Dividimos en tres partes iguales de longitud 1/3 cada lado. Sustituimos el segmento central por dos segmentos de tamaño idéntico formando un diente en la iteración n=1. Tenemos una curva poligonal de longitud $3 \cdot 4 \cdot 1/3 = 4$. Repetimos la operación (n=2) con cada uno de los cuatro nuevos segmentos de cada uno de los "lados". Obtendremos así la curva de longitud $3 \cdot 42 \cdot 1/32 = 16/3$. La iteración indefinida nos proporciona un objeto fractal conocido como "isla de Koch" o "copo de nieve de Koch".

[8] "One of the common features of fractal objects is that they are self-similar (scale invariant). This means that if we first cut out a part of them and then blow this piece up, the resulting object in a statistical sense, will look the same as the original one" (Vicsek 1991: 9).

[9] "[...] in the growing case this simple seed consideration is repeatedly added to itself in such a way that the seed configuration is regarded as a unit and in the new structure; these units are arranged with respect to each other according to the same simmetry as the original units in the seed configuration. In the next stage the previous configuration is always looked at as the seed. [...] Mathematical fractals are produced after infinite numbers of such iterations" (Vicsek 1991: 11).

sugiere como el siguiente eslabón en la cadena de autorreplicación de esas baldosas, que reproducen el mismo dibujo fotografiado en folletos y libros hasta el infinito: "Pensaba que una estación de ferrocarril vista al microscopio, [...] una estación de ferrocarril vista desde muy lejos pudiera parecerse a cristales de nieve, o a una flor exótica" (Levrero, *París*: 11).

París, símbolo polivalente a lo largo de toda la narrativa de Levrero[10], es el anclaje toponímico de un universo que en realidad tiene numerosas similitudes con el mundo innominado que se despliega en las páginas de *La ciudad* (1970) o *El lugar* (1982), que recuerda también al de excelentes relatos previos como *La calle de los mendigos* (1970) o *Gelatina* (1968). París vuelve a ser una ciudad difuminada en movimiento, en la que vagas referencias (el Arco de Triunfo, la Torre Eiffel, la Universidad de París, el Sena, el nombre de algunas calles, como Rue Rimbaud, Rue Ste Madeleine, o el teatro del Odeón) son lo único que puede unir el París original con el espacio urbano de la narración. Juan Carlos Mondragón ha descrito las ciudades de Levrero como "utopías" o "urbanizaciones del horror" que "provocan espanto, el deseo de huir, la conciencia de frecuentar lo imposible y la resignación de decidir quedarse a habitarlas" (Mondragón 2006: 107). En este sentido leemos la trilogía involuntaria como la serie de estaciones de ese peregrinaje interior en el que cada novela es un lugar de paso. Por eso el inicio en una estación de ferrocarril –como también ocurre en otro excelente relato del autor, *Siukville* (1983)–, o en una gasolinera, en la que despierta el protagonista al inicio de *La ciudad*. Ambas novelas principian en puntos nodales, estaciones de un viaje *in media res* del que París parece ser un destino ocultado al propio individuo[11]. El destino de ese viaje es un misterio sólo equiparable al de la memoria perdida del objeto del mismo o al del lugar de procedencia, que en Levrero equivale al misterio de la propia identidad, acaso el segmento anterior de una temporalidad también replicada a sí misma y por tanto fractal.

---

[10] Mondragón (2006) revisa las referencias a París en la obra de Levrero, que no se reducen a esta novela. En "El factor identidad", incluido en el volumen *Espacios libres*, una nota aclaratoria de Levrero muestra un cierto condicionamiento obsesivo personal; declara haber escrito ese cuento para optar al premio de la revista *7 Días*: "El premio era un viaje a París" –a lo que añade– "Finalmente no lo envié al concurso, entre otras razones por temor a ganarlo y tener que viajar" (Levrero, *Espacios libres*: 156).

[11] Si bien el inicio de *El lugar* se da en un espacio interior, una de las estancias que configuran ese laberinto de puertas que se abren y se cierran por última vez tras el protagonista, contemplado como alegoría del inconsciente (Corbellini 1991), la ciudad emerge al término del

En la anticipación ecfrástica de esta zona levreriana, como despliegue en lo real de ese dibujo imposible, se señalan vínculos con el cubismo, en los que acaso puede revelarse el intertexto de un poema de Apollinaire titulado "Zone" (1913). En el texto del poeta romano se despliega una zona construida a partir de una versión extrañada de los suburbios parisinos. La voz poética, paseando por los barrios de inmigrantes y luces rojas de París, encuentra allí un correlato para la Europa moderna y su propia experiencia heterogénea, marginal y fugitiva (McHale 1987: 44).

También Levrero elige París como referencia toponímica en la que anclar esta zona heterotópica, en la que el espacio es menos construido que deconstruido por el texto, o, mejor, es construido y deconstruido al mismo tiempo (McHale 1987: 45). Como en una doble exposición fotográfica, dos espacios familiares son superpuestos, creando a través de esa tensión un tercer espacio no identificable con ninguno de los dos obrando el efecto de una desorientadora doble visión. En el fragmento citado de la novela se da también lo que McHale denomina "misattribution" (McHale 1987: 46) o la atribución de caracteres no sancionados por lo empírico o por la biblioteca a un lugar real determinado. El narrador atribuye cualidades artísticas reseñadas en folletos turísticos imaginarios a las baldosas de la estación de ferrocarril parisina.

París, la ciudad mítica por excelencia desde los tiempos de la Emancipación[12], una ciudad-destino, centro de la Modernidad, es ahora un cruce de

---

relato de la niebla que atraviesa éste en su huida. En la trilogía involuntaria todos los inicios arrojan al individuo a una realidad extrañada, con la sensación –justificada por la realidad o la imaginación– de hallarse en medio de un movimiento o traslado. El sueño inicial apunta a la idea de que el narrador procede de otro lugar, que llega hasta allí en un viaje, la emergencia de un lugar bajo tierra: "[...] la materia tenía varias capas, que se hacían menos densas a medida que ascendía, y la velocidad de mi ascenso se aceleraba progresivamente. Me proyectaba en forma oblicua hacia la superficie; y por fin, como un nadador que saca la cabeza fuera del agua y respira un ansiosa bocanada de aire, desperté con un profundo suspiro" (Levrero, *El lugar*: 11).

[12] Álvaro Salvador señala el papel simbólico de la ciudad de París como ciudad ideal en el imaginario poético de los escritores modernistas hispanoamericanos. El modelo parisino como espacio imaginado a partir de referentes librescos, inspira la sublimación de los aspectos "comunitarios" del seno de la sociedad; el refugio frente a la agresión causada por la "intensificación de la vida en los nervios" como experiencia de la vida urbana moderna, como la describe Simmel, conduciendo por ejemplo a Darío a recorrer un camino que conduzca a una contradictoria "revalorización" de ciertos elementos de la modernidad "como resultado de la experiencia de la sociedad y la vida urbana, es decir, del cosmopolitismo, en cuya base está precisamente el hecho de que el cosmopolitismo convierte las cosas, los objetos, en mercancías" (Salvador 2006: 43).

caminos en un laberinto, la amplificación fractal de esa estación inicial. Como todo punto nodal, París sitúa al individuo en la tesitura de seguir, detenerse o regresar. El texto deconstruye cualquier esquema anclado en la idea de centro, que como señalara Derrida, no está en ninguno de los puntos de la estructura, planteando una ficción que, con Deleuze, podemos afirmar rizomática. La ciudad se vuelve un fantasma, el escenario se revela falso y se sugiere recién salido de una devastación[13]. Lo vinculado al mundo de París –los edificios, las calles y las gentes– tendrá tonalidad gris[14] –"sintiendo el peso del gris que me rodea" (11)–; los personajes con los que inicialmente va cruzándose el protagonista se asemejan a cadáveres vivientes o, en ocasiones, caen muertos ante el protagonista[15], y el polvo de los trescientos siglos que duró su viaje parece cubrir la realidad:

> Me pregunto si las cosas y las gentes, durante los trescientos siglos de mi viaje en ferrocarril, se han detenido en el tiempo y sólo el polvo se habrá movido en la ciudad, acumulándose sobre las cosas y las gentes. Pero también el tiempo parecía haber cambiado, aunque no pudiera darme cuenta en qué medida, en qué dimensión (Levrero, *París*: 19).

En esta ciudad de la luz –hecha de zonas oscuras y polvorientas– es donde se pretende "sublimar la huida hasta la posibilidad limítrofe de volar" durante la noche y se renuncia a ello, acabando por aceptar "la condición humana, abdicada de la magia de la excepcionalidad" (Mondragón 2006: 110-111), alternando la desesperación inicial por una grotesca aceptación desesperanzada del propio miedo:

---

[13] En esto también parecen sugerirse conexiones con la novela anterior. Al término de *El lugar*, el protagonista vaga por un espacio neblinoso tras el derrumbe del lugar en el que había estado atrapado hasta llegar a su apartamento escuchando como ruido de fondo disparos y detonaciones.

[14] La tonalidad del gris y las referencias al mundo real como un mapa o un escenario, por ejemplo, durante el vuelo del protagonista por el cielo de París, reproducen la realidad como si se tratase de una película antigua, coincidente con la tecnología de la reproducción visual propia de la época sugerida en la novela, la Segunda Guerra Mundial. Este recurso al blanco y negro como desrealización cinematográfica o televisiva de lo real –vinculada con el acceso al pasado– se repite en el capítulo de la "Zona Siniestra de París", de la *nouvelle Nick Carter se divierte mientras el lector es asesinado y yo agonizo* (1975), de Levrero.

[15] "El hombre no me escuchaba. Noté entonces las telarañas. Lo sacudí con un poco de asco. Estaba muerto, momificado" (*París*: 11).

Vuelvo a mirar hacia abajo. Los carabineros son apenas visibles, algo blancuz-co y pequeño. Debo saltar. Debo volver a provocar una situación que obligue a mis alas a abrirse. El vértigo me cubre la frente de sudor, y me tiemblan las manos y las piernas. No puedo saltar. Tengo miedo. Desde la distancia, sigue llegando el sonido de los disparos.

—Debo hacerlo— dije en voz alta, y afirmé las manos en el borde del parapeto y me ayudé a subir allí, de rodillas. Intenté ponerme de pie pero los músculos no me obedecían; el miedo me paralizaba. ¡Vamos! —me grité— ¡Salta! ¡Salta! ¡Salta!

Y me reí. Me atacó un pánico feroz y salté, pero no hacia la calle, sino hacia el piso de la azotea. Cincuenta centímetros. Me lastimé las rodillas, y me quedé allí, acurrucado en el suelo, riéndome de mí mismo, llorando (Levrero, *París*: 133).

3. Memoria y simulacro

Aunque toda la novela se halla atravesada por las imágenes del sueño, una parte clave de éste refiere el papel jugado por imágenes provenientes de tec-nologías de la reproducción visual y los *mass media*. Desde un primer momento, el binomio memoria-imaginación aparece unido. El narrador se cuestiona reiteradamente por el nuevo estatuto de la memoria que dice estar experimentando tras su llegada:

> Quiero definir hasta qué punto esta memoria es verdadera, [...] comprendo que durante el viaje me dirigía a París con una actitud, si no turística, un tanto novelera; como si viajara a París para conocerlo; ahora me imagino a mí mismo, durante ese viaje sin memoria, haciendo conjeturas y fantaseando en torno a la ciudad, en torno a lo que esperaba ver y descubrir allí; luego, una vez en la esta-ción, comencé a vivir las cosas de otra manera, a recordar (Levrero, *París*: 22).

El anclaje que vincula al individuo con una experiencia anterior está rela-cionado con la fotografía. Marcel, su ex-jefe, propietario del estudio fotográ-fico, es el único que coopera en el reconocimiento del protagonista. El narra-dor se revela a sí mismo un entusiasta de la fotografía, pero lo "muerto" alcanza también a ese reconocimiento. Durante el trayecto en taxi el narrador monologa acerca de un viejo proyecto que parece que verá la luz ahora:

> un viejo proyecto, un número especial de la revista *Paris-Hollywood*. Sobre la necrofilia, y etcétera [...] modelos que comenzaban a decaer firmaron contrato

para documentar las etapas de su envejecimiento y fotografiar su muerte violenta veinte años después; será un número sensacional, esperado ansiosamente por un millón de onanistas, coprófagos y tipos así, de esa clase, en todo el mundo. Tendrá mil páginas, dos mil quinientas fotografías, y sobrecitos de obsequio especiales... (Levrero, *París*: 15).

El taxista lo deja en el Asilo para Menesterosos, mezcla de cárcel, monasterio y prostíbulo. A lo largo de la novela se debatirá entre la huída o la permanencia en ese lugar, acabando siempre por regresar. Los regresos reiterados al Asilo invocan una vez más el tipo de iteración de las estructuras fractales, y en ellos resulta fundamental la presencia femenina como agente desestabilizador o catalizador del movimiento del personaje. La mujer, objeto de un deseo sexual que acaba siendo perverso por parte del protagonista, tiene algo de fantasmagoría: es extraída de un catálogo fotográfico mostrado por el cura, porter o del Asilo. La vez primera que asciende a la azotea del edificio, después de atravesar un laberinto de escaleras y puertas, puede verla abajo, en la calle, siendo violada por una suerte de hombres lobo: "Es, evidentemente, Angeline; y los animales la acarician con la lengua por todas partes. Ella gime y retuerce el cuerpo para ofrecer nuevas zonas a los perros (o lo que sean). Tiene un cuerpo hermoso, realmente no hay mayor diferencia con la foto del catálogo" (Levrero, *París*: 44).

El extravío espacial del personaje se acompaña del temporal. El protagonista afirma recordar haber vivido cíclicamente hasta cuatro guerras, pero no puede precisar en qué consiste ese recuerdo salvo por la imagen de "titulares enormes en los periódicos, muchos años atrás, algunos de color rojo, anunciando victorias o derrotas, sin poder precisar con exactitud de qué se trata [...] 'Son muchas cosas —me digo, abrumado [...]— muchas cosas para averiguar, para unir, para formar con ellas un mundo coherente... Necesito un espejo, necesito que venga la noche y partir, necesito información política...'" (Levrero, *París*: 70). Incluso la Guerra —confundida reiteradamente con el fútbol: "¿Fútbol? —No —respondió [...]—. La guerra" (Levrero, *París*: 81)— que se aproxima a París —en apariencia la Segunda Guerra Mundial— se percibe, anacrónicamente, a través de las imágenes televisivas:

Sonia necesitaba cigarrillos. Entramos en un bar. Hay algunos parroquianos dispuestos en semicírculo junto al mostrador, me llama la atención comprobar que no consumen nada. El patrón subido en un banco, trata de hacer funcionar un pequeño aparato de televisión. Después de unos instantes la pantalla se aclaró y pude ver algunos *slides* publicitarios.

–¿Qué sucede? –pregunté a uno de los tipos–. ¿Fútbol?

–No –respondió secamente, sin apartar la vista del televisor–. La guerra.

En efecto: pronto se cortaron los avisos y aparecieron unas tomas, en principio confusas, que luego se hicieron más precisas: era un ejército, a caballo, que avanzaba, atravesando la campiña francesa próxima a la frontera, sin encontrar resistencia (Levrero, *París*: 74).

El episodio es particularmente complejo porque tres realidades simultáneas tratan de ser digeridas por el narrador. Por un lado la realidad de pesadilla de París, en la que el protagonista, de la mano de Sonia, una prostituta rebelde que posteriormente se declarará militante de la Resistencia, entra a un bar en busca de cigarrillos de camino al Odeón. A ésta se suma la imagen televisiva, una realidad vivida a distancia, también incoherente y sobre cuya verdad se discute en ese bar, y por otro lado, la realidad que el otro yo desdoblado del protagonista, su proyección onírica, vive simultáneamente en un sueño que no ha podido disiparse y que prosigue de manera autónoma. Esta última serie de imágenes soñadas lejos de reportar un espacio para el sosiego también le suponen violencia y persecución:

En el sueño siento una tremenda angustia que me va ganando y cuyo origen no puedo localizar; busco a mi alrededor, trato de escuchar alguna señal, porque estoy seguro de que la angustia se debe a un llamado exterior. No veo ni escucho nada, no encuentro nada ni nadie, y siento un vivo deseo de escapar del desierto. [...] luego caí en la arena con la certeza de que los árabes me perseguían, que se aproximaban blandiendo sables de ancha hoja reluciente [...] oigo el galope de los camellos sobre el piso de madera, estaba arrastrándome por un parquet lustroso; levanto la cabeza, apoyándome en las manos y veo que estoy en una enorme cancha de básquetbol; y el ruido no provenía de los camellos sino del rebote de la pelota de cuero contra el parquet. [...] advierto que el público que rodea la cancha me observa y hace ademanes de enojo para que salga de allí (Levrero, *París*: 75).

Si el sueño se sobreimpone a la vigilia, en una suerte de doble visión, o desdoblamiento del sujeto en soñante, viviéndose dos realidades en paralelo, la narración de la realidad de la guerra por consumarse a través de la televisión también va salpicando la realidad física con su halo de ficción. La realidad histórica, filtrada por el tamiz de lo onírico, se repite como "farsa o reciclaje de hechos desconectados de su contexto, deliberada agresión a la realidad que cumple la función de realzar que *nada es real*" (Verani 1996a:

55), lema de los Beatles que se convierte en clave de ficción en "Alice Springs", otro relato levreriano:

> Nos aproximamos a una de esas vidrieras. A pesar de la gente apiñada puedo ver la pantalla del televisor ubicado a cierta altura; se ve un ejército a caballo, seguido a lo lejos por tanques. Una breve toma, casi en primer plano, muestra fugazmente a Hitler, sable en mano, dirigiendo la tropa, sobre un caballo blanco (Levrero, *París*: 81).

El espectáculo de canción popular al que asiste el protagonista en misión secreta para la Resistencia, se describe en relación a un modelo *massmediático*. El propio Odeón parece simular ser otro teatro o la imagen de otro teatro "me dio la sensación de estar observando una revista vieja, con su publicidad que ahora nos parece ingenua o exagerada" (Levrero, *París*: 90) –y la interposición vuelve a ser sugerida– "se me ocurrió pensar si todo aquello no formaría parte del espectáculo; si el teatro mismo, de mucha más categoría que la que hoy representaba, se hubiera maquillado [...] reconstruyendo en cierto modo aquellos teatros bonaerenses de principios de siglo" (Levrero, *París*: 90). El espectáculo parisino es una actuación de Carlos Gardel. "De pronto adquirí conciencia del engaño, comprendí que Gardel estaba irreversiblemente muerto, y que había sido un perfecto imbécil al dejarme engañar por Anatole" (Levrero, *París*: 90).

Un engaño que adquiere dimensiones nauseabundas; al chantaje de Sonia, que le había prometido sexo a cambio de que se uniera a la Resistencia, ahora, asistiendo al espectáculo grotesco del teatro, se une el hecho de tener que soportar, en medio de la aglomeración, nuevos inconvenientes –"alguien orinaba, alguien se orinaba encima, y pequeñas gotitas llegaban a salpicarme los calcetines [...]" (Levrero, *París*: 92)–. Sólo tras una interminable secuencia de actuaciones *kitsch* signadas por la marca del simulacro, en el que sujetos anacrónicos disfrazados interpretan piezas del folklore latinoamericano, el baile flamenco, la payada gauchesca con acento centroamericano, etc., se deja oír la voz del franco-uruguayo Carlos Gardel interpretando el *fox-trot* de la película *Rubias de New York*, que también había inspirado a Manuel Puig para su *Boquitas pintadas* (1969):

> "Betty, Peggy, Mary, July, rubias de New York..." [...] Los ojos se me llenaron de lágrimas. Sospecho el truco del disco, pero no me importa [...] en mi mente se forma sin querer la mente del cantor, que adopta mil formulaciones: los ojos iguales a sí mismos en un rostro envejecido pero que conserva los rasgos, el pelo

canoso, totalmente blanco, peinado a la gomina, hacia atrás, como en las fotos [...] y luego las imágenes deformes, hinchadas, en las que aun los ojos han perdido todo parentesco con la voz conocida, o una cara plana, sin tercera dimensión, estirada sobre una pantalla blanca que al moverse crea nuevas expresiones y distorsiones (Levrero, *París*: 93).

Toda la novela constituye una alegoría de la incomunicación y la crisis de identidad del individuo ante el simulacro de una realidad que ofrece fugaces imágenes que prometen un sentido pero tras las cuales se reproduce sólo el vacío. La aprehensión de una base sólida de realidad para la constitución de la identidad, huye hacia el siguiente plano en una iteración inexorable. Ante el espectáculo de lo falso, de lo inauténtico, el tamiz multinacional del *fox-trot* como traducción asumible del Gardel de los tangos para el consumo cinematográfico, emerge la certeza imposible en el protagonista connotada de sensibilidad *camp*: "supe que no era un disco; había variantes fundamentales en las letras y en la entonación de las canciones, pero la voz era indudablemente la suya, y el hombre que estaba en el escenario indudablemente era él; y luego vinieron los últimos tangos, los tangos recientes, los tangos que nunca grabó" (Levrero, *París*: 93).

El proceso de simulación deviene simulacro cuando las imágenes, no pierden sólo todo valor de representación de un original o enmascaran su ausencia, sino cuando incluso se vuelven completamente autorreferenciales y remiten al propio proceso de simulación. El simulacro, siguiendo los planteamientos de Baudrillard, es la verdad que oculta el hecho de que no hay verdad. Por eso aquí el simulacro, la imposible voz de Gardel, es real, en un universo en que se tematiza la angustia de saber que la división auténtico/falso ha sido borrada.

4. La vigilia y el sueño en la época de la reproductibilidad técnica

Si lo fractal, alegorizado y desplegado en niveles harto complejos en la narrativa levreriana, como he tratado de mostrar, puede referir al "laberinto de la realidad" (Levrero, *El lugar*[16]: 97), por lo que el fantástico extremo de Levrero podría

---

[16] Citamos de la primera versión publicada en *El péndulo* nº 6 (1982).

leerse como una forma "oblicua" de realismo (Aínsa 2002), en la ecología que se expresa en los textos la virtualidad *massmediática* complica los pasajes entre el inconsciente y la realidad, actuando de obstáculo para la síntesis de cualquier forma de experiencia o identidad. La ficción levreriana así navega las aguas limítrofes entre el sueño y la vigilia en la época de la reproductibilidad técnica. Sus personajes sienten la imperiosa necesidad de bucear en cada una de las imágenes, aun a riesgo de que de que lo esencial al objeto de la búsqueda en realidad también sea un simulacro, y la identidad y lo real, por tanto, no sean otra cosa más que interferencias en una ecología crecientemente atravesada de ficciones: "–¿Usted cree que pueda hablarse de un mundo interior? –le pregunto al chofer–. A veces pienso si no somos otra cosa que cortes de situaciones exteriores" (Levrero, *París*: 11). El impulso hacia un moderno deseo de verdad se combina con la tematización de una nostalgia imposible, continuamente frustrada, de una experiencia de real –una conexión con el alma junguiana– que el simulacro amenaza con borrar. La huida hacia adelante parece ser, por tanto, la condena de los protagonistas de estas *nouvelles* (y de sus lectores). Una huida a través de la iteración fractal que configura la narrativa de este autor soberbio, en la que se postula una verosímil distancia crítica respecto de la cultura de masas, cómplice de una violencia sublimada en los textos. Violencia a la que, desde el máximo desarraigo respecto de la realidad y la descripción de los paisajes siniestros de la propia subjetividad, Levrero refiere oblicuamente.

BIBLIOGRAFÍA CITADA

AÍNSA, Fernando (2002): *Del canon a la periferia: encuentros y transgresiones en la literatura uruguaya*. Montevideo: Trilce.

BAUDRILLARD, Jean (1994): *El otro por sí mismo*. Barcelona: Anagrama.

— (1997): *La ilusión del fin: la huelga de los acontecimientos*. Barcelona: Anagrama.

CORBELLINI, Helena (1991): "Prólogo: *El laberinto de la irrealidad*", en Levrero, Mario, *El lugar*. Montevideo: Ediciones de la Banda Oriental, pp. 5-9.

— (1992): "Serie negra en patch-work", en *Nick Carter se divierte mientras el lector es asesinado y yo agonizo*. Montevideo: Arca, pp. 81-86.

— (1996): "Las traiciones del soñante", en *Nuevo texto crítico* Vol. VIII, nº 16-17, julio 1995 a junio 1996, pp. 19-34.

COSSE, Rómulo (1996): "Rasgos estructurales fuertes en relato breve de Mario Levrero", en *Nuevo texto crítico* Vol. VIII, nº 16-17, julio 1995 a junio 1996, pp. 33-43.

DELEUZE, Gilles/GUATTARI, Félix (1986): *La imagen tiempo*. Barcelona: Paidós.

— (2002): *Mil mesetas: capitalismo y esquizofrenia*. Valencia: Pre-Textos.

JUNG, Carl (1970): *Arquetipos e inconsciente colectivo*. Buenos Aires: Paidós.

— (1977): *El hombre y sus símbolos*. Barcelona: Luis Caralt.

LEVRERO, Mario (1982a): "Alice Springs (el Circo, el Demonio, las Mujeres y Yo)", en *Todo el tiempo*. Montevideo: Banda Oriental.

— (1982b): *El lugar*. Buenos Aires.

— (1991): *El lugar*. Montevideo: Banda Oriental.

— (1998 [1979]): *París*. Montevideo: Arca.

— (1999 [1970]): *La ciudad*. Barcelona: Plaza y Janés.

LUDMER, Josefina (1999): *El cuerpo del delito: un manual*. Buenos Aires: Perfil.

LYOTARD, Jean F (1987): *La posmodernidad explicada a los niños*. Barcelona: Gedisa.

— (1993 [1979]): *The Postmodern Condition*. Minneapolis: University of Minnesota Press.

MCHALE, Brian (1987): *Postmodernist Fiction*. London/New York: Methuen.

MONDRAGÓN, Juan C. (2006): "París: ciudad metáfora en la obra de Mario Levrero", en *Hermes Criollo* año 5, nº 10, otoño, pp. 105-114.

MONTOYA JUÁREZ, Jesús (2008): "Aira y los airianos: literatura argentina y cultura masiva desde los noventa", en Montoya Juárez, J./Esteban, A. (eds.), *Entre lo local y lo global: la narrativa latinoamericana en el cambio de siglo (1990-2006)*. Madrid/Frankfurt: Iberoamericana/Vervuert, 51-75.

— (2008): "Realismos del simulacro: imagen, medios y tecnología en la narrativa del Río de la Plata". Tesis Doctoral Europea. Universidad de Granada.

MORAÑA, Mabel (1988): "Cristina Peri Rossi: Alegoría e impugnación del canon realista en la literatura uruguaya", en *Memorias de la generación fantasma*. Montevideo: Montesexto, pp. 147-162.

OLIVERA, Jorge (2006): "La alteridad de lo real en la narrativa de Mario Levrero", en *Hermes Criollo* año 5, nº 10, otoño, pp. 85-95.

OLIVERA, Jorge/ACOSTA, Ignacio (2006): "Una metafísica de la escritura (entrevista)", en *Hermes Criollo* año 5, nº 10, otoño, pp. 137-149.

RAMA, Ángel (1972): *La generación crítica: 1939-1969. I Panoramas*. Montevideo: Editorial Arca.

RUFFINELLI, Jorge (1996): "Mario Levrero, Alice Springs y la verdad de la imaginación", en *Nuevo Texto Crítico* Vol. VIII, nº 16-17, julio 1995 a junio 1996, pp. 59-71.

SALVADOR, Álvaro (2006): *El impuro amor de las ciudades*. Madrid: Visor.

VATTIMO, Gianni (1987): *El fin de la modernidad*. Barcelona: Gedisa.

VERANI, Hugo (1996): *De la vanguardia a la posmodernidad: narrativa uruguaya (1920-1995)*. Montevideo: Trilce.

VICSEK, Tomás (1991): *Fractal Growth Phenomena*. London/New York: World Scientific.

"¡REALMENTE FANTÁSTICO!": NOTAS SOBRE DISTOPÍA Y CIENCIA-FICCIÓN EN EL RÍO DE LA PLATA

Julio Prieto
Universität Potsdam

El punto de partida podría ser la inquietud de una frase. Es una frase que siempre me ha intrigado, y ello en no poca medida por el hecho de que se repite en dos textos que podemos considerar fundacionales de la teoría de lo fantástico en la tradición hispánica moderna: el prólogo de Adolfo Bioy Casares a la *Antología de la literatura fantástica,* y el de Borges a la novela del primero, *La invención de Morel.* La versión anterior en unos meses es la de Borges[1], quien afirma en 1940 que la novela de Bioy "despliega una Odisea de prodigios que no parecen admitir otra clave que la alucinación o que el símbolo, y plenamente los descifra mediante un solo postulado fantástico pero no sobrenatural" (91). La frase se repite casi literalmente en la versión de Bioy, quien asegura que algunos relatos fantásticos admiten "explicación fantástica, pero no sobrenatural" (11). *Fantástica, pero no sobrenatural*: en la inquietud de esa frase, en la aparente incongruencia o petición de principio que plantea, podría resumirse el proyecto de reescritura de lo fantástico que promueven estos autores, así como en general las versiones posrománticas del género, que a lo largo del siglo XX se caracterizarán por una progresiva disipación de lo "sobrenatural" y su parafernalia de efectos terroríficos.

La conspicua repetición de la misma frase en ambos textos sugiere que, lejos de ser una coincidencia, un ánimo programático hermana esas proposiciones: se trataría de perturbar las inercias y convenciones de un género, de desarraigar los protocolos de sentido de un término que en el siglo anterior

---

[1] La primera edición de la *Antología de la literatura fantástica* compilada por Borges, Bioy y Silvina Ocampo apareció en Buenos Aires en 1941 con un falso colofón que data la publicación de la obra un año antes (Bioy Casares 2006: 22), fecha que reproducen erróneamente la mayoría de los comentarios críticos. Ese colofón "fantástico" probablemente tiene que ver con el deseo de otorgar congruencia al juego metatextual que propone Borges en su relato "Tlön, Uqbar, Orbis Tertius" (incluido en la antología pero originalmente publicado en 1940 en la revista *Sur*), en cuya "Potsdata de 1947" se alude a la aparición del texto en la *"Antología de la literatura fantástica,* 1940" (440).

vagaba por las brumas de los géneros menores, de removerlo y transplantarlo a otras latitudes. En sus diarios póstumos, recientemente publicados, Bioy recoge una parábola inédita de Borges que titula *Error de un conferenciante*: "¿Qué ocurriría en el mundo si no existiera el español? –preguntó, inspirado, el orador; él mismo contestó enseguida: 'La gente tendría que hablar en otros idiomas'" (Bioy Casares 2006: 46). Si aplicáramos la pregunta al caso que nos ocupa y le diéramos un matiz limitadamente retrospectivo, tal vez concluiríamos que de no haber existido el español en el siglo XX la literatura de los últimos setenta años habría sido sustancialmente distinta, sobre todo por los muchos otros idiomas en que se hablaría lo fantástico (empezando porque tal vez no se hablaría en absoluto, tal como hoy lo hacemos, de "literatura fantástica"). La misma parábola, con un matiz prospectivo, podría servirnos para describir la estrategia de reterritorialización de lo fantástico seguida por Borges y Bioy: suponiendo, a efectos de la especulación teórica, la inexistencia del inglés (o el francés, o el alemán), ¿cómo se hablaría lo fantástico *en español*? Lo que hoy llamamos literatura fantástica en la tradición hispánica (y sus varios más allás) es en gran medida el resultado de esa pregunta proyectada hacia el futuro de un género, la materialización o el rastro histórico de un futuro hipotético imaginado por Borges y Bioy hacia 1940.

Si "fantástico, pero no sobrenatural" resulta un sintagma perturbador es porque viola el sentido común que tiende a equiparar ambas nociones, tanto en una acepción intuitiva de lo "fantástico" como en la acepción literaria al alcance de un lector más o menos culto hacia 1940. La versión de Bioy añade un paréntesis que alimenta la llama de la incertidumbre. A propósito de la explicación "fantástica, pero no sobrenatural" de algunos relatos fantásticos agrega: "('científica' no me parece el epíteto conveniente para estas intenciones rigurosas, verosímiles a fuerza de sintaxis)" (11). Ahora bien, ¿cómo lo "científico" podría ser glosa de lo "fantástico"? ¿En qué sentido la ciencia podría servir de explicación, aun parentética, de un modo literario habitualmente caracterizado por la puesta en entredicho de lo científicamente verificable? Una posible respuesta es suponer que lo que Bioy está descartando en ese paréntesis no es tanto un epíteto –lo "científico"– cuanto una categoría genérica –la ciencia-ficción– íntimamente ligada a la literatura fantástica, a la vez que históricamente desplazada en la constitución del género y en sus sucesivas definiciones teóricas. El intervalo entre literatura fantástica y ciencia-ficción, la *interdicción* de la ciencia-ficción en lo fantástico –"interdicción" tanto en el sentido de "prohibición" como en el de lo que es entredicho: lo que se dice "entre" (entre géneros, entre modos narrativos o estrategias de dicción)–, es lo que propongo examinar aquí: el tema sería el entremedias teórico que *sutura* –que liga a la vez que divide– estos géneros.

Hace unos años el escritor colombiano Armando Romero habló, a propósito de la literatura fantástica hispanoamericana, de "desbarajuste genérico" (2007: 292). Es una noción digna de ser reivindicada: a estas alturas de los estudios sobre lo fantástico, tras varias décadas de aportaciones teóricas que han ido refinando con creciente precisión los modelos normativos del género, no parece factible progresar demasiado por el camino de la exactitud –de la delimitación de lo que podríamos llamar una noción *restringida* de lo fantástico–. Tal vez sea hora de explorar el camino de la nebulosidad. No se trataría únicamente de reivindicar el valor descriptivo, en términos históricos, del "desbarajuste genérico", sino de examinar el rendimiento teórico de la indefinición –de una teoría de lo fantástico como *nebulosa genérica*–. Las intervenciones críticas normativas, tendentes a la precisión de una fórmula matemática, tienen el inconveniente de favorecer lo que podríamos llamar "falacia del esencialismo genérico": tienden a borrar el proceso histórico de formación de las ideas y a sugerir una correspondencia necesaria y apriorística entre las categorías genéricas y los textos que describen –como si esas caracterizaciones y taxonomías no formaran parte tanto de la historia de la lectura de esos textos como de la historia de su producción–. De hecho, las categorías y definiciones genéricas funcionan, en un sentido estrictamente histórico, *justamente porque son imprecisas*: la excesiva nitidez de una fórmula genérica haría innecesaria la escritura de textos que la pusieran en práctica. En la dialéctica de repetición y diferencia en que se juegan los géneros, las normas y prescripciones teóricas son históricamente productivas en la medida en que alimentan el deseo de contradecirlas –es decir, en la medida en que despiertan el demonio de la perversidad, que parafraseando a Poe se diría que es el espíritu que anima la invención literaria–[2].

De hecho, la trayectoria de la literatura fantástica está ligada desde sus orígenes a su condición de nebulosa conceptual. En el texto que marca su

---

[2] Véase Poe (1995 [1845]). A propósito de demonios, a la dialéctica de la invención literaria se le podría aplicar una distinción sugerida por Deleuze: "La diferencia entre los demonios y los dioses estriba en que éstos tienen atributos, propiedades y funciones fijas, territorios y códigos: tienen que ver con los surcos, las lindes y los catastros. Lo propio de los demonios, por el contrario, es saltar los intervalos" (1980: 49).

irrupción en nuestra historia literaria, el citado prólogo a la *Antología de la literatura fantástica*, Bioy Casares pone en juego el término como nebulosa: como una suerte de cajón de sastre en que cabrían todo tipo de formas de imaginación literaria no realista, tanto modernas como premodernas desde lo que hoy llamaríamos fantástico en el sentido restringido de Todorov o Bessière, hasta la ciencia-ficción, el relato policial, la parábola kafkiana y la fábula o el apólogo oriental. Si la frase "fantástica, pero no sobrenatural", contenida en ese prólogo, resulta inquietante para un lector actual es porque pone en movimiento una nebulosa en gran medida ilegible desde la exactitud de las fórmulas teóricas propuestas a partir de Todorov. Curiosamente, en su somera clasificación de los relatos fantásticos a partir de la naturaleza de su "explicación", Bioy ofrece un esquema tripartito que cortocircuita el también ternario sistema de Todorov: la secuencia de lo maravilloso/fantástico/extraño (o *Unheimlich*) de Todorov tiene pocas posibilidades de conciliación con la secuencia que propone Bioy: lo maravilloso, lo "fantástico, pero no sobrenatural" (que nosotros más bien llamaríamos "ciencia-ficción") y lo fantástico como vacilación. De hecho, esta última modalidad, lo que para Todorov sería lo fantástico *sensu stricto*, es desdeñada por Bioy como la menos interesante de las variedades del relato fantástico. La nebulosa genérica de lo fantástico que pone en juego Bioy no decrece en "desbarajuste" en el texto con el que comparte protagonismo en la emergencia histórica del término. En el prólogo a *La invención de Morel*, lo fantástico añade a esta puesta en escena teórica "a dos voces" la perplejidad de otra categoría genérica, la novela de aventuras, que en el sentido en que la usa Borges vendría a coincidir con lo fantástico (pero no necesariamente "sobrenatural"). De hecho, para poder avanzar en la elucidación de esta nebulosa habría que retroceder a otro texto de Borges anterior en casi una década: al ensayo "El arte narrativo y la magia" (1932), un texto crucial en la genealogía crítica de lo fantástico en el que curiosamente no se menciona el término "fantástico" (una posible forma de leer este ensayo es como si fuera un relato en el que, de acuerdo con lo que le pedía Hemingway a todo buen relato, la palabra clave no se menciona). En ese texto, pero con otro nombre, bajo el término "novela de aventuras" (o, alternativamente, "novela de peripecias"), aparecen todos los elementos del movimiento sísmico que unos años después Borges promoverá con la complicidad de Bioy Casares y Silvina Ocampo bajo el estandarte de la "literatura fantástica". El cambio de paradigma que, en términos de historia literaria, designa el término encuentra su fuerza reactiva –su capacidad de estremecimiento de un campo de sentido– en la libertad de acción que permiten las imprecisiones de una nebulosa genérica: en la labilidad de un entremedias que no sólo se mueve entre géneros sino entre lenguas.

Si el uso que hacen Borges y Bioy de estas categorías –literatura fantástica, novela de aventuras– es elusivo e inquietante, es porque éstas son, entre otras cosas, el resultado de una operación de traducción: una traducción "mala" o desviada de lo que en la lengua de Shakespeare (aquélla en que según ambos lo fantástico alcanzaría sus versiones más logradas en el siglo XIX) suele denominarse *romance*. "Literatura fantástica" es el modo en que Borges y Bioy designan el vacío –rellenándolo con perversa creatividad– que en nuestra lengua y en nuestra teoría literaria proyecta la oposición terminológica que en inglés permite distinguir los relatos realistas (*novel*) de los no realistas (*romance*). Es curioso observar que la casilla vacía o término "en blanco" para designar en español la literatura no realista sólo se hace visible al superponer los sistemas de categorización de las dos lenguas, como una suerte de eco dejado en el español por el inglés a partir de una perspectiva bifocal o bilingüe –es decir, justamente la perspectiva de la que parten escritores como Bioy y Borges–. Como lo demuestran recientes estudios y antologías[3], la inexistencia de una tradición de lo fantástico en español en los siglos XVIII y XIX es más un efecto de invisibilidad producida por ese vacío teórico que un hecho de nuestra tradición literaria[4]. Inversamente, cabe sugerir que esa imprecisión terminológica del español, en contraste con la limpidez conceptual que en inglés divide los géneros narrativos realistas y no realistas, es una de las razones de la fertilidad de lo fantástico en la literatura en español del siglo XX: la nebulosidad conceptual del género en nuestra lengua sería justamente lo que habría posibilitado, a la altura de 1940, en esa región de frontera de las letras hispá-

---

[3] Véanse, por ejemplo, Roas (2006) y Hernández (2006).

[4] De hecho en el siglo XVIII la teoría de la novela aún distinguía en nuestro idioma entre "novela" y "romance", de modo análogo a la moderna narratología anglosajona (Álvarez Barrientos 1991: 26), y a lo largo del siglo XIX se detectan algunos usos del término "romance" y "romancesco" acordes con esa distinción –así, por ejemplo, en la traducción española del ensayo de Walter Scott sobre Hoffmann (Roas 2006: 202)–. Sin embargo en el siglo XX esa distinción acabó borrándose en español, tal vez por la polisemia del término "romance" en nuestro idioma, que además de un género narrativo designaba una familia de lenguas y un tipo de composición poética (lo que en inglés se denomina *ballad*, evitando el problema de la polisemia). Los dos últimos sentidos se conservaron hasta nuestros días, en tanto que el sentido narratológico de "romance" se perdió, dejando la vía franca para las libérrimas incursiones de la "literatura fantástica" en la tradición hispánica moderna.

nicas que sería el Río de la Plata (y por extensión Hispanoamérica), la renovación de fórmulas agotadas en otras lenguas por demasiado sabidas (i. e. por
demasiado precisas en sus perfiles genéricos).

En realidad la historia del término "fantástico" está ligada a la traducción
no sólo en español sino también en inglés y francés –lenguas en que es usado
por primera vez *en traducción*–. Lo significativo es que el término es, desde su
origen, un término traducido, con el coeficiente de desvío y malentendido
inherente a toda traducción[5]. El primer uso documentado es el de Walter
Scott, que lo utiliza en una reseña hostil de los cuentos de Hoffman, "On the
Supernatural in Fictitious Composition" (1827), para censurar y desacreditar
un tipo de narración que su creador denomina en alemán *Fantasiestücke* y
Nachtstücke (literalmente, piezas "nocturnas" o "de fantasía"). Un año después, el crítico francés Jean-Jacques Ampère propondrá el término *contes fan-
tastiques* como traducción tentativa de *Fantasietücke*, para describir el nuevo
tipo de narración sobrenatural introducido por Hoffmann en su primera
colección de relatos, *Fantasietücke in Callots Manier* (1814). La ironía de esta
red de traducciones es que ya en la obra original de Hoffmann, en sus "Piezas
de fantasía *a la manera de Callot*", lo fantástico se presenta como una traducción intermedial, es decir, como un intento de trasladar a la literatura el estilo del grabador francés Jacques Callot, incardinable en la tradición de lo grotesco que alcanza su máxima expresión visual en los grabados de Goya. La
historia, en particular, del uso del término en español a lo largo del siglo XIX

---

[5] Algo parecido ocurre con el término "ciencia-ficción", traducción peregrina del término
science-fiction acuñado en 1926 por el editor de revistas *pulp* Hugo Gernsback. Entre el sentido del término original –literalmente, "ficción o fantasía científica"– y su dudosa traducción a
nuestro idioma hay un intervalo equiparable al que proponen los términos *romance* y "literatura fantástica". Por otra parte, la ciencia-ficción como categoría genérica está involucrada,
como lo fantástico, en no pocas dosis de nebulosidad: en un sentido estricto, en cuanto narración determinada por el imaginario del progreso tecnológico y científico, sería un género
cuyos orígenes se remontarían a principios del siglo XIX –a la correlación histórica rastreable,
por ejemplo, entre los experimentos eléctricos de Galvani con tejidos nerviosos inertes y una
novela como *Frankenstein* (1818) de Mary Shelley–; en un sentido lato, en cambio, daría cabida a la imaginación pseudo-científica y al proteico subgénero de los viajes espaciales. En esta
acepción, la ciencia-ficción sería un género mucho más amplio: incluiría, por ejemplo, los
relatos decimonónicos que trabajan el magnetismo y la hipnosis, y sus orígenes podrían rastrearse en obras como la *Historia verdadera* (ca. 165 d.C.) de Luciano de Samósata o, en época
más reciente, en narraciones poscopernicanas como el *Somnium astronomicum* (1624) de
Kepler o *The Man in the Moone, or a Discourse of a Voyage Thither* (1638) de Francis Godwin
(Ordway 1992: 36-40).

se caracteriza por la confusión y el malentendido, por su condición frecuente de traducción de una traducción[6]. A río revuelto, ganancia de pescadores: el amplio intervalo o margen de imprecisión existente entre el término "fantástico" y los textos que a lo largo del siglo XIX puede designar en español es aprovechado por Borges y Bioy para refundar el género en el siglo XX, a partir de una radical resemantización de esa categoría. El primer gesto estratégico de esa operación es una ampliación del foco de visión: ya no se trata meramente, como a lo largo del siglo XIX, de "cuento" fantástico sino de *literatura* fantástica –Borges y Bioy redimen lo fantástico de su condición de género menor, le confieren el prestigio de la alta literatura y un estilo "clásico"–.

Esa operación es la primera teoría de lo fantástico en español cuyos términos son establecidos por sus propios creadores. Sería un caso análogo al de Edgar Allan Poe, con la salvedad de que éste nunca utilizó en sus reflexiones teóricas el término "fantástico" para referirse a sus narraciones (para las que prefirió las nociones schlegelianas de lo grotesco y el "arabesco")[7], pues, en inglés, *fantastic* nunca llegó a perder del todo las connotaciones peyorativas que le otorgara Walter Scott en su crítica de Hoffmann. De hecho, la concepción nebulosa de lo fantástico con que operan Borges y Bioy, en textos que fluctúan entre lo fantástico en sentido restringido y la ciencia-ficción, entre el relato de aventuras y el policial, se parece mucho a la que parece informar la narrativa de Poe, quien no en vano es considerado no sólo como uno de los padres del cuento fantástico sino que también pasa por ser el creador del género detectivesco con sus famosos *tales of ratiocination*, además de haber enriquecido decisivamente géneros como el relato de aventuras y la ciencia-ficción con obras seminales como *The Narrative of Arthur Gordon Pym of Nantucket* y "The Unparalled Adventure of One Hans Pfaal".

---

[6] Como demuestra el riguroso estudio de David Roas, los usos documentados aparecen en su mayor parte en traducciones al español de obras o ensayos críticos originalmente escritos en francés, y a menudo en versiones españolas de traducciones al francés de textos originalmente escritos en inglés o alemán. Véase Roas (2006: 121-152). Como epítome de esa confusión terminológica podría citarse el siguiente caso: "En 1877 se publicó un volumen de *Cuentos fantásticos* que curiosamente no contiene ningún relato adscribible a dicho género" (Roas 2006: 141).

[7] Poe tituló su principal colección de cuentos *Tales of the Grotesque and the Arabesque* (1840), tal vez haciéndose eco de la conexión entre lo grotesco, el arabesco y el *Witz* sugerida por Friedrich Schlegel, para quien esas nociones tendrían en común la quiebra de la linealidad y de la lógica implícita en el discurso de lo "racional" (1958: 117).

La literatura fantástica que postulan Borges y Bioy, en cuanto traducción "mala" o desviada de lo que en inglés designa el término *romance*, torna legible la frase que tomamos como punto de partida: "fantástico, pero no sobrenatural" es un sintagma que puede predicarse de una serie de géneros emparentados con lo fantástico, definido en sentido restringido como un tipo de narración donde lo sobrenatural o imposible irrumpe de manera conflictiva en el mundo de lo posible: géneros de lo "fantástico, pero no sobrenatural", en cambio, sería en la ciencia-ficción, el relato policial, la novela de aventuras y aun las narraciones de lo extraño a la manera de Kafka o Felisberto Hernández, donde nos alejamos en distinta medida del mundo de lo posible sin incurrir estrictamente en una violación de las leyes naturales que lo rigen. Con la posible excepción del último caso, estos géneros son clasificados en la narratología anglosajona como versiones modernas de *romance* –modo literario de lo improbable o ilusorio que abarca desde el género pastoral y la novela bizantina hasta la novela de caballerías, el *western* y la novela sentimental–. Literatura fantástica, en este sentido lato que es el sentido original del término[8], sería el modo de designar en español un amplio espectro de formas narrativas no realistas: eso que en términos de Ana María Barrenechea se podría describir como "literatura de lo imposible", o bien ampliando la noción de transgresión de un límite que propone Irene Bessière, como "literatura de lo limítrofe" –de lo que linda con, o lleva a, otros mundos incompatibles con el presente o alejados de lo que en él se considera "real"–. Si la

---

[8] El sentido lato de lo fantástico coexiste problemáticamente con el sentido restringido afianzado en los estudios teóricos del género en los últimos treinta años en el ámbito de las lenguas romances La coincidencia de ambos sentidos en el mismo término hace radicalmente anacrónica la precisión terminológica ensayada por Jaime Alazraki para diferenciar lo fantástico decimonónico de lo fantástico del siglo XX lo "neofantástico" que propone Alazraki para designar el tipo de narración de lo imposible iniciado por Borges y Bioy en la literatura hispánica (o por Kafka en la alemana) tiene el considerable inconveniente de que la "literatura fantástica" es ya "neofantástica" desde el origen del término en español: lo que Alazraki pretende designar con esa noción es lo que exactamente designa ya el término "literatura fantástica" en el sentido en que lo acuñan Borges y Bioy. Más coherente en términos históricos sería describir lo fantástico decimonónico como literatura "proto-fantástica" –y la literatura fantástica del siglo XX (si no fuera por la escasa limpidez de un concepto bilingüe) como una suerte de "neo-*romance*"–. En cualquier caso, la distinción entre acepciones restringidas y latas de lo fantástico suele circunscribirse al campo crítico anglosajón: véase, por ejemplo, el ensayo de Bozzetto en cuanto a la noción de "fantástico restringido" en ese ámbito (2002: 36) y la monografía de Rabkin (1976) para un análisis de lo fantástico en un sentido lato que incluiría el género policíaco y la ciencia-ficción.

literatura realista es la literatura del aquí, la literatura fantástica, en este sentido lato, sería la literatura de lo otro –de un "más allá" no necesariamente
sobrenatural–. Ese más allá puede ser definido por el límite de la muerte o de
lo físicamente posible, como en el género gótico o en el relato fantástico que
predomina en el siglo XIX, pero también por el desplazamiento a un mundo
extraño (el mundo exótico o febril de la novela de aventuras, el mundo misterioso o siniestro del género policial, los mundos extraterrestres o futuros de
la ciencia-ficción)[9].

Por esta vía se puede sugerir una relación entre lo fantástico y la ciencia-
ficción (en un sentido restringido en ambos casos) que podría servir para
caracterizar la literatura fantástica en sentido lato. Entre los estudiosos del
género gótico y el relato fantástico (definido como relato de lo sobrenatural
que produce desasosiego u horror) es frecuente destacar la *negatividad* que
caracteriza el género, que excluye el final feliz y propone una visión del
mundo "negra", saturnal o desconsoladora. Es un rasgo que este tipo de narraciones comparten con una modalidad de la ciencia-ficción, la distopía futurista, que en cierto modo puede verse como su versión más emblemática (así
como no faltan quienes argumentan, desde Caillois a Bessière o David Roas,
que la forma más pura de lo fantástico se daría en las narraciones que nos
confrontan con la experiencia del *miedo*)[10]. Lo que la ciencia-ficción (particularmente en sus variantes distópicas) tiene en común con lo fantástico es que
suele proponer un tipo de relato en que la ciencia *intranquiliza*: ambas modalidades narrativas coinciden en imaginar versiones intranquilizadoras de la
visión del mundo científica o hiperracional que propone la *episteme* moderna.
Si el relato fantástico tiende a producir esa intranquilidad mediante la incrus-
tación de restos irracionales del pasado en un presente moderno o "científico", la ciencia-ficción opera mediante la proyección de ese presente hacia un
inquietante futuro, como corolario lógico de lo que implícitamente se siente
como una pesadilla. A medio camino entre ambas modalidades "distópicas"
estaría la narración de lo extraño a la manera de Kafka, que representaría un
punto de máxima tensión de lo fantástico en cuanto *pesadilla del presente*:

---

[9] La noción de *viaje* informa de uno u otro modo los distintos subgéneros que integran la
nebulosa de lo fantástico. No deja de ser sintomático, en este sentido, el subtítulo de la citada
primera colección de relatos de Hoffmann: "Blätter aus dem Tagebuche eines reisenden Enthusiasten" –lo fantástico de esos relatos está desde un principio ligado al "entusiasmo" del viaje
romántico–.

[10] Véase, en particular, Roas (2001: 32; 2002).

un punto equidistante de lo fantástico que mira hacia el pasado (como suele ser el caso de Poe, Hoffmann y en general el género gótico y el relato de terror decimonónico) y lo fantástico que mira hacia el futuro, desde Wells y Bradbury hasta J. G. Ballard, William Gibson o Philip K. Dick. A partir de la noción de distopía sería posible entonces caracterizar lo fantástico en sentido lato como "narrativa de trasmundo": *ficciones del revés*, que exploran el otro lado de lo real, familiar y conocido. Ficciones de lo sombrío del lugar, de lo malo, inaceptable o antagónico –de lo *sin lugar* en un determinado relato de mundo–. El género gótico o lo fantástico en sentido restringido, el relato policial, la novela de aventuras, la ciencia-ficción serían diversos avatares de ese "sin lugar" –de una suerte de exilio metafísico hacia el que gravita y en gran medida constituye la imaginación moderna–.

Ahora bien, si la literatura fantástica que proponen Borges y Bioy es una traducción "mala" o desviada de lo que en inglés designa la noción de *romance*, ¿en qué sentido sería "mala" esa traducción? ¿En qué se diferenciaría la nebulosa genérica que ponen en juego Borges y Bioy de la que cabe en el espacioso cajón de sastre del *romance* y aun de la que designa el término "fantástico" tal y como se usa en la literatura hispánica a lo largo del siglo XIX? La literatura fantástica, en la versión de Borges y Bioy, es un ejercicio de deslizamiento entre géneros de lo improbable –el relato fantástico, la novela de aventuras, el género policial, la ciencia-ficción– que en sus deambulaciones por las formas modernas del *romance* recorta un perfil singularmente nítido: el que le otorga la rigurosa sintaxis del relato que atribuyen como rasgo distintivo y elemento de cohesión estilística a esos modos narrativos. Ese rasgo en modo alguno puede considerarse característico del *romance* como tal: antes se diría que, salvo los contados ejemplos que Borges y Bioy privilegian como modelos de lo fantástico (Poe, Wells, Chesterton, Stevenson, Kipling), sus distintas versiones históricas exhiben la cualidad opuesta: una tendencia a la impremeditada proliferación de la fantasía. Como diría Friedrich Schlegel, "lo esencial en el romance es la forma caótica –arabesco, cuento de hadas" (1958: 276)–. Lo que más allá de sus inquietantes afiliaciones genéricas distingue a la literatura fantástica, tal y como la conciben Borges y Bioy, es lo que el primero llamara en el ensayo antes citado causalidad "mágica": al margen de su ocasional gravitación hacia el relato de imposibles, hacia la novela de aventuras, hacia el género detectivesco o hacia la ciencia-ficción, lo que en todos los casos distingue a la literatura fantástica de Borges y Bioy es el rigor y economía narrativa de una trama en la que los pormenores "profetizan" (232).

Por esta vía de exploración llegamos a lo que en términos históricos podríamos considerar el agujero negro de la nebulosa de lo fantástico: el punto de máxima gravitación histórica que absorbe a la vez que irradia la oscura materia discursiva que conforma esta nebulosa. El núcleo de deflagración discursiva del que surge la "materia" de la literatura fantástica del siglo XX es, en términos de historia literaria, el campo discursivo de las vanguardias. Una amplia región de la narrativa moderna está marcada por el modo específico en que la implosión de lo nuevo produce, como una suerte de rastro estelar, la constelación de lo extraño y lo fantástico, refundido en su composición atómica a su paso por esa encrucijada discursiva. En este sentido, el elemento decisivo de la literatura fantástica del siglo XX no sería tanto su condición de post-psicoanalítica (lo que, de acuerdo con el vaticinio de Todorov, debiera haber llevado a su extinción) cuanto su condición de *posvanguardista*[11]. Si Borges y Bioy insisten en reivindicar un tipo de literatura que privilegia la construcción de la trama en detrimento de la caracterización psicológica es porque ese rasgo que dudosa y novedosamente le atribuyen a lo fantástico –ejemplos paradigmáticos de la tradición de lo fantástico, como Hoffmann o Lovecraft, serían ajenos al mismo– es esgrimido como polémico estilete contra el tipo de literatura que quieren superar. A finales de los años treinta el modelo literario a superar para Borges y Bioy no es tanto la tradición decimonónica de lo fantástico cuanto el beligerante campo de las vanguardias del que ambos proceden, así como por otra parte la tradición de la novela realista de introspección psicológica que por esos años acaparaba el máximo prestigio de lo literario en figuras como Proust y Dostoievski[12]. "Literatura fantástica" es, entre otras cosas, la bandera que enarbolan Borges y Bioy para devolver el ejercicio narrativo a las filas de lo clásico, tras los románticos y antiartísticos extravíos de las vanguardias. En este sentido, no deja de ser sig-

---

[11] En cuanto a la conexión entre literatura fantástica y discurso vanguardista, véase Prieto (2002: 28-34 y 279-292).

[12] El abandono de una estética vanguardista, de acuerdo con lo que afirma Bioy en su diario (2006: 28-29), se habría producido antes en Borges, cuyo magisterio habría sido determinante en el cambio de rumbo de Bioy. Borges, que era quince años mayor que Bioy y a diferencia de éste tuvo un papel protagonista en la concepción y desarrollo de los principales movimientos de la vanguardia bonaerense en los años veinte, afirmará por su parte en "An Autobiographical Essay" (1970) que fue el ejemplo de Bioy lo que lo encaminó hacia el estilo clásico de su madurez: "Opposing my taste for the pathetic, the sententious and the baroque, Bioy made my feel that quietness and restraint are more desirable. If I may be allowed a sweeping statement, Bioy led me quietly toward classicism" (Yates 1982: 857).

nificativo que el gesto de "ennoblecimiento" de un género hasta entonces considerado menor se base en el mismo argumento aducido por uno de los maestros del realismo para distinguir la buena ficción. En efecto, Anton Chejov apela en términos muy cercanos a los de Borges a la economía e interdependencia sintáctica –a la necesaria interrelación de los indicios– como virtudes "clásicas" de un buen relato. En una carta a Bunin recomienda: "One must write shortly –as shortly as possible"– (Thirlwell 2007: 299). Y otro amigo de Chejov, Schoukin, recuerda en sus *Memorias* un consejo hoy famoso: "Everything that has no direct relation to the story must be ruthlessly thrown away. If in the first chapter you say that a gun hangs on the wall, in the second or third chapter it must without fail be discharged" (Ibíd.: 299).

Entre el relato fantástico y la ciencia-ficción pueden observarse, así pues, una serie de rasgos comunes y áreas de solapamiento que hacen difícil la adscripción en exclusiva de algunos de sus textos más emblemáticos a uno u otro género –lo que valdría tanto para el *Frankenstein* de Mary Shelley, como para textos como *La invención de Morel* o "Tlön, Uqbar, Orbis Tertius"–. De hecho, a partir de la descripción de Lovecraft del relato fantástico (que por lo demás no describe con ese término sino que, como Poe, apela al concepto de lo "extraño": *weird tale*), es posible señalar un rasgo común fundamental entre lo fantástico en sentido restringido y la ciencia-ficción (y tal vez también el género policial). Según Lovecraft, el relato fantástico o "extraño" "debe ser *realista* y ambiental, limitando su desviación de la naturaleza al canal sobrenatural elegido, y recordando que el escenario, el tono y los acontecimientos son más importantes a la hora de comunicar lo que se pretende que los personajes y la acción misma" (Roas 2001: 25). Si en este pasaje sustituimos el término "sobrenatural" por "misterioso o imposible", tendríamos una descripción bastante fiable tanto del relato fantástico como del relato de ciencia-ficción (y aun del relato policial) en cuanto géneros de lo improbable *limitado* (en contraste con lo "maravilloso" en cuanto género de lo imposible/sobrenatural ilimitado)[13]. En estos modos narrativos la idea, problema o suceso matriz, por un lado, y el escenario o la atmósfera, por otro, son más importantes que los personajes: fantástico, ciencia-ficción y policial serían modos de ficción *teórica o conceptual*, deficitarios en caracterización psicoló-

---

[13] No comparto, así pues, la caracterización de la ciencia-ficción que propone Todorov como variedad de lo "maravilloso instrumental" (1975: 56).

gica[14]. Así, cabe sugerir que si el género fantástico en sentido restringido sería el modo narrativo de la *irresolubilidad* del misterio, el policial y la ciencia-ficción serían el de su *disolución* –pero todos coincidirían en procurar hacer verosímil un hecho o serie de hechos portentosos, anormales o increíbles–. Desde un punto de vista narrativo, el relato fantástico y la ciencia-ficción están estrechamente emparentados como géneros de la *verosimilitud de lo imposible*: su éxito como narraciones depende de la producción convincente de un "efecto de real" de lo inconcebible.

La cualidad de nebulosa genérica observable en el origen de la literatura fantástica y en buena parte de su desarrollo a lo largo del siglo XX es igualmente notoria en lo que podríamos considerar la época de su disipación y deriva hacia otras constelaciones. Las derivas de lo fantástico constatables en la narrativa de las últimas décadas deben entenderse en sentido lato, en la medida en que afectan a los distintos subgéneros de esa nebulosa cuyos modelos clásicos fueron logrados en nuestro idioma a mediados del siglo XX por autores como Borges, Bioy Casares, Bianco, Cortázar, Fuentes o Arreola. Las derivas contemporáneas de esos modelos –del relato fantástico y la ciencia-ficción en Copi, César Aira y Marosa di Giorgio; de la novela de aventuras en Alberto Laiseca, Daniel Guebel y Wáshington Cucurto; de la ciencia-ficción y la distopía en Marcelo Cohen, Sergio Bizzio y Oliverio Coelho, por citar sólo los casos más representativos– suelen darse justamente como un *devenir inverosímil* de lo fantástico, atentando contra una de las premisas básicas del género (tanto en su sentido lato como restringido). Las derivas contemporáneas de lo fantástico trabajan ese devenir inverosímil a partir de una práctica de "mala" escritura que conecta con la tradición de las vanguardias, cuyas versiones rioplatenses ya incluían, por otra parte, a autores como Macedonio Fernández, Felisberto Hernández o Roberto Arlt, quienes de forma más o menos paralela a las propuestas de Borges y Bioy, pero muy alejados de su poética textual, ensayaron modos heterogéneos de "malescribir" lo fantástico.

Así, por ejemplo, *Planet* (1998) de Sergio Bizzio, puede describirse como una novela de "mala" ciencia-ficción donde el placer del texto se define como

---

[14] Pablo Capanna, en su pionero estudio sobre la ciencia-ficción, destaca "el carácter teoremático de los cuentos de *s-f*" como rasgo fundamental del género. Ello le lleva a cuestionar la condición "literaria" de este tipo de narraciones, donde "a la inversa de la literatura convencional, cuenta más el Hombre que los hombres, el asunto que la trama, el tema que los personajes", por lo que las ubica a medio camino "entre el mito y la teoría" (1966: 210).

"placer de lo inverosímil" (185): como "un orden sin ton ni son" donde lo terrorífico (o bien lo prodigioso, imposible o "fantástico" en general) se achata en el prosaísmo zumbón de la voz narrativa, que todo lo reduce a "un montón de cosas muy interesantes" (185) o bien se encomienda al deber narrativo de "registrar lo trivial" (198). El "placer de lo inverosímil" es un modo de redefinir lo fantástico cuyo único punto en común con las versiones clásicas del género sería el deseo de perturbar la imaginación realista. Si el placer clásico de lo fantástico era un "placer del horror" (Roas 2006: 57), sentimiento emparentado con el *pathos* de lo sublime o asombroso, aquí se trata de un placer cómico, que se recrea en incongruencias como el hecho de que en un mundo extraterrestre se beba "vodka Absolut" o que su protagonista, un actor argentino raptado por los "planetienses", pueda hacer llamadas telefónicas a la Tierra para charlar con su tía. El efecto de achatamiento de lo fantástico es apropiado para una novela cuya acción transcurre en su mayor parte en un planeta plano habitado por seres planos y que trabaja con hilaridad el motivo de la chatura de la imagen televisiva (y en general la inconsistencia de las representaciones en la sociedad del espectáculo). Sergio Bizzio propone una suerte de versión degradada, "mal" escrita, de un tema caro a la tradición de lo fantástico, y en particular de la ciencia-ficción, que desde el *Viaje maravilloso del señor Nic-Nac al planeta Marte* (1875) de Eduardo Holmberg –su primera manifestación en el Río de la Plata– hasta *La invención de Morel* encuentra en la naturaleza de la imagen y la apariencia visible una de sus inquietudes centrales[15]. Si *La invención de Morel* gira en torno a un artefacto capaz de proyectar *imágenes* de seres humanos indistinguibles de los originales de carne y hueso, y el viaje a Marte imaginado por Holmberg se explica pseudocientíficamente a partir de una teoría espiritista que postula la capacidad de "desprender la imagen de la materia" (44) –"¿No veis mi espíritu que se eleva? ¿No lo veis? ¿No reconocéis la imagen?" (45), pregunta Nic-Nac a sus lectores al iniciar su desencarnado viaje espacial–, en *Planet* se narran las aventuras de dos actores argentinos raptados por extraterrestres y trasladados a un planeta quasi-bidimensional cuyos habitantes no sólo tienen

---

[15] La isotopía de la imagen y la dialéctica de lo visible y lo invisible están en la raíz del relato fantástico, específicamente en sus versiones decimonónicas, como se ha señalado a menudo. Véase, por ejemplo, Calvino 1659. Lo fantástico se origina como un mundo de apariciones inquietantes que trabaja el fantasma desde su etimología en cuanto "imagen, aparición".

el grosor aproximado de las siluetas televisivas sino que se mueven en un mundo regido por la arbitrariedad del simulacro, donde los sucesos oscilan entre la cualidad delirante de una telenovela o un *reality show* y la maleable inverosimilitud de los dibujos animados.

Si la metáfora dominante en la novela de Bizzio es la visión –una visibilidad estridente e inverosímil que remeda la lógica del simulacro televisivo o cibernético–, en *Los invertebrables* (2003) de Oliverio Coelho, otro texto reciente que podemos vincular a la órbita de las derivas de lo fantástico, la noción matriz que articula la narración es la ceguera: un déficit de visibilidad (y de legibilidad) que se nos presenta como consecuencia de una incierta catástrofe global. Si *Planet* se caracteriza por la nitidez y agilidad narrativa, en *Los invertebrables* se "malescribe" el género de la ciencia-ficción por medio de un sistemático estancamiento de la narración y una diégesis de contornos borrosos, opacada por el espesor de una dicción bizarra que oscila entre la incompetencia verbal y la fruición de desvío de una "oratoria impura" –el narrador se describe a sí mismo como "el orador impuro que era yo" (36) y se refiere a "mi fraseo cegador" (103), a "mi modulación [...] dificultosa y gástrica" (104)–. Coelho hibrida una variante distópica de la ciencia-ficción con el minimalismo narrativo de Beckett, el trabajo ficcional con la extrañeza de un Kafka o un Felisberto Hernández y un trabajo con la lengua que bascula entre los estilos de "mala" escritura de Arlt y Perlongher. En cierto modo, la ficción futurista *empobrecida* es sólo una de las posibilidades de lectura de un texto que trabaja con igual empeño las vertientes de lo extraño y lo fantástico. El argumento de *Los invertebrables* podría describirse como la conspiración paranoica, en un mundo post-apocalíptico, de tres "máquinas solteras" duchampianas –criaturas pseudohumanas, de "mordisqueada lucidez" (40), "artefactos perennes" (71)– en pos de la adquisición de una novia: en el futuro distópico en que parece desarrollarse la narración (si es que se trata de un futuro)[16], un Estado de tintes kafkianos administra la adopción o cría de mujeres –"preservadas" en unos borrosos "territorios paralelos"– por una

---

[16] La novela admite una lectura en clave distópica, pero a la vez se presta a otras lecturas que no implicarían necesariamente un salto al futuro: podría leerse, por ejemplo, como ejercicio especulativo a partir de una premisa teórica o metafísica, tejido por el borde exterior de la ficción, o en un entremedias de la ficción y la teoría –en determinado momento el narrador advierte que su "monólogo" "debe ser escuchado como una tesis" (11)–, o bien simplemente como el discurso de un demente, a partir de un recurso –el narrador no fiable– habitual en la tradición del relato fantástico.

casta de hombres enclaustrados y patéticamente atrofiados por el pavor del mundo exterior. Fuera de la vaga premisa post-apocalíptica que parece haber condenado al narrador y a sus dos compañeros de encierro a una penumbra paranoica y a una versión minusválida de la condición humana que incluye el desconocimiento u olvido de esa condición –el narrador, único que conserva la capacidad de leer, se informa al respecto en una esotérica "Enciclopedia Costumbrista de Usos Terrestres"–, la narración no incluye, salvo en su vertiginoso tramo final, sucesos imposibles o supernaturales y en su mayor parte transita por las veredas de lo extraño e inexplicado, antes que por las de lo inexplicable. En efecto, si la esperanza de la adquisición de una mujer es casi el único suceso constatable en la primera mitad de la novela –que viene a leerse como una versión distópica de *Esperando a Godot*–, su inesperada aparición en la página 70 desencadena el deslizamiento de la narración hacia lo fantástico: el narrador experimenta lo que en principio parece ser una variación del síndrome del "increíble hombre menguante" –lo que finalmente, coincidiendo con su salida al mundo exterior, se revela como un aspecto del proceso de su metamorfosis en perro–.

Planet, novela que lleva al paroxismo la premisa genérica de la ciencia-ficción, se caracteriza por una profusión delirante de información y "explicaciones"; *Los invertebrables*, por su dramática sustracción –una merma u orfandad de sentido *original*, de algún modo prefigurada en el hecho no explicado de que la narración empiece en el capítulo II–. Ahora bien, la catástrofe apocalíptica implícita en el planteamiento narrativo en cierto modo es menos relevante en el desarrollo de la diégesis que en la estructura del texto: una suerte de "edificio catastrófico" que en términos narrativos "se desmorona hacia adentro" (42). En última instancia lo que cuenta –lo que *se cuenta*– es la forma, el estilo del relato que leemos. Hacia el final de ese relato el narrador afirma: "yo encontraba en esa condición, en ese estatismo […] una manera de resistir la pérdida del territorio" (90). El estatismo de la narración en *Los invertebrables* propondría, entonces, una "resistencia" como expresión textual de una pérdida del territorio histórico: oblicuo cataclismo al que aludiría el escenario distópico de la novela, tanto como la contracción epistémica –la mengua de narratividad– en que se traza la rúbrica del estilo.

En un ensayo reciente, "¡Realmente fantástico!" (2003), Marcelo Cohen propone una serie de ideas útiles para leer la órbita disipativa de lo fantástico en que se mueven novelas como *Planet* o *Los invertebrables*. Partiendo de la noción de "disipación" del físico ruso-belga Ilya Prigogine, Cohen promueve una caída de lo fantástico en un caos productivo que aglutinaría sus líneas habituales de escritura con la tradición del realismo, desestabilizando tanto el discurso de lo fantástico como el de la tradición realista. Si la narración realista aúna el discurso mimético y el "efecto de real", en el relato fantástico se daría sólo este último; se trataría de producir una suspensión de la incredulidad en cuanto a un hecho "imposible", esto es, ajeno a la experiencia de lo real en una determinada época. A su vez, en sus derivas y disipaciones contemporáneas se invertirían los términos del relato fantástico clásico: habría un "efecto irreal" –una poética de lo inverosímil que perturba la ilusión narrativa– a la vez que un gesto mimético distinto del que caracteriza a la novela realista decimonónica. Como corresponde a una distinta visión de la realidad y a un distinto horizonte epistémico –a una distinta gama de "relatos de mundo"–, no se trataría de dar una visión totalizadora de una determinada época, nación o clase social, sino de proponer asuntos astillados o micropolíticos –de remedar textualmente, por ejemplo, el caos productivo o incertidumbre de lo real al nivel de la estructura atómica de la materia, en una *Weltanschauung* teñida por los hallazgos de la física cuántica, o bien la cualidad delirante e imaginaria en que se disuelve la noción de "real" en la sociedad del espectáculo y el simulacro cibernético–[17]. El gesto teórico de Cohen es comparable a la teoría de la aventura en Aira o al "realismo delirante" de Laiseca[18]: de uno u otro modo, estos autores renuevan la trama de inquietudes tejida por Borges y Bioy en los años cuarenta en torno a la noción de literatura fantástica. Cohen propone la categoría de lo "realmente fantástico"

---

[17] Así, por ejemplo, a propósito de autores como Aira, Bizzio o Cucurto, Jesús Montoya Juárez considera "la *ekphrasis* de lo visual-televisivo una herramienta fundamental de su realismo, su posicionamiento ante lo masivo" (2008: 71). Para un interesante estudio que vincula el auge de la narrativa distópica y de anticipación en la Argentina de los noventa a diferentes "pérdidas del territorio" en el imaginario social y nacional como consecuencia del neoliberalismo y la globalización, véase Reati (2006). En cuanto a la cuestión del replanteamiento del realismo en la literatura latinoamericana contemporánea y su relación con las derivas de lo fantástico, véanse Contreras (2005), Horne (2005) y Prieto (2007a y 2007b).

[18] En *Un sueño realizado* (2001), novelita de Aira que podemos considerar representativa, leemos: "Había sucedido. La aventura me había arrastrado como un viento de fábula al corazón de la realidad" (150). En cuanto a la noción de "realismo delirante" que Laiseca reivindica para su ficción, véase Chacón. En una intervención más reciente Laiseca afirma: "Me interesa ver la realidad en la cuerda floja del delirio" ("Creadores del género fantástico", Jornada Nacional de Cultura, Viedma, 24 de septiembre 2004). Véase <http://axxon.com.ar/not/143/c-1430009.htm>.

para aludir a un tipo de ficción que denomina "narraciones de lo real incierto": "estructuras caóticas alejadas del equilibrio [...] que no cree[n] en las virtudes indispensables del acabado, la redondez, los cabos atados, las coincidencias explicadas, los motivos desvelados, las causas exhaustivas [...]. La narración insegura ignora ciertas subdivisiones –realismo, fantástico, parodia, metaliteratura, sátira, etc.– en beneficio de la pertenencia a un mundo-texto ilimitado" (2003: 149). Esta descripción deja a la deriva los postulados de la literatura fantástica tal y como fuera formulada por Borges y Bioy: redondez, acabado, cabos atados y una dicotomía entre mundo y texto que es central en la distinción que estableciera Borges entre el "asiático desorden del mundo" (Ibíd.: 231) y la causalidad "mágica" del arte. De hecho se diría que la narrativa de Cohen funciona en gran medida a partir de una estrategia de "disipación" del relato de ciencia-ficción cultivado con sintaxis clásica por Bioy Casares. En cualquier caso, cabe concluir que a ambos autores y a ambas épocas de la literatura fantástica –a la época de su eclosión en nuestro idioma y a la de su disipación o, si se quiere, de su *supernova*: de su contracción para dar paso a un nuevo estallido– les convendría una frase de Karl Popper que sintetiza la trayectoria histórica de lo fantástico: "*There are many more clouds than clocks around*" (Holte 1993: 107) –en este mundo (ya sea real o fantástico) hay muchas más nubes que relojes–[19].

BIBLIOGRAFÍA

AIRA, César (2001): *Un sueño realizado*. Buenos Aires: Alfaguara.
ALAZRAKI, Jaime (2001): "¿Qué es lo neofantástico?", en Roas, D. (ed.), *Teorías de lo fantástico*. Madrid: Arco/Libros, pp. 265-282.
ÁLVAREZ BARRIENTOS, Joaquín (1991): *La novela del siglo XVIII*. Madrid: Júcar.
BARRENECHEA, Ana María (1978): "Ensayo de una tipología de la literatura fantástica", en *Textos hispanoamericanos. De Sarmiento a Sarduy*. Caracas: Monte Ávila, pp. 87-103.
BESSIÈRE, Irène (1973): *Le récit fantastique. La poétique de l'incertain*. Paris: Larousse Université.

---

[19] Popper llama "nubes" a aquellos fenómenos naturales describibles como sistemas abiertos, entrópicos o caóticos, y "relojes" a los sistemas cerrados, computables o predecibles con exactitud. Véase Popper (1973: 206-255).

BIOY CASARES, Adolfo (1991): *La invención de Morel.* Madrid: Cátedra.

— (1983): "Prólogo", en *Antología de la literatura fantástica.* Barcelona: Edhasa.

— (2006): *Borges.* Ed. Daniel Martino. Barcelona: Destino.

BIZZIO, Sergio (1998): *Planet.* Buenos Aires: Sudamericana.

BOZZETTO, Roger (2002): "El sentimiento de lo fantástico y sus efectos", en *Quimera* n° 218-219, pp. 35-40.

BORGES, Jorge Luis (1991): "Prólogo", en Adolfo Bioy Casares, *La invención de Morel.* Madrid: Cátedra, pp. 89-91.

— (1989): "El arte narrativo y la magia", en *Obras completas* vol. 1. Barcelona: Emecé, pp. 226-232.

— (1989): "Tlön, Uqbar, Orbis Tertius", en *Obras completas* vol. 1. Barcelona: Emecé, pp. 431-43.

CALVINO, Italo (1995): "Racconti fantastici dell'Ottocento", en *Saggi 1948-1985*, vol. 2, ed. M. Berenghi. Milano: Mondadori, pp. 1654-1665.

CAPANNA, Pablo (1966): *El sentido de la ciencia-ficción.* Buenos Aires: Columba.

COELHO, Oliverio (2003): *Los invertebrables.* Rosario: Beatriz Viterbo.

COHEN, Marcelo (2003): *¡Realmente fantástico! y otros ensayos.* Buenos Aires: Norma.

CONTRERAS, Sandra (2005): "César Aira: vueltas sobre el realismo", en *Tigre: Revue de l'Université Stendhal* numéro hors série, "César Aira, une révolution", pp. 27-39.

CHACÓN, Paco (1998): "Entrevista con Alberto Laiseca: una novela que se convirtió en epopeya", en *Clarín*, 5 de abril, s. p.

DELEUZE, Gilles (1980): *Diálogos*, trad. José Vázquez Pérez. Valencia: Pre-Textos.

HERNÁNDEZ, Lola (ed.) (2006): *Penumbra: Antología crítica del cuento fantástico hispanoamericano del siglo XIX.* Madrid: Lengua de Trapo.

HOFFMANN, E. T. A. (1814): *Fantasiestücke in Callots Manier. Blätter aus dem Tagebuche eines reisenden Enthusiasten.* Bamberg: Neues Leseinstitut von C. F. Kunz.

HOLMBERG, Eduardo Ladislao (2006): *Viaje maravilloso del señor Nic-Nac al planeta Marte.* Buenos Aires: Colihue.

HOLTE, John (ed.) (1993): *Chaos: The New Science.* Lanham, Maryland: University Press of America.

HORNE, Luz (2005): "Hacia un nuevo realismo. Caio Fernando Abreu, César Aira, Sergio Chejfec y Joao Gilberto Noll", en *Tesis doctoral: Introducción.* New Haven: Yale University.

MONTOYA JUÁREZ, Jesús (2008): "Aira y los airianos: literatura argentina y cultura masiva desde los noventa", en Montoya Juárez, J./Esteban, A. (eds.), *Entre lo local y lo global: la narrativa latinoamericana en el cambio de siglo (1990-2006).* Madrid/Frankfurt: Iberoamericana/Vervuert.

ORDWAY, Frederick (1992): "Dreams of Space Travel from Antiquity to Verne", en Ordway, Frederick/Liebermann, Randy (eds.), *Blueprint for Space: Science Fiction to Science Fact.* Washington: Smithsonian Institution Press, pp. 35-48.

POE, Edgar Allan (1995): "The Imp of the Perverse", en *Complete Stories and Poems*. New York: Doubleday & Co., pp. 271-275.

POPPER, Karl (1972): *Objective Knowledge: An Evolutionary Approach*. Oxford: Clarendon Press.

PRIETO, Julio (2002): *Desencuadernados: vanguardias ex-céntricas en el Río de la Plata*. Rosario: Beatriz Viterbo.

— (2007a): "Towards a New Realism? New Trends in Latin American Fiction and Poetry", en *The International Journal for the Humanities* nº 4, pp. 31-40.

— (2007b) [inédito]: "Entre la realidad y el delirio: derivas de lo fantástico en la narrativa argentina contemporánea", en Actas del VI Coloquio Internacional de Literatura Fantástica, Göteborgs Universitet, 27-30 de junio 2007.

RABKIN, Eric S. (1976): *The Fantastic in Literature*. New Jersey: Princeton University Press.

REATI, Fernando (2006): *Postales del porvenir: la literatura de anticipación en la Argentina neoliberal (1985-1999)*. Buenos Aires: Biblos.

ROAS, David (ed.) (2001): *Teorías de lo fantástico*. Madrid: Arco/Libros.

— (2002): "El género fantástico y el miedo", en *Quimera* nº 218-219, pp. 41-45.

— (2006): *De la maravilla al horror: los inicios de lo fantástico en la cultura española (1750-1860)*. Pontevedra: Mirabel.

ROMERO, Armando (2007): "El asombro ha reemplazado a la cordura: encuentro fortuito con el Filósofo Fantasmas", en Morales, Ana María/Sardiñas, José Miguel (eds.), *Rumbos de lo fantástico: actualidad e historia*. Palencia: Cálamo.

SCHLEGEL, Friedrich (1958): *Kritische Friedrich Schlegel Ausgabe*, vol. XVI. Ed. Ernst Behler. Munich: Ferdinand Schöningh.

THIRLWELL, Adam (2007): *The Delighted States. A Book of Novels, Romances and Their Unknown Translators*. New York: Farrar, Straus and Giroux.

TODOROV, Tzvetan (1975): *The Fantastic: A Structural Approach to a Literary Genre*, trans. Richard Howard. New York: Cornell University Press.

YATES, Donald A. (1982): "La colaboración literaria de Jorge Luis Borges y Adolfo Bioy Casares", en *Actas del IV Congreso Internacional de Hispanistas*. Salamanca: Universidad de Salamanca, pp. 855-863.

POESÍA Y MIMESIS EN MAROSA DI GIORGIO

Hebert Benítez Pezzolano
Universidad de Montevideo

I

Rigurosamente insólita e incivil, la obra de Marosa di Giorgio ha dado lugar, desde sus comienzos, a un cosmos fascinante e intensamente privado, cuyo despliegue –sin transiciones ni transacciones– ha sido el del crecimiento de uno de los mundos poéticos más originales y autárquicos de la literatura latinoamericana de los últimos cincuenta años. Su trayectoria poética y también narrativa constituye una de las construcciones estéticas más cerradamente extrañas y coherentes[1] –hasta cierto punto cabría hablar de autonomismo autárquico–, del panorama literario uruguayo y latinoamericano desde mediados del siglo XX a esta parte.

Tan radical es la singularidad de su creación (es decir, tan fiel a esa raíz incólume e inédita, tan innegociable), que en ella llega a un extremo nuevo la afirmación de Italo Calvino sobre Felisberto Hernández: Marosa di Giorgio –tanto o más que el autor de *La casa inundada*– no se parece a nadie. Es cierto, podrá objetarse, que toda obra fuerte es singular y que, asimismo, procede de alguna parte, dibujándose sobre el fondo de las creaciones de la época y de las tradiciones, incluidas las "tradiciones de la ruptura" provenientes del vuelco decisivo que las vanguardias históricas construyeron en la modernidad.

La de Marosa di Giorgio es una creación de singularidad excepcional en el contexto tardo-moderno posvanguardista, pero que no se deja vincular, de manera visible, con un campo de influencias o de afinidades literarias. No es que ese campo no se expanda o disemine en los textos de la autora de *Los papeles salvajes*; no es que a la hora de investigar esta obra asombrosa no puedan verificarse reescrituras y otras formas de intertextualidad. De hecho ello, parece por momentos ostensible, cuando, por ejemplo, situamos ciertas cercanías surrealis-

---

[1] En cuanto a los niveles de coherencia en el discurso marosiano, véase la apreciación de Leonardo Garet (2005: 85-88).

tas o advertimos la indiscutible presencia de Lewis Carroll en *La liebre de marzo*, aunque no únicamente allí. Pero lo que caracteriza, en ese sentido, a la obra de Marosa es una opacidad que mantiene a toda posible influencia en un importante grado de distancia, es decir, desplazada por una decidida y "naturalizada" transfiguración. En sus textos, toda efectiva intertextualidad, toda forma de reminiscencia y el conjunto de sus afinidades literarias confluyen en un estado de productividad tal que de inmediato quedan envueltas en la energía de un mundo autogenerado, en el que imaginación y realidad adoptan continuidades incandescentes, a la manera de una cinta de Moebius.

En mi concepto, el campo de las influencias literarias en la obra de Marosa di Giorgio tiende al desdibujamiento, a la subordinación y, lo que es más: a un sereno declinar. Sus luces quedan sumidas por la irradiación de una luz mayor que a la vez las emplea y las comprende, las afirma y las niega, para entonces, en palabras de Paul Ricœur, emprender la refiguración del mundo, de *este* mundo. En efecto, según Ricœur: "sólo se puede emplear con propiedad el término "mundo" cuando la obra opera en el espectador o el lector, el trabajo de refiguración que hace que se tambaleen su expectativa y su horizonte; sólo en la medida en que puede refigurar este mundo, la obra se revela capaz de un mundo".

Precisamente, la noción de "mundo" es exacta y fiel a la intensidad y extensión de todo el espacio de implacable *existencia* que habita (como producto *de* y producida *por*) la escritura marosiana. Entre otras cosas, su escritura se distingue por el extraño e inquietante poder para instalarse, de golpe, en un sitio que no se presenta con la impronta de un territorio metafóricamente estabilizado.

Los poemas y relatos de la escritora salteña empujan de inmediato, evadiendo preámbulos y túneles –a lo Lewis Carroll en el descenso de Alicia–, pues carecen de gestos o pactos tranquilizantes con los lectores, tales como, según intentaré explicar más adelante, alegoría o categorías de lo fantástico. Si se acepta un estado de maravilla para este mundo poético, el mismo no queda del otro lado de una presunta *realidad*, pues lo que emerge es un *sitio único* que borra todo tipo de fronteras, incluidas, de acuerdo a los argumentos que expondré en su momento, las que establece el mundo onírico.

Situados en las tramas de unas imágenes que en todos los casos ponen en vilo eventuales sinonimias de creación poética como "representación", muchos lectores reconocen la potente *imporosidad* que la mimesis marosiana construye con respecto a lo que ordinaria y empíricamente podemos considerar como estatutos de "realidad". Probablemente mucho del impacto de su obra tenga que ver, entre otras cosas, con la radical elaboración de una subjetividad que se comporta inmediatamente en los términos de una desafiante transubjetividad: la voz que refiere no admite el carácter inexistente ni arbitrario del mundo referido.

Aunque no resulten reductibles a guiones programáticos, a prácticas más o menos consecuentes de manifiestos teóricamente articulados, los textos de Di Giorgio vienen a "compartir" una serie de categorías y convicciones que se dejan identificar, por un lado y con un grado de proximidad ostensible, con una zona de las vanguardias históricas, tema del que no nos ocuparemos aquí. Por otra parte, de una forma más mediada (que de ninguna manera excluye anclajes directos e intensos), con el romanticismo, el cual resurge y se reescribe a partir de lecturas, entre otras –y por supuesto, no exclusivamente– de resignificación surrealista (movimiento de recepción muy temprana pero de efecto literario sensiblemente tardío en el Uruguay).

De una u otra manera, los textos marosianos guardan una patente interdiscursividad con algunas de las prácticas y teorizaciones decisivas del romanticismo, sobre todo de las poéticas románticas que sitúan en primer lugar la relevancia de mundos alternativos y autosuficientes generados por una liberación imaginativa que mucho tiene que ver con nociones como la de *Imagination*, expuesta por Samuel Taylor Coleridge en su *Biographia literaria* (1975)[2]. Justamente, el salto por encima de la *Phantasy* hacia la *Imagination*, dentro de la cual resulta fundamental el desarrollo de una línea de "mundo" que remite al Lewis Carroll de "las Alicias" (referencia que, por lo demás, Marosa di Giorgio ha subrayado como influencia fuerte una y otra vez en entrevistas sucesivas), pone en escena una redescripción de la realidad en términos que dialogan con la crisis mimética instaurada, inequívocamente, por el movimiento romántico desde sus manifestaciones más tempranas. De hecho, como bien observa Gustavo Guerrero: "los desarrollos conceptuales del Renacimiento y el barroco alrededor de la noción de poesía lírica constituyen una de las condiciones de posibilidad de la revolución romántica, ya que, a lo largo de los siglos XVII y XVIII, van a alimentar silenciosamente las corrientes teóricas que conducen al movimiento fundador de nuestra modernidad" (Guerrero 1998: 187)[3].

---

[2] Me refiero, especialmente, a las consideraciones distintivas que Coleridge efectúa a propósito de estas nociones en el contexto descriptivo y valorativo de la obra de Wordsworth. Véase particularmente el capítulo IV (1975: 13-22).

[3] Véase particularmente el capítulo III, "En el camino de los sublime" (187-204).

Guerrero argumenta que a partir del pseudo-Longino y su tratado *Sobre lo sublime*, "la pasión se convierte en el eje central de la definición de la poesía", produciendo durante ese período una forzosa convivencia con Aristóteles, acontecimiento que "ilustra el éxito de un Young o un Rousseau", autores en quienes se objetiva "este triunfo de las pasiones en el gusto de la época y acompaña la lenta transición entre imitación y expresión" (Ibíd.: 193). En el ámbito del siglo XVIII francés deben destacarse las reflexiones de Denis Diderot, quien reflexiona acerca de la evolución del arte en tanto que imitación-copia, hasta el arte como idealización de la naturaleza. Semejante transformación cobra sus mayores manifestaciones hacia mediados del siglo XVIII y obtiene su apogeo a comienzos del siglo XIX, llegando entonces a un decisivo clímax práctico y teórico durante el romanticismo. Ya Meyer Abrams, en su clásico estudio sobre la transición del arte literario como espejo (poéticas de la imitación) al arte literario como lámpara (poéticas del genio), había propuesto que entre los románticos las cuestiones estéticas se plantean y se resuelven en términos de la relación del arte con el artista, en vez de tratarse de la relación del arte con la naturaleza externa (Abrams 1975: 3).

Por su lado y en un sentido muy próximo, Javier Gomá Lanzón se detiene en el tema de la puesta en primer plano de la subjetividad como rasgo dominante del arte romántico, en el que la libre expresión del mundo interior del yo desplaza la función de imitación de la naturaleza así como la de modelos culturales clásicos. Para Gomá Lanzón: "En tiempos del sujeto ilustrado y romántico, el arte del genio es el símbolo de la entronización de la subjetividad por encima de reglas y con independencia de la Naturaleza, porque su obra no *representa* el ser sino que lo *genera* al expresar el auténtico ser, la libertad del yo" (2005: 239).

La belleza romántica deja de ser una propiedad de la imitación de los entes de la naturaleza para convertirse en el libre juego de una subjetividad creadora que se eleva por encima de dicha naturaleza, de la cual emula sus fuerzas y a la cual no imita en los términos heredados de las tradiciones clásicas y neoclásicas. Ello, pese a que el aristotelismo nunca desapareció del horizonte estético-ideológico, deviene en una concepción expresiva cuyos rasgos adquieren una orientación más bien autonómica. Semejante acontecimiento confiere progresivamente unas condiciones de posibilidad para la autonomía de la estética, en el entendido de una actividad que corresponde a una dimensión desinteresada de la experiencia humana, la cual surge como consecuencia de la forma singular del gusto estético, que "descansa –como aprecia

Gomá Lanzón– en lo sensible-sentimental-imaginativo, en comparación con las otras facultades interesadas del hombre" (Ibíd.: 240).

A propósito del ocaso de la mimesis durante el primer romanticismo alemán, el teórico brasileño Luiz Costa Lima (1995: 160-172) se detiene en una célebre afirmación de Friedrich Schlegel acuñada en sus *Ideen* (1799): "Es un artista aquel que tiene su centro en sí mismo". Costa Lima subraya la relevancia que un enunciado como éste supone, a la hora de teorizar sobre el arte, para la devaluación de concepciones miméticas. De ahí que, si entendemos que el fenómeno artístico alcanza su centro en la subjetividad y no en un correlato a representar –más aún teniendo en cuenta el complejo contexto hegeliano y fichteano del romanticismo germánico–, resulta capital comprender que el lenguaje se reconcentra en la expresividad del sujeto creador, por lo que la obra de arte poseerá una fuerza especialmente centrípeta. Es interesante, por lo demás, efectuar una vinculación entre dicha expresividad y la escritura marosiana, en la cual un centro subjetivo innegociable permanece incólume ante eventuales exigencias representativas realistas de contenido no visionario. En el poema transcripto a continuación, que corresponde al volumen *Membrillo de Lusana* (1989), entre otras cosas se percibe una subversión analógica, ya que la escena "parece" un artificio, una suspensión de realidad: el comparante confiere mayor realidad a las "inverosimilitudes" realistas del comparado. Si "todo parece un grabado", es decir, si todo se asemeja a una representación, la operación analógica le quita, precisamente, el valor de artificio, para devolver a ese "todo" un inquietante y aparentemente *fictivo* estatuto de realidad:

> *La nube de tormenta desde hace rato está posada sobre la casa y sobre el mundo. El colegio se cierra. Los niños vuelven corriendo debajo de una gallina.*
>
> Todo parece un grabado, un cartón blanco y negro; pero, por algún vórtice asoma alguna fruta.
>
> Hacia donde se mire, se ven animales, pequeños, chiquitos, cada uno de los cuales tiene muchísimas cabezas, todas distintas (Di Giorgio, *Los papeles salvajes*: 288).

Sus operaciones miméticas no entablan una verosimilitud aspectualmente cercano a eso que, de una manera imaginativa y sin pensar mucho en Jacques Lacan, solemos denominar (con cierta inmediatez sin inocencia, claro) "algo real". Son operaciones sin énfasis declarativo, en que el discurso del texto cobra una fuerza de instalación de mundo tal que las categorías de "ficción" y "realidad" devienen en funtivos de una función insuficiente. Las creaciones de Marosa di Giorgio son inquietantes, también, porque esa y otras dicotomías pierden *a priori* funcionalidad descriptiva. Precisamente, dicha problematización convierte a las mencionadas categorías en "verdades débiles", incluida la connotación hermenéutico-nihilista que remite al pensamiento de Gianni Vattimo.

El conjunto de sus títulos, mayoritariamente reunidos en *Los papeles salvajes*, se nos aparece, según señaláramos en otra parte (Benítez Pezzolano 1997: 13) como una saga única desenvuelta en distintos tiempos, saga que se proyecta a través de los años a la manera de una voluta infinita, creada a partir de un movimiento de baja variabilidad y permeabilidad de los contextos sociales, en todos los órdenes de la escritura. En cuanto a esto último, el proceso poético de Marosa di Giorgio no se ofrece como una textualidad capaz de ofrecer cierta transparencia referente a un campo dialógico entablado con horizontes históricos socio-políticos más o menos reconocibles. Cuando el lector efectúa un recorrido que incluye textos de la década del cincuenta como aquellos que, por ejemplo, corresponden cronológicamente a los años ochenta, experimenta una continuidad tal que las posibilidades de intercambiabilidad de los mismos resultan altamente viables. Es reconocible, por cierto, que el proceso de la escritura de Marosa di Giorgio no deja advertir en sus tematizaciones un efecto *directamente* socio-político. Sus construcciones poéticas y narrativas se caracterizan por una opacidad contextual que en dicho sentido es muy marcada. No obstante, su autonomismo debería ser considerado en términos de una respuesta ideológicamente situada en lo que concierne a una serie de vicisitudes históricas. En buena medida, la imposición de un mundo de aspecto autogenerado, que escribe la resistencia a la co-funcionalidad de la "serie literaria" (en el sentido de Iuri Tinianov) con otras series así entendidas, implica un comentario acerca de las relaciones entre la literatura y un conjunto de formaciones discursivas "extra" literarias. En suma, y más allá de una indagación más detenida por el momento, los textos marosianos son portadores de un autonomismo y de un cauce autotélico que prácticamente nada dicen, ni aun oblicuamente, sobre los acontecimientos históricos del Uruguay contemporáneo, como ser los acontecimientos que durante los años sesenta derivaron en el alza de masas, en la gestación y desarrollo de la guerrilla tupamara y en la posterior dictadura militar (1973-1985).

La historia de los textos marosianos ofrece una serie de variaciones asociables con un presunto núcleo significante que *parece* no cambiar, fenómeno que termina por volver raramente reconocible cualquier composición o, incluso, desprendimiento textual asociado con la firma de Marosa di Giorgio. Ciertamente, la "unidad" de su obra adopta, a su vez, una forma de darse y de tornarse impredecible a cada instante, mediante el juego de una verosimilitud que se asemeja al desarrollo de la madeja de un sueño, pero que, conviene subrayar, no coincide con eventuales "estructuras oníricas"[4].

Por lo demás, conviene no olvidar el patente, disruptivo e indecidible espacio de infancia que atraviesa esta escritura. Por cierto, el mismo no puede equipararse, simplificadamente, con postulaciones autobiográficas, al estilo de una evocación narrativa de los tiempos de la niñez perdida, tiempos discursivamente separables y, por lo tanto, en los que la actual voz poética *ya* no viviría. Al contrario, los tiempos de infancia y los de edad adulta sólo se resuelven en la medida de una fusión, de una síntesis *a priori* de esta obra, entre los que una memoria capaz de reconstruir los contornos claros de la "puridad" en términos simples y enclavados en estructuras espacio-temporales (*o* infancia *o* adultez) no tiene lugar[5].

De la misma forma que "infancia/edad adulta", las dicotomías "ficción/realidad" y "pasado/presente" se vuelven, así comprendidas, construcciones epistemológicas tensionadas a la hora de dar cuenta de este mundo poético

---

[4] En tal sentido me resulta apresurada la afirmación de María Rosa Olivera Williams, quien en su buen trabajo sobre la imaginación salvaje de Marosa di Giorgio sostiene que *Los papeles salvajes* presentan un mundo "onírico" (2005).

[5] Aunque se trate de una escritura diferente de la de Marosa di Giorgio, no dejan de ser orientadoras las observaciones de Edmundo Gómez Mango sobre "las infancias de la escritura" en la narrativa de Felisberto Hernández. Desde una lectura explícitamente psicoanalítica, Gómez Mango sostiene que el autor de *Nadie encendía las lámparas* "reconstruye el mundo de infancia que todavía habita, la relación en la que el niño disponía sus 'cosas', y que es, sin duda, análoga a la que el escritor mantiene (en la que se tiene y se pone) con sus palabras escritas" (1999: 78). Si bien las operaciones escriturales de "regresión" infantil no poseen la misma condición significante en Felisberto Hernández y en Marosa di Giorgio, resultaría importante admitir una lectura en dicho sentido, es decir, en cuanto que, también en la obra de la poeta, las posiciones de lo infantil fundan y engloban la inquietante continuidad entre el acto recordatorio, el deseo y la invención dentro del espacio de la literatura. Por otra parte, vale la pena pensar toda la corporeidad de las acciones performáticas –las actuaciones públicas del cuerpo de la voz y de la voz del cuerpo– de Marosa di Giorgio con relación a esa inquietante coexistencia regresivo-progresiva de la infancia.

que, al parecer, las desconstruye de antemano. Así, tampoco resulta adecuado estabilizar un orden mediante categorizaciones, o incluso meras nociones, del tipo de "lo fantástico", "lo maravilloso", "lo extraño", "lo feérico" o "lo mágico". Sus poemas y narraciones novelescas son estrictamente "salvajes" en la medida en que consiguen huir de semejantes conatos descriptivos, los cuales, al fin de cuentas, presuponen, aun en espacios de incertidumbre, una cierta imagen intersubjetivamente validable de la realidad. No es que resulte improbable crear categorías flexibles para abordar los textos de Marosa di Giorgio, pero en cierta forma las mencionadas construcciones en clave de lo ("fantástico", "extraño", "maravilloso", etc.), poco tienen que decir. Por eso, las eventuales "aplicaciones" de las mismas, tales como por ejemplo las que emplea Todorov[6], sólo resultan productivas si se aceptan al costo de padecer una pérdida considerable de sus estructuras nocionales. Vale decir que si los textos de la escritora salteña generan una obra que absorbe las categorizaciones para devolverlas bajo la impronta del reduccionismo, ello implica una visible denuncia de la impotencia descriptiva de las mismas. La crítica literaria aún deberá ensayar explicaciones acerca de cómo la "irrealidad" de estos mundos se comporta de manera análoga a la supuesta "realidad" del que solemos convenir como nuestro. Pero insisto, sólo *se comporta*, se naturaliza y hasta parece que se le parece: uno sale al huerto que las palabras de los textos marosianos refieren, y en verdad *es como* cuando uno sale a cualquier huerto, pero resulta que ese huerto no es cualquiera y hay, por ejemplo, un diablo allí, no una imagen que nos haría pensar asociativamente o simbólicamente en ese diablo, ya que el diablo irrumpe con una fuerza que cabría llamar óntica. En cierta forma, el salvajismo de su escritura pone en vilo las casillas clasificatorias cuya función es alcanzar una estructuralidad capaz de civilizar el proceso creativo, buscando distintas funcionalidades definibles, tales como unidades temáticas regulables, constantes estilísticas, estabilidades tropológicas, etc., en suma, un campo fictivo controlable (Todorov 1972)[7].

---

[6] A propósito, son interesantes las objeciones de I. Bessière a los planteos de Todorov sobre la literatura fantástica. Entre otras cosas, Bessière sostiene que lo fantástico no contradice las leyes del realismo literario, pues dichas legalidades devienen en las de un "irrealismo" cuando se entiende a la actualidad en términos completamente problemáticos (Bessière 1974).

[7] Resulta más que sugestivo el enfoque planteado por Roberto Echavarren, el cual vale la pena transcribir: "[En las creaciones de Marosa di Giorgio] la experiencia fantástica suele aparecer como una condena más que un beneficio, un acontecer irremediable que atenta contra cualquier equilibrio y tranquilidad: '*Yo quedé harta de esa repetición, reverberación*'. Es siempre una tenta-

Sus poemas y relatos (no está de más seguir insistiendo en el carácter narrativo de su poesía, así como en la continuidad del efecto poético de su narrativa) empujan de inmediato, evadiendo preámbulos y túneles –a la manera de Lewis Carroll en el descenso de Alicia–, ya que carecen de gestos o de pactos tranquilizadores con los lectores, tales como los de espacio mítico, alegoría o las ya aludidas categorías miméticas de presentación no realista. Ahora bien, en la obra de Marosa di Giorgio *la realidad* se entrega mediante una expansión mayor e incalculable. Una portentosa imaginación –se sabe que esta atribución es insuficiente y problemática– en lo que va de *Poemas* (1954) y *Humo* (1955) hasta *Flor de Lis* (2004), no denota el esfuerzo, el trabajoso énfasis que conduce a un espacio maravilloso[8] (maravilla que, repito, no deviene en una categoría de relación con los realismos canónicos), el cual no se da en los términos de un lenguaje *desafectado* de los rasgos de su objeto. Por decirlo de otra manera, la maravilla de este mundo marosiano no se da a través de un uso no "maravillado" del lenguaje. El lenguaje y la maravilla (que deviene en tanto objeto de la *inventio*) entablan una continuidad tal que se enrollan y se tejen el uno sobre el otro, hasta llegar –y el "hasta" corresponde a un tiempo nuestro, no a la efectiva simultaneidad que hace implosión en la obra– a convertirse en una entidad compleja y cuya discernibilidad sólo parece posible de acuerdo a dicha fuerza reticular.

II

El mundo de la obra de Marosa di Giorgio es estrictamente sólido en el sentido de que la magia[9] de sus huertos no se entrega al "truco" de la alegoría.

---

ción insensata, implica una inquietud, un peligro. Dentro de esta poética del *desastre* y la acentuación de figuras de ambición excesiva y autodestructora, tampoco hay una distinción valorativa entre *fuerzas del bien y del mal*, entre dios y el *demonio*. Queda claro en cambio que las gratificaciones no son literales. El menú de los relatos de Marosa consiste en manjares apenas comestibles, escasamente alimenticios, incapaces de calmar el apetito. El objeto del *deseo* –en contraposición al apetito liso y llano, al hambre aplacada por la saciedad después de haber comido es fugaz, inasible, insatisfactorio, una gozosa tortura". Véase "Marosa di Giorgio" (Henciclopedia).

[8] Luis Bravo, teniendo en cuenta nociones planteadas por Roger Caillois, propone la categoría de "maravilloso negro", conjunción de lo feérico y lo fantástico, a los efectos de describir el universo marosiano. Para más detalles, véase Bravo (1997).

[9] La palabra "magia", que no obstante vuelvo a emplear aquí, es una de las de mayor y ya gastada referencia por parte de lectores y críticos con respecto a la obra, mundo, poesía, etc., de

Sus textos –"son cosas *como de* fábula", me dijo un día (las cursivas son mías, y procuran atender a la relatividad de esa atribución)– se presentan como materializaciones verbales que refieren a entidades que postulan una existencia no imaginaria. Vale decir que obtienen un estatuto de remisión, en dicho sentido, *realista*, fenómeno sobre el que en trabajos previos propuse una serie de consideraciones[10]. En ello radica su efecto inquietante, al que incluso cabría conferir un rasgo "testimonial", pues el lector no descansa fácilmente en planos de ficción que pudieran conducir a la vereda del símbolo de contexto alegórico, fenómeno sobre el que más adelante me detendré.

Roland Barthes, en su ensayo "El efecto de realidad" (1981), distingue dos clases de verosimilitud. Si bien lo hace con referencia al acontecimiento de la descripción, sus observaciones me resultan extensibles al presente planteo. Para Barthes, la verosimilitud referencial es aquella ligada a distintas formas de realismo articuladas con una opinión general sobre la verdad, es decir, que se trata de una construcción francamente deudora del concepto de verdad aristotélico, en cuanto la verdad es decible mediante una proposición adecuada a los hechos. No obstante, el ensayista francés reconoce otra clase de verosimilitud que no queda sometida al concepto y práctica precedentes. En ella, poco importa la referencia a la verdad así concebida, pues dicha verosimilitud permite, por ejemplo, la colocación de olivos y leones en un país nórdico, o, quisiera yo agregar pensando en las creaciones marosianas, apariciones de la Virgen María, sin énfasis de postulación imaginativa, en los huertos y jardines. Se trata, en palabras de Barthes, de la verosimilitud discursiva, aquella en que "son las reglas genéricas del discurso las que dictan su ley" (Barthes 1981: 182). Es dicha verosimilitud la que constituye nuevas expec-

---

Marosa di Giorgio. La misma adopta, al menos, una orientación ambivalente. Por un lado (y, naturalmente, descartando en lo posible las adhesiones más esnob, que tanto abundan últimamente alrededor de la figura de Marosa), su uso entraña significaciones admirativas acerca de una genialidad inédita y no signada por cierta *conciencia* constructiva de la obra. Es decir que se trataría de un desborde creativo asociable con estéticas de filiación romántico-surrealistas, así como, en un orden que merecería otros comentarios, neobarrocas. Por otra parte, la apelación al término "magia", no deja de conceder una cierta renuncia descriptiva, en tanto la intrínseca inexplicabilidad de lo mágico contendría un enunciado de valor y un ilimitado sentido ciego e impenetrable encargado de detener, aun involuntariamente, hermenéuticas más analíticas. Es justo, no obstante, señalar la importante excepción que en ese sentido representa el volumen que recoge los dos ensayos a cargo de Roberto Echavarrren y Raquel Capurro (2005).

[10] Me refiero especialmente a "Marosa di Giorgio en las bocas de la luz", ensayo que incluí en *Interpretación y eclipse. Ensayos sobre literatura uruguaya* (2000).

tativas, en tanto nos enseña a situarnos en un necesario grado de fractura de la representación, tal como ocurre en los textos de Marosa di Giorgio.

Ahora bien, de pronto encontramos en la obra de la escritora salteña un movimiento más inquietante todavía. El mismo se produce cuando leemos, por ejemplo, esa expresión radical que aparece en *Clavel y tenebrario*: "Lo cuento, ahora, que, ya, parece cuento". En efecto, el "parece" y el "ahora" –en un conjunto detenido y rarificado por el *ralenti* sintáctico que ocasiona la disposición pausal–[11] nos traen la memoria incalculable de un pasado en el cual aquello que fue, no toleraba la noción de cuento, entendida en términos del *fingere* que funda el estatuto ficcional. El tiempo y el discurso presente *fabulizan*, pero hay un núcleo perdido *infabulable*. Así, el poema marosiano es y no es restauración. En todo caso, si se quiere admitir alguna forma de la misma, será bajo los efectos detonadores de las estabilidades canónicas del realismo. Precisamente, creo que es éste su otro efecto de realidad: huevos que suben desde jarrones, en compañía de flores y pasteles fugados de la mirada domesticadora de una mimesis pacificada, proponen el exceso de un sujeto poético con actitud "irresponsable", como acertadamente afirmara Roberto Echavarren en un trabajo de referencia obligada (Echavarren 1992).

La realidad emergente de esta "mimesis inhumana" (Echavarren, *Henci-clopedia*) –desde la cual se produce una idea del "mundo" de Marosa di Giorgio–, realidad que carece de lugar admisible en la retórica de los realismos, alcanza una estatura y un estatuto implacablemente innegociables, como si –esta vez en términos lacanianos– se rasgara el registro simbólico mediante dimensiones proyectivas de *lo real*. La crudeza y la "barbarie" de sus signifi-cantes, la trama incivil que despierta al lenguaje de sus perfiles reificadores, quizás resulten explicables en esa medida: la de una implicación que desbor-da lo simbólico en el mismo momento en que dicho registro ocupa necesa-riamente *el* lugar. Por otra parte, la experiencia "metamorfósica" que surge de sus personajes y acontecimientos instala un salvajismo que socava convicio-nes identitarias: perros que "en realidad" son lobos pero que no obstante son hombres, y que sin embargo no se dejan encasillar en ninguna de estas enti-dades, terminan por entablar las trazas de unos y otros, que resultan indeci-dibles. Semejante dinámica de aspecto delirante es una de las energías más

---

[11] Acerca de dicho procedimiento y sus efectos, véanse las apreciaciones de Ricardo Pallares en su estudio "Marosa di Giorgio. Liebre en marzo como en febrero", en *Tres mundos en la líri-ca uruguaya actual (Washington Benavides, Jorge Arbeleche, Marosa di Giorgio)* (1992: 43-58).

naturalizadas en la obra de Marosa di Giorgio. Sus "papeles" son "salvajes" también en esta *medida desmesurada*: la de unas inquietantes transformaciones de filiación lautreamontiana que hace a una mimesis monstruosa, en la que se dejan leer los "papeles" en tanto que roles de la escritura. A propósito, el bestiario que emerge de los textos marosianos no es clasificable; la condición metamórfica impide todo intento taxonómico alegórico. Si se quisiera pensar en términos de una estructura –lo que, por lo menos, resultaría problemático– ésta sería la de un devenir salvaje, profusamente selvático en su impronta mutacional. En uno de los poemas de *Membrillo de Lusana* leemos: "Hacia donde se mire, se ven animales, pequeños, chiquitos, cada uno de los cuales tiene muchísimas cabezas, todas distintas" (Di Giorgio, *Los papeles*: 288).

Desde otro punto de vista, en un trabajo reciente, Eduardo Espina examina la mirada poética marosiana, identificándola con la mirada total –desesperada y metamórfica– de Medusa, figura mitológica cuyo principal horror es el de perder *su* cabeza. Esta obsesión medusiana de ver es indistinguible, para Espina, con la de *verse*. Es en tales términos que Espina traslada dicha fuerza visionaria a la escritura de Marosa di Giorgio:

> En el trayecto largo que le tocó cumplir, esa subjetividad de solamente ella se resolvió como mirada de sí advirtiendo con el paso de las frases que su mundo era el mundo. La calidad de sus cualidades estuvo en lo inmemorial de su mirada, desenredándose, dejando al pelo situado entre nada y todo ya. Entregada a los pequeños placeres dedicados a ordenar sus requisitos, la poeta tuvo que ver –y vio– con la invención de una extravagancia que apenas pudo dejó de ser secreta, revelándose como imagen en el tiempo, de un tiempo que terminó siendo acrónico. Medusa con forma de uruburo, con máscara acústica sale a la caza infinita de su imagen: "Yo veía su fin y no lo podía alcanzar". La ausencia de fin es la finalidad (Espina 2005: 92).

III

Desde un punto de vista muy distinto, voy a retomar ahora, sucintamente, el tema del símbolo alegórico como dispositivo tropológico inviable a los efectos de una lectura de los textos marosianos. En primer lugar, deseo aclarar que soy consciente de estar sugiriendo desde el principio una noción sensiblemente peyorativa de "alegoría", y que ello, si bien constituye una limitación, también es consecuencia de la existencia y extendida funcionalidad de la misma en tanto que "figura". No dejo de reconocer que en cierto modo me hago eco de la tradición antialegórica que procede de Göethe y del primer romanticismo, que opone el símbolo a la alegoría, con una clara opción por el primero, a los efectos de identificar el comportamiento específicamente literario[12].

Más allá de afrontar una posible discusión sobre ideologías románticas, quiero decir que pensar la obra de Marosa di Giorgio en términos alegórico-figurales supone una reducción fatal para el tipo de sentido que se juega en ella. Si así fuera, la escritura se fosilizaría en el orden de una función vehicular, absorbiendo roles instrumentales que señalarían la prioridad de *otro* discurso siempre precedente y al cual los significantes alegóricos deberían finalmente conducir, por tratarse del *irreductible* significado generador. En otras palabras, que las materialidades significantes, con toda su referencialidad, operarían bajo la forma de un desvío que se debería descifrar en el plano de un significado hipercodificado y necesariamente actualizable. Precisamente, y tal como sostiene Michel Charles, siguiendo a Fontanier:

La metáfora difiere de la alegoría como el proceso de identificación difiere del proceso de asimilación: la identificación confunde los objetos; la asimilación preserva el carácter propio de cada objeto [...] En la metáfora, el espíritu no considera más que un objeto; en la alegoría, éste considera dos. La "metáfora continuada" no es, pues, una alegoría (1973: 359)[13].

---

[12] Las consecuencias de estas afirmaciones son de largo alcance en lo que concierne a concepciones sobre el significante literario, incluso para la teoría literaria contemporánea. Como mínimo digamos que si la trama alegórica supone un grado de transparencia de ese significante hacia un campo de abstracciones –una suerte de olvido de la materialidad significante en favor de cierta función "instrumental" encargada de reponer un significado que lo trasciende de antemano–, el símbolo se le opone en la medida en que convoca la atención sobre su incanjeabilidad, instalando su potencia en la propia opacidad significante, la cual se abre así en múltiples posibilidades de crecimiento hermenéutico, atravesadas por una línea básica de indeterminaciones. Por otra parte, advierto que no tendré en cuenta aquí la interesante propuesta efectuada por Walter Benjamin, quien rehabilita el concepto de alegoría evitando su limitada adscripción a la condición de figura. El planteo de Benjamín supera la idea de función alegórica como imagen de referencia a una mera entidad abstracta, para proponer otros niveles de descripción, densidad y articulaciones históricas que sobrepasan los propósitos de este trabajo. Véase en tal sentido el ensayo de 1928 de Walter Benjamin, *El origen del drama barroco alemán* (1990).

[13] La traducción del fragmento me corresponde.

Efectivamente, en los textos de la autora de *Los papeles salvajes* no parece existir esa fijación binaria que brinda el contrato alegórico; no hay una evidencia de que, entre otras cosas, seres, paisajes y acontecimientos desvanezcan sus materialidades y las de sus historias para dejarse sustituir por las propiedades de una representación encargada de preservar "dos objetos". Si acaso admitimos un devenir metafórico continuado, es conveniente aclarar que ello es productivo sólo bajo el requerimiento de una renuncia a nombrar significantes presumiblemente situables en un "afuera" de dicho devenir, ya que el proceso de identificación marosiano se vuelve absoluto: no concede sitio para ese afuera. Más decisivamente aún, el comportamiento asimilativo carece de lugar y es resistido en una escritura cuyo espacio de autonomías no se deja "civilizar" –y sus "papeles" son "salvajes" asimismo en esa medida– por medio de funtivos alegóricos. En uno de los poemas de *La falena* (1987) leemos: "Mientras, cae la tarde, se enciende la luna, de golpe, como un fuego, Y en la sombra, hay dos seres que se enlazan, y no sé si son tigres, son abejas" (Di Giorgio, *Los papeles…*: 155).

Esos seres no están en el lugar de otra cosa; la duda poética –o tigres o abejas– nunca es la duda sobre la efectiva existencia de esa entidad sino su confirmación en un contundente espacio de posibilidades: no surge como guiño figural para la representación de un significado trascendente, porque está dentro de las leyes de estos huertos que haya tigres *tanto como* abejas. Si la opción por las abejas instala un verosímil que promete cierto "principio de realidad", la contigüidad con los tigres lo deshabilita de inmediato. Mucho menos, estos tigres y abejas corresponden a un eventual bestiario alegórico[14]. Son visiones de lo que *está ahí*, factualidad de animales e inminencia de humanidad, en un juego abierto e indeterminado de desplazamientos; porque no representan, por ejemplo, acciones, pasiones o moralidades humanas: las mismas están contenidas en la tensión de las lecturas, pero no se genera un pacto que proponga operaciones de sustitución. Efectivamente, este "no saber" qué es lo que hay, en lugar de debilitar la materialidad de la visión, la fortalece. Tal como señalara Echavarren, la obra de Marosa di Giorgio exige que "nos abandonemos a la experiencia, en un lugar visionario de la escritu-

---

[14] Leonardo Garet, en su recientemente publicado *El milagro incesante. Vida y obra de Marosa di Giorgio* (2006), obra que desde ya se constituye en referencia bibliográfica obligada sobre el tema, sostiene que "A pesar de la reiterada humanización de animales y seres sobrenaturales, la alegoría [...] no es la forma expresiva del universo marosiano, que no remite, es" (181).

ra" (Echavarren, *Henciclopedia*) Esta dimensión visionaria no sólo es patente sino que alcanza giros metapoéticos que la definen como una fatalidad originaria y un placer en esa fatalidad. Ello puede verificarse ampliamente en el poema 68 de *Clavel y tenebrario* (1979), también recogido en *Los papeles salvajes*, el cual transcribo íntegramente:

> ¿Qué son esas formaciones, que, de pronto, surgen en cualquier lado, en un rincón del aire, en un escondrijo de la pared?
> Desde chica las estoy viendo.
> Aparecen, de tanto en tanto.
> Parecen cánceres, panales, dentaduras?
> No puedo explicar bien, nada a nadie, pues nadie lo ve y no lo entendería.
> ¡Cómo se forman los cuartitos, y arriba, los conos, y otra vez, los cuartitos y los conos, y todo soldado por hilos e hilos que le dan más realce y fortaleza!
> Estoy maldita, condenada a eso.
> Y hay cierto agrado en la cuestión (Di Giorgio, *Los papeles...*: 223).

Semejante genealogía de la visión, por así llamarle, escribe la inefabilidad de las apariciones. La lógica de la "aparición" (*phaenomenon*) contradice la posibilidad alucinatoria, pues si algo se impone en el mundo marosiano es la cualidad objetual de aquello que se percibe. No se trata, por cierto, de una dimensión berkeleyana de la percepción, sino más bien de *secreciones del ser*, de un secreto amparado en el misterio de su energía generadora. Por lo demás, dicha energía es ostensiblemente dinámica, en cuanto las entidades creadas no se resuelven en la satisfacción de cadenas terminales. Vale la pena reiterar que la condición metamorfósica de los seres marosianos pone en jaque toda estabilidad, particularmente la de la unidad de sujeto de la enunciación como el de la unidad de sujetos ("personajes") del enunciado. Si no hay un lugar seguro para los personajes del discurso, ello significa que el lugar de la enunciación ha caído en un estado –por señalarlo con una aproximación en tono derridiano– de fisura logocéntrica: cada uno de estos "seres" es el suplemento inquietante del otro, a la vez que su destrucción e insuficiencia radical. De ahí que hablar de "universo marosiano" sólo resulta admisible en términos de un gesto verbal encargado de efectuar unificaciones de un campo que en suma resulta francamente problemático. En la palabra "unidiversidad" parece habitar una noción más acorde, ya que, en definitiva, la mutación dinámica que a su vez contiene trazas de seres inmediatamente "anteriores" y que nunca devienen totalmente en los "siguientes", genera indeterminaciones básicas, es decir auténticas entidades –valga la paradoja– indecidibles.

BIBLIOGRAFÍA CITADA

ABRAMS, Meyer (1975 [1953]): *El espejo y la lámpara*. Barcelona: Barral.

BARTHES, Roland (1981 [1968]): "El efecto de realidad", en *El susurro del lenguaje*. Barcelona: Paidós, pp. 179-187.

BENÍTEZ PEZZOLANO, Hebert (1997) "Otra vez Marosa. Visiones reales", Montevideo, *El País Cultural* nº 428, noviembre, p. 13.

— (2000): "Marosa di Giorgio en las bocas de la luz", en *Interpretación y eclipse. Ensayos sobre literatura uruguaya*. Montevideo: Linardi & Risso/Fundación Bank Boston.

BENJAMIN, Walter (1990 [1928]): *El origen del drama barroco alemán*. Madrid: Taurus.

BESSIÈRE, Irène (1974): *Le récit fantastique*. Paris: Larousse.

BRAVO, Luis (1997): "Las nupcias exquisitas: Marosa di Giorgio y el *collage* onírico", en *Cuadernos de Marcha*, año XII, nº 129, julio.

COLERIDGE, Samuel Taylor (1975): *Biographia Literaria*, ed. a cargo de E. Hegewicz. Barcelona: Labor.

COSTA LIMA, Luiz (1995): *Vida e mimesis*. Rio de Janeiro: Editora 34.

CHARLES, Michel (1973): "Le discours des figures", en *Poétique. Revue de Théorie et d'Analyse littéraires* nº 15, septembre, pp. 340-364.

ECHAVARREN, Roberto (1992): "Marosa di Giorgio, última poeta del Uruguay", en *Revista Iberoamericana* nº 160-161, 1992.

— (s. f.): "Marosa di Giorgio", en *Henciclopedia*, <http://www.henciclopedia.org.uy/autores/Echavarren/MarosaDiGiorgio.htm>.

ECHAVARRREN, Roberto/CAPURRO, Raquel (2005): *La magia de Marosa di Giorgio*. Montevideo: Artefacto.

ESPINA, Eduardo (2005): "Una mirada intencional (Medusa me dice, me seduce)", en *Hermes Criollo* año 4, nº 9, julio-octubre, p. 92.

GARET, Leonardo (2005): "*Visiones y poemas*. El libro bajo llave", en *Hermes Criollo* año 4, nº 9, julio-octubre, pp. 85-88.

— (2006): *El milagro incesante. Vida y obra de Marosa di Giorgio*. Montevideo: Aldebarán.

GIORGIO, Marosa di. (2000): *Los papeles salvajes*, vol. II. Buenos Aires: Adriana Hidalgo.

GOMÁ LANZÓN, Javier (2005): *Imitación y experiencia*. Barcelona: Crítica.

GÓMEZ MANGO, Edmundo (1999): "Las felicidades de Felisberto: las infancias de su escritura", en *Vida y muerte en la escritura. Literatura y psicoanálisis*. Montevideo: Trilce.

GUERRERO, Gustavo (1998): *Teorías de la lírica*. México: Fondo de Cultura Económica.

OLIVERA WILLIAMS, María Rosa (2005): "La imaginación salvaje. Marosa di Giorgio", en *Revista Universidad de Antioquia* nº 275, enero-marzo.

PALLARES, Ricardo (1992): "Marosa di Giorgio. Liebre en marzo como en febrero", en *Tres mundos en la lírica uruguaya actual (Washington Benavides, Jorge Arbeleche, Marosa di Giorgio)*. Montevideo: Banda Oriental, pp. 43-58.

TODOROV, Tzvetan (1972 [1970]): *Introducción a la literatura fantástica*. Buenos Aires: Ed. Tiempo Contemporáneo.

LA ESCRITURA TALLADA: EL ANILLO DE MOEBIUS, "EL JOYERO" DE PIGLIA

Ana Gallego Cuiñas
Universidad de Granada

A Ara

El mundo es un museo de diamantes

HENRY JAMES

Henry James sugiere, con esta imagen del mundo como "museo de diamantes", que la humanidad no es otra cosa que una "colección de rarezas" (Plimpton 1980: 105). La escritura de Ricardo Piglia proyecta la misma idea: mundos tallados por coleccionistas de anomalías, mundos-museos con la forma de insólitos archivos infinitos. Y a partir de estos conceptos podemos (debemos) leer todo el entramado ficcional del argentino, con una mirada no sólo oblicua sino estrábica, usando una lente de aumento que piense la cultura desde el espacio –la memoria ligada a la tradición y a la ciudad– e interrogue el punto de vista en la narración: desde dónde y hacia dónde se mira. Esto es, en la obra de Piglia el sujeto (la mirada) es el que construye (narra) el objeto (la materia literaria), de tal manera que lo importante es la imagen, el acto de mirar, y no el objeto en sí. Entonces, ejercer la "crítica" de uno de sus textos es jugar a "medirle" la vista al sujeto de la narración; a ser un optometrista, no un oftalmólogo. La imagen (lo visual) tiene un lugar tan sobresaliente en su poética[1] que el argumento del relato se nuclea siempre en torno a ella. Y con una imagen comenzaré esta "revisión optométrica" de "El joyero", cuento que abre *La invasión*, obra reeditada en 2006 y el primer libro que publica Ricardo Piglia en 1967. Esta narración es la encargada de abrir el volumen y aunque inédita hasta ahora, ya estaba prefigurada en una "historia personal" –una imagen– que Piglia relató en una entrevista de 1997:

---

[1] Para Piglia la imagen, la fotografía, es una forma cardinal de la ficción, pero también es una preocupación teórica: el fotógrafo Russell de *El último lector*, por ejemplo.

Yo estaba haciendo el servicio militar y había unas maniobras, y me pusieron a cuidar un camino secundario y pasó una muchacha en un auto, mientras las maniobras esas eran eternas, y las cosas no empezaban nunca […] pero justo en el momento en que yo, por debilidad, por no ser suficientemente militar, dejo pasar a esa muchacha, sucede algo que podía haber sido una tragedia […] ¿qué hubiera ocurrido si una bala hubiera matado a esa muchacha? Porque si una bala la hubiera matado, seguramente yo no estaría aquí hablando con ustedes. Quiero decir que hay algo, esta idea de las vidas posibles, los momentos donde de pronto la vida de uno pudo haber tomado una dirección imprevisible: hubiera ido preso, no sé qué hubiera ocurrido en la cárcel… (Piglia 1997: 23).

Piglia retoma esta anécdota en "El joyero", donde "el Chino", el protagonista, sufre la misma tragedia, y es juzgado y encerrado en prisión por la muerte de una muchacha, por su acendrada debilidad; obsesionado por ese instante en que la dejó pasar. Al argentino le preocupan los mundos posibles, las vidas ficticias, las historias ausentes, los instantes en los que una decisión nimia, al margen, da vuelta a un destino. "Las casualidades no existen", escribió Ricardo Piglia, y quizás por este motivo o porque tuvo "suerte" simplemente, durante los años que "el Chino" pasó en la cárcel, el "flaco Pura" le enseñó el oficio de joyero. Trabajaban de noche, haciendo anillos y cintas a las mujeres de los coroneles. Después, al salir de prisión, "el Chino" se sigue dedicando a hacer anillos: a eso y a enloquecerse por los celos de su mujer Blanca y por la ausencia de su hija Mimi.

Pero lo primero que hay que resaltar es que este texto, aunque también otros cuentos de *La invasión*, remite al mundo y al tono de su tercera novela, *Plata quemada*. Piglia juega con la oralidad y da paso a un elenco de voces que se atienen a distintos modos de narrar —mirar— y que proyectan la violencia en estado puro, la traición, la trasgresión y, principalmente, la ausencia de castigo y ética. En estas narraciones asistimos a la anulación del liberalismo y su moral censora: no hay lugar para la sentencia ni el dictamen, porque la autoridad judicial (como en "Mi amigo" o en "Las actas del juicio") sólo es una mera instancia de interlocución, un destinatario o un lector. La amoralidad permea la obra y el delito es el dispositivo que pone en marcha la ficción: se narra porque se denuncia. Y nosotros, los lectores, somos igualmente jueces y juzgados; narradores y narratarios. Los lectores, ante estas páginas-espejo, nos convertimos en generadores de relatos de la resistencia que circulan por una ciudad invadida. Una ciudad que es y no es una réplica de Buenos

Aires, como la del Russell de *El último lector*, el *aleph* de Piglia, un espacio que parece sacado del Tlön de Borges y que reproduce una atmósfera de segmentación continua donde el tema del doble termina convirtiéndose en otro de los rasgos que definen la escritura: verdad/mentira, delación/lealtad, sueño/vigilia, etc. De esta manera, Piglia en su primer intento de construir una "tradición alternativa" incorpora a su escritura la pluralidad, lo popular, el babel de la inmigración, los desechos culturales: la literatura orillada. Precisamente, otra peculiaridad que se desprende del contenido de "El joyero" es la reiteración de la sumisión y la esclavitud de la alteridad. El Chino actúa como si lo ocurrido le estuviera pasando a "otro". Los sucesos delictivos y la trasgresión funcionan como un sueño, como la *otredad*, porque no hay que olvidar la afirmación del argentino: narrar es como contar la historia de otro. Porque "la literatura es una manera de construir experiencias y todos leemos por ese motivo"; por eso y porque somos también narradores y construimos e intercambiamos historias, buscando experiencia en la lectura: "Uno lee literatura para aprender; para aprender a vivir, porque uno no puede hacer todas las experiencias, y tiene la sensación de que las experiencias de los héroes de los libros, de una manera inconsciente, nos van a ayudar a enfrentar situaciones parecidas, situaciones que no podemos prever[2]" (Piglia 1997: 30).

No obstante, como he adelantado, para Piglia, "El trabajo del escritor no pasa por inventar historias, pasa por cómo las escribe" (Ibíd.: 31). El punto de vista es lo que otorga sentido, lo que define la singularidad de la experiencia y del arte. El propio Henry James ya había subrayado esto mismo a propósito del "arte del novelista" en su notorio prólogo a *The Portrait of a Lady*. James fue uno de los primeros autores que, dando una "vuelta de tuerca" magistral al "arte de la ficción", situó en el centro de la escritura los problemas de la narración y los convirtió en anécdota. La "casa de la ficción" se presenta como la perfecta metáfora para ilustrar esta idea de la construcción en el relato. El trabajo del escritor recala en el punto de vista, en los modos de acceder al conocimiento que tendrán la *forma* específica –las características– de la ventana desde la que se mira. De esta manera, varios escritores eligen *ver* desde un mismo tipo de ventana ("forma literaria"), superponiendo una serie de marcos que pasan a un primer plano en la ficción. Ahora: la diferen-

---

[2] Pre-ver es ver antes: ver –tener la experiencia– con la lectura. Es decir, se trata de leer, como Mme Bovary, con fe: creer en que lo que uno lee le está dirigido, que tiene que ver con uno mismo y ha de aprender de ello.

cia estribará en el "par de ojos", en los "prismáticos" que usa cada uno. Entonces, podemos hablar de una genealogía de escritores que *miran* desde una
"abertura" igual, que se encuadra en marcos similares que a su vez devienen
marcas *visibles*: la transformación en anécdota de los problemas del modo de
narrar o el uso de la imagen como dispositivo narrativo, como hicieron
James, Poe, Borges o Kafka. A esta nómina de autores se adscriben, entre
otros, tres nombres más: Ricardo Piglia, André Gide y Truman Capote[3].

EL SUEÑO DE MOEBIUS

El sueño como *forma* narrativa es uno de los rasgos nucleares de la poética de
Ricardo Piglia. Este modo de construcción viene enraizado en la otredad, el
doble y la réplica, y hace borrar la distinción entre ficción y realidad: sus personajes no se sienten cómodos en el plano real (vigilia) y pasan al plano imaginario (sueño). Esto se desarrolla nítidamente en "El joyero" y en *La ciudad
ausente*: "No creía que el ensueño fuera interrupción de lo real sino más bien
una entrada [...]. El vivir es una trenza que trenza un sueño con otro. Le
parecía que el ser, en esos momentos de ensueño, vivía con intensidad, que
había tantas experiencias o más que con los ojos abiertos durante la vigilia.
Toda su obra giró sobre ese mundo" (Piglia 2003: 155). Indudablemente, la
obra de Piglia gira en torno a un pivote onírico que define el tono de sus
narraciones. La forma, tal y como explicó Borges, es una virtud en sí misma,
y no un contenido conjetural. La forma de este y otros cuentos de Piglia
reproduce la del sueño: lo inenarrable, lo fragmentario y lo infinito. Se suceden las versiones, los fragmentos de una historia, "escenas de circulación":
archipiélagos donde el lector es también narrador. Piglia difumina los límites
de lo real y lo ficcional, del sueño y de la vigilia hasta el punto de que, visi-
blemente, sus personajes (como el joyero) dudan de si están soñando o no.
Pareciera que lo importante no es pensar (la vigilia, la interpretación), sino
soñar. Este cuento de Piglia se construye sobre esa imagen precisa presentada
al comienzo de este artículo: la repetición deviene constante de la ficción, de

---

[3] "Se pueden considerar los prólogos de James como paradigmas de una manera de pensar
cuestiones inherentes a la narración, como el punto de vista, qué sabe el que narra, cómo se
construye un relato, todos esos temas sobre los que James ha reflexionado con mucha lucidez"
(Alfieri 2006).

un eterno retorno, de lo mítico que hay en los sueños, porque la narración con Piglia nunca se agota. El argentino escribe: "Entonces comprendí lo que ya sabía: lo que podemos imaginar siempre existe, en otra escala, en otro tiempo, nítido y lejano, igual que en un sueño" (Piglia 2005: 17). Nosotros leemos en la máquina sinóptica de Russell o en el anillo del joyero la metáfora que explica los mecanismos de construcción de su obra. El *quid* está en la forma: "Un cuento siempre cuenta dos historias", un cuento de Piglia, en mi opinión[4], es como el anillo (o cinta) de Moebius. El relato alberga dos planos: una cara visible (afuera) y una no visible (adentro) que esconde un secreto (enigma o misterio) narrado elípticamente. Y es que sus cuentos se pueden leer como tratados de topología, como la ficcionalización de un anillo de Moebius que en un punto ciego une dos planos, uno de ellos soterrado. Por tanto, hay que leer (recorrer) un número infinito de veces el texto-anillo de Moebius para hallar ese pliegue sutil, aunque no acertemos a interpretarlo: "todo el anillo parecía de una sola pieza" (Piglia 2006a: 21). Los lectores, ante estas páginas-espejo, tenemos que crear relatos: también debemos mirar y narrar. El cuento se cimenta en lo no-dicho, en los silencios y en los vacíos inherentes al despertar del sueño y su lógica interna. Estas lagunas invitan al lector a una participación directa en la narración que establece un lazo dialéctico entre lectura y sueño, porque la lectura es también la réplica imaginaria del mundo: la negociación perpetua entre realidad y ficción. Ante este *modus faciendi* el lector insomne no debe pretender anular la incertidumbre que define a la ficción (Piglia 2001a: 13), ya que ahí radica su fuerza: en la ambigüedad extrema. Sus escritos no están terminados y no dependen de la interpretación, sino de una interrogación *in perpetuum*: "nunca terminaremos de estar seguros de si la historia que pensamos que se ha contado es la que verdaderamente se ha contado" (Piglia 2006b: 204), como sucede en los grandes textos, que "son los que hacen cambiar el modo de leer" (Piglia 2001a: 17).

De otra parte, como ya he apuntado, esta ficción –junto con "Un pez en el hielo"– es la que más nítidamente desenmascara los intereses del argentino que, como en Henry James, pasan por convertir los problemas de la narración en anécdota, mostrando sus dispositivos. Es decir, Piglia transforma el germen del tratamiento del sueño en un modo –mecanismo– de narrar que le permite introducir el elemento fantástico que también aparece ligado a la

---

[4] Esta metáfora ha sido citada anteriormente por otros críticos, pero de un modo sesgado y sin haber aplicado a la construcción narrativa de Piglia.

forma breve, y vinculado con el tema del doble y la circulación de versiones e historias. En el Tlön de Borges las cosas se duplican y tal y como declara una de sus escuelas: "mientras dormimos aquí, estamos despiertos en otro lado y que así cada hombre es dos hombres" (Borges 2004: 134). Pero también, el sueño viene imbricado con la negación del tiempo: en esta región el presente es indefinido y futuro y pasado no tienen realidad sino como esperanza o recuerdo presente[5]. En Tlön la ficción va apoderándose paulatinamente del contexto real a través de la escritura, porque para Borges lo determinante son los signos de la letra impresa. Para Piglia, en cambio, lo crucial es la imagen ("canal chino") y la mujer, que asimismo va colonizando la realidad de espectros y réplicas hasta dejar de ser transitable. Piglia narra (sueña), como Dante, para ver a la amada; puesto que la mujer es la literatura y, como dice el narrador, un pre-texto para narrar. La pérdida de la amada es la que desencadena la ficción: "La pérdida es lo más atroz que le podía pasar a alguien. Ser abandonado, saber que la persona que uno ama está con otro" (Piglia 2006a: 179). Dante convierte esa atrocidad en *La divina comedia* y encuentra (ve) a Beatrice; Borges construye el Aleph para leer (ver) a Beatriz Viterbo; Pavese escribe *El oficio de vivir* para intentar salvarse, ver y ser leído; y Piglia transforma esta tradición literaria prístina[6] en una constante *formal* de casi toda su obra[7]. "¿Por qué las mujeres en general tienen mejores maneras que los hombres? Porque deben esperarlo todo de su efecto *formal,* mientras los hombres lo esperan todo del contenido de sus actos. Hay que volverse más mujer" (Piglia 2006a: 189). Piglia re-escribe estas líneas de Pavese y las articula para que funcionen como marco de lectura de su poética: se narra porque se pierde y se quiere ver, para encontrar la *forma* en la literatura que, para Piglia, es una *forma* de vida. Esa literatura es ineluctablemente femenina: tiene las *maneras* de una mujer. Por ello, la motivación en cada una de las piezas de *La invasión* también es la ausencia de la fémina o lo que es lo mismo: la ficción de *Hombres sin mujeres.* En el prólogo de este libro Piglia hace referencia a esa pérdida valiéndose de Kerouac: "Y yo me vuelvo a casa habiendo perdido su amor.

---

[5] Borges cita a Russell que, por otro lado, nos hace recordar al homónimo fotógrafo de Flores que custodia la réplica de la ciudad de Buenos Aires en el prólogo de *El último lector.*

[6] En "Un pez en el hielo" habla de la serie de libros "escritos por amor a una mujer, durante el amor o después del amor" (2006a: 188-189), ligando el entendimiento de la mujer a la forma de la escritura.

[7] *La ciudad ausente* es el ejemplo más visible, pero también se despliega en la mayoría de sus cuentos y novelas.

Y escribo este libro" (13). Pero como decía Borges, que no Arlt, "Sólo se pierde lo que realmente no se ha tenido", puesto que –y ahora el que habla es
Macedonio Fernández– "lo que está ausente en lo real es lo que importa". Y
lo que sobresale en "lo real" de este cuento es la mujer: su falta. Por la ventana de la casa de la ficción de Ricardo Piglia siempre aparece la "sombra alucinatoria de esa mujer amada" (Piglia 2006b: 204), porque "la nostalgia o la
construcción del pasado por el recuerdo tienen más peso que el presente y lo
real [...]. El que ha perdido a una mujer, por su parte, puede tener esos mundos posibles, esas mujeres virtuales, esas historias que pudieron haber sido de
otra manera" (Campos 1994: 108). Es decir: el que ha perdido a una mujer
puede hacer ficción: repetir una imagen, recordar, narrar. Y esto cristaliza la
historia que se cuenta en "El joyero":

> Eran casi las tres de la mañana. Blanca no se iba a despertar. El dormitorio
> estaba a la izquierda, cerca del baño. La puerta estaba abierta. Se asomó y la vio.
> Estaba desnuda, tendida sobre las sábanas, durmiendo con un hombre. El tipo
> estaba de espaldas, en calzoncillos. Ella le pasaba el brazo sobre el cuerpo. Se quedó
> un momento inmóvil, la pieza estaba igual, incluso vio su radio-reloj en la mesa
> de luz. El corazón le latía tan fuerte que pensó que iban a oírlo. Se acercó a la
> cama y sintió (o imaginó que sentía) el perfume del cuerpo de Blanca. Estuvo un
> rato ahí, inmóvil. Se obligó a salir del cuarto y volvió al living (Piglia 2006a: 43).

"El joyero", como el prólogo de *El último lector*, altera "las relaciones de
representación" –borra la distinción entre objeto real y objeto imaginario–
condensándolas en la máquina sinóptica de una *historia* cuyas lecturas están
"perdidas en la memoria" y se repiten como se recuerdan, como las ha escrito
el argentino: en discontinuidad, en *pedazos*. La lectura para Piglia es el "arte
de la réplica", y la utopía moderna está ahí, en la delgada línea que separa el
sueño de la vigilia, en una réplica de Buenos Aires, en la eventualidad de
narrar "mundos posibles" que se ubican en una *ciudad* que no es imaginaria
ni desconocida, sino que re-produce, metonímicamente, Argentina y el universo. Pero la lectura también es el doble, la paranoia y la "obsesión", porque
"en última instancia, en toda crítica se cifran las obsesiones, las vacilaciones y
las señas, no tanto presentes como futuras, de quien las escribe" (Rodríguez
Pérsico 2004: 54). Y es que el lector ideal para Piglia es el que lee desde una
posición cercana a la composición misma, como si fuese el escritor del texto,
el arquitecto de una ciudad, pensando en la "estructura oculta"; ya que no

existe el relato cerrado, completo, y hay que "leer como si el libro no estuviera nunca terminado" (Piglia 2005: 166). Por esta razón, la verdad está sucinta en el cómo, en los "elementos formales" que hacen del cuento -como en una ciudad- un sistema de correspondencias y de relaciones secretas. Y es que hay que leer "El joyero" y el resto de su producción como se mira una ciudad o se ordena una biblioteca, que siempre son experiencias con el espacio (orden) y con el tiempo (memoria). La experiencia de orden y disposición de una biblioteca, Piglia *dixit* (1997: 12), se emparenta con la construcción de genealogías y con las lecturas que hace un escritor. Así, si pensamos en la imagen de alguien que arregla su biblioteca no hemos de pasar por alto que "Lo que se está haciendo en el presente es lo que define el modo en que se ve el pasado y el modo en que se prevé el futuro. Lo que se está escribiendo define el modo en que se lee lo demás" (Piglia 1997: 13), tal y como nos advirtió Russell desde la filosofía. Si pensamos ahora en el propio Piglia ordenando su biblioteca seguro que vemos la obra completa de James, Borges, Arlt, Capote y *Los monederos falsos* de André Gide en un anaquel perdido, marginal, apartado e invisible. Quizás mientras Piglia escribía "El joyero" o el prólogo de *El último lector* ordenaba una biblioteca, que −sentenció Borges− es una *forma* de ejercer silenciosamente la crítica literaria. Quizás de un solo golpe de vista contemplemos el anillo de Moebius del joyero, o leamos la ciudad sinóptica que escribe Piglia; y quizás, como sugirió Leibniz, las bibliotecas acaben siendo ciudades.

ESCRITURA CON DIAMANTES

La poética de Ricardo Piglia se adscribe en dos linajes esenciales que se combinan: de una parte Macedonio y Borges; y de otra, Arlt y Onetti. Podríamos incluso barruntar −quizás siendo muy reduccionistas− que Macedonio es a Borges lo que Arlt es a Onetti. Aunque, entre todos ellos, el precursor más evidente y abordado por la crítica (además de Macedonio) es Roberto Arlt. Su huella se puede rastrear en los cuentos de *La invasión, Nombre falso, Prisión perpetua, Plata quemada* o *Respiración artificial;* donde Piglia, como Arlt, "parte de ciertos núcleos básicos, como las relaciones entre poder y ficción, entre dinero y locura, entre verdad y complot, y los convierte en forma y estrategia narrativa, los convierte en el fundamento de la ficción" (Piglia 2001a: 23). Ambos comparten tonalidad de estilo: los fragmentos, la luz oblicua, las modificaciones del recuerdo y usos de la memoria, el aire fantasmal, etc.; y también ciertas constantes como la soledad, la incomunicación, el amor, la prostitución, la circulación del dinero, la compasión y la piedad. Entonces: se trata de leer, como Piglia, de forma oblicua: seccionando y seleccionando los motivos, desviaciones, inversiones del universo arltiano en su obra; de "buscar sus rastros parciales y fracturados y la marca de las apropiaciones involuntarias" (Piglia 1999: 12) o voluntarias que ha realizado. El tratamiento literario arltiano que más nos interesa para abordar "El joyero" es el que tiene que ver con la falsificación y la literatura –economía y lenguaje– como núcleo temático que atañe no sólo a Arlt sino a toda una genealogía literaria. Y en este sentido, *Nombre falso* es la *nouvelle* que pone en primer plano todo esto: para escribir no sólo se necesita talento sino dinero y tiempo, porque la literatura es un robo y el plagio su condición necesaria. El asunto se retoma en *Plata quemada*[8]: Piglia intenta representar el ambiente de los delincuentes –a la manera de Arlt– sin caer en el regionalismo, destacando el aislamiento, la soledad, la represión y la ponzoña del dinero. Pero en "El joyero" también encontramos retratado el mundo marginal de infractores de la ley asociado al encierro[9]. La presencia de lo carcelario es recurrente en la narrativa pigliana (*Prisión perpetua*) y aparece desde el texto primigenio en que incursiona Emilio Renzi, "La invasión"[10]. Renzi "ya no saldrá de ahí, en cierto modo, puesto que la experiencia del poder, del sufrimiento del poder, y del control represivo lo acompañará toda su vida" (Mora 2007: 36). En cambio, en este nuevo cuento de Piglia, la cárcel no es perfilada desde la negatividad, sino todo lo contrario: para "el Chino" no es una mala época, porque entre rejas se sentía tranquilo y seguro: "al Chino le gustaba el aislamiento, el silencio, la llama blanca de la soldadora de acetileno [...]. Ahora, al recordar aquellos años de encierro y soledad, [...] el Chino se sentía perdido y pensaba que sólo entonces había podido vivir en paz" (Piglia 2006a: 22-23). En esta ocasión, y ahí radica su excepcionalidad, el convicto es equiparado con el escritor y su oficio. Por eso, Piglia vindica la cárcel como forma de escritura, como el lugar de la pura narración y de la no experiencia. En la cárcel "prevalece la individualidad, el *yo*

---

[8] Recordemos la cita de Brecht que abre la novela: "¿Qué es robar un banco comparado con fundarlo?".

[9] Piglia sostiene que un relato funciona mejor "si está concentrado en un lugar en el que todo está 'puesto a presión'" (Piglia 1997: 31).

[10] Antes llamado "En el calabozo".

no se diluye en la masa. El presidiario se asemeja al escritor, pues como él, dispone del tiempo y de la soledad básicos para su labor, tiene un pasado que pesa sobre sí y que debe purgar (ya sea en el calabozo o sobre la página en blanco) y al menos una historia que contar. Para ambos, además, el arte de narrar, lejos de ser un lujo, se convierte en un imprescindible acto de sobrevivencia" (Fornet 2007: 139). Piglia sentenció en "El fluir de la vida": "La novela moderna es una novela carcelaria. Narra el fin de la experiencia. Y cuando no hay experiencias el relato avanza hacia la perfección paranoica. El vacío se cubre con el tejido persecutorio de las conexiones perfectas, la estructura cerrada, *le mot juste*" (72). De otra parte, en la cárcel no hay dinero: se acaba con conflicto de economía literaria: ya no problema del precio justo y de la palabra justa (Ibíd.: 140). Como en Arlt y en *Plata quemada*, en "El joyero" las operaciones económicas están siempre al margen de la ley y el enriquecimiento es de algún modo ilícito: contra la sacralización del dinero en el sistema neoliberal se propone el fraude, la falsificación, la estafa y el robo. Y esto se trasladada al lenguaje –a la construcción narrativa– de tal manera que en la novela este lenguaje se entiende como utopía máxima y se forja desde la impostura. Muy en la línea de *Nombre falso* que, como señala Fornet, "privilegia un tipo de crítica que hace énfasis en lo económico y en su importancia dentro de las relaciones sociales (véanse, por ejemplo, sus ensayos sobre *La traición de Rita Hayworth* de Manuel Puig y sobre Roberto Arlt) [...]. En el tema de la función del dinero Piglia encuentra una de las vertientes fundamentales de la literatura argentina. Dicha función se asocia al robo, la falsificación, el plagio y –a fin de cuentas– la noción de propiedad" (Ibíd.: 41, 42). Esta relación entre economía y lenguaje tiene su antecedente más claro y directo en Arlt, pero uno de los más afamados novelistas que han ingresado en esta suerte de genealogía literaria (donde se inscriben entre otros, Mallarmé y Saussure) es André Gide con *Los monederos falsos*. Tal y como señala Jean-Joseph Goux, en su extraordinario ensayo "Monayyerus du langage", esta obra es la que mejor ilustra la crisis de la novela realista (fe en la equivalencia general entre significante y significado, la palabra y la cosa), que coincide con la crisis del "gold money"[11]. Esto es: se da una homología estructural entre dinero y lenguaje; y se pone en tela de juicio el sistema realista de representación[12], y del lenguaje figurativo se pasa a la novela de ideas, el énfasis en la construcción, muy en la línea de la

---

[11] Se trata del dinero que vale lo que pesa.
[12] Del *gold money* se pasa al dinero de papel, crédito fiduciario, dinero ficcional.

poética de Piglia: una novela que es la historia de la escritura de una novela y del uso combinado de diario y la ficción. Gide en *Los monederos falsos* propone la imagen de una moneda ficticia: pintada de oro (aparenta serlo), pero de cristal por dentro: se vuelve transparente por el uso, como la novela donde se descubre gradualmente la transparencia de la ficción. La moneda y la palabra son instrumentos de intercambio. Por eso Piglia, que va más allá, propone la imagen de un nombre falso[13], que es una de las operaciones de máxima falsificación. Lo falso es tomado por real y de nuevo todo apunta a la mirada: una visión constructiva de la narración y no representativa, porque la obra de arte construye su propia realidad en la intersección entre el valor y el precio.

Pero aunque Piglia ha hablado de "monedas falsas" en otras narraciones, en "El joyero" no se alude directamente al dinero, sino al mercado de los diamantes en relación a lo carcelario y delictivo. No obstante, a través de la metáfora del joyero Piglia piensa ciertas cuestiones literarias en términos de política económica: corrupción del sistema, hipocresía e ilegalidad: "Hacían cintillos para las amantes de los coroneles y solitarios para las hijas que festejaban el cumpleaños de quince. Según Pura, ellos dos sostenían la economía de todos los oficiales de artillería de la provincia de Buenos Aires. (Manejaban miles de pesos en oro y brillantes; no hay lugar más seguro que una cárcel militar.)" (Piglia 2006a: 22). La imagen es de una belleza brutal: un convicto tallando un diamante, un preso que produce joyas. El oficio del joyero es como el del escritor: hacer anillos de Moebius, narraciones —escritura esmerilada— para mujeres, que son las verdaderas y últimas lectoras, porque la literatura para Piglia siempre es femenina. El joyero y el escritor necesitan soledad, asilamiento y en ambos gravita la imposibilidad de un fin: "Un anillo bien hecho podía llevarle meses. En el fondo nunca estaban terminados. Se podía seguir laminando la piedra y puliendo el engarce hasta que el metal y el diamante parecieran formar un solo cuerpo invisible" (Piglia 2006a: 25). De hecho, malvenderá un anillo sin terminar (que viene a ser como "quemar plata", adulterar la literatura) para ir a Mar del Plata a ver a su hija. Es curioso porque, como sabemos, la etimología de 'joya' está relacionada con la idea de "juego": viene del francés *joie*, alegría, gozo y por extensión "alhaja", del latín *iocus* que tiene que ver con bromear y jugar. "El Chino" cuando llega a Mar del Plata vende su anillo de diamantes, su joya, en aras de comprarle un

---

[13] Lo que verdaderamente le interesa es hablar de propiedad intelectual y relación con los otros textos: algo que ya hizo Borges, y que aparece en "El joyero".

juguete a la niña. Y con este movimiento Piglia vuelve a plantear la idea de la literatura como juego, de la equivalencia entre una joya –escritura– y un juego.

Por otro lado, el joyero, como el escritor, trabaja con la vista y con las manos (elevada concentración y pulso firme): "era imposible tallar esos modelos con las máquinas actuales, era preciso usar tornos y esmeriles primitivos porque la piel de la pieza era tan fina que se rompía con sólo mirarla" (Piglia 2006a: 19). En "El fluir de la vida", ya aparece la imagen de la lente: "una lente pulida hasta la transparencia, un objeto de cristal, invisible de tan puro, parecido al que puede usar un narrador cuando quiere fijar en el recuerdo un detalle y detiene por un instante el fluir de la vida para apresar en un instante fugar, toda la verdad" (77). La literatura es transparente, de cristal, del mismo material que la moneda falsamente pintada de oro de *Los monederos falsos*. Lo relevante es conseguir esa *forma* en la narración: "Un rayo blanco iluminaba un punto preciso de la piedra sin provocar reflejos. Parecía un minero trabajando en la galería subterránea de un universo en miniatura. Tallar es algo que se hace casi sin ver, por el instinto, buscando la rosa microscópica en el borde la piedra, el pulso liviano y suave" (Piglia 2006a: 19, 20). Y lo más complejo es tallar un diamante, escribir literatura. El diamante, como la buena ficción literaria, es un material asombrosamente duro, aunque bastante frágil: casi imposible de rayar (imperecedera), caro y escaso[14]. El parangón es claro. Pero lo más curioso es que el diamante está compuesto de carbono, igual que la mina de un lápiz, con distinta estructura cristalina. Es más, en determinadas condiciones atmosféricas el diamante se convierte en grafito[15]: la transformación sería lenta y no es posible detectarla a escala humana: ni siquiera con la mirada microscópica de un joyero o la lente hipermétrope de un escritor. La combinación de escritura con diamantes nos trae a la memoria inmediatamente la *nouvelle* de Truman Capote, *Desayuno en Tiffany's* y la versión cinematográfica que hizo Blake Edward en 1961 con la exultante Audrey Hepburn en el papel de Holly Golightly[16]. De hecho, en esta narración de Capote también se combinan los ingredientes que usa Piglia en la receta de su joyero, permitiéndonos leerlo como un precursor de Piglia (en el sentido de Kafka y sus precursores): tenemos joyas, cárcel, la escritura desencadenada por la ausencia de la mujer y la

---

[14] La mayoría de los diamantes de esta industria son artificiales: muy pequeños y con imperfecciones.

[15] Un diamante, a pesar de lo que diga el eslogan publicitario, no es para siempre.

[16] El joyero de Piglia vendió un anillo que se exhibió en la casa Tiffany de Nueva York.

combinación perfecta de fantasía y realidad. Recordemos: el narrador es un escritor que se enamora de Holly, una "desviacionista romántica", una "chiflada" una "farsante auténtica" que está convencida de que es quien se ha imaginado que es: vive en otro plano de la realidad y hasta su lenguaje es irreal (medio francés), y artificial (se evidencia la construcción). Holly, en este texto, vendría a fungir de escritura, de ficción, en términos piglianos, encarnando el adulterio y la falsificación: "Quiero seguir siendo yo cuando una mañana, al despertar, recuerde que tengo que desayunar en Tiffany's" (Capote 1990: 38). Holly se oculta en unas gafas de sol, se pone su máscara, un barniz de oro como la moneda falsa de Gide: "Era la primera vez que la veía sin las gafas de sol, y en ese momento resultaba obvio que eran, además, gafas de aumento, porque sin ellas sus ojos me escudriñaban bizqueando, como los de un joyero. Eran unos ojos grandes, un poco azules, otro poco verdes, salpicados de motas pardas: multicolores, como su pelo; y, como su pelo, proyectaban una luminosidad cálida y viva" (Ibíd.: 21). Holly, irremediablemente literaria, vulnerable, frágil, obscenamente tierna y hermosa: lectora insomne de libros alucinados. Desterrada, con un pasado silenciado (la narración también se forja aquí en torno a esos vacíos) y sin pertenecer a nadie (no tiene dueño ni autor), parece que se va a hacer añicos como un diamante:

> No quiero poseer nada hasta que encuentre un lugar en donde yo esté en mi lugar y las cosas estén en el suyo. Todavía no estoy segura de dónde está ese lugar. Pero sé qué aspecto tiene. –Sonrió, y dejó caer el gato al suelo–. Es como Tiffany's –dijo–. Y no creas que me muero por las joyas. Los diamantes sí [...]. Pero no es eso lo que me vuelve loca de Tiffany's. Oye, ¿sabes esos días en los que te viene la malea? [en la película se habla de un "día rojo"].
> –¿Algo así como cuando tienes morriña?
> –No –dijo lentamente–. No, la morriña te viene porque has engordado o porque llueve muchos días seguidos. Te quedas triste, pero nada más. Pero la malea es horrible. Te entra miedo y te pones a sudar horrores, pero no sabes de qué tienes miedo. Sólo que va a pasar alguna cosa mala, pero no sabes cuál. ¿Has tenido esa sensación?
> [...] he probado con aspirinas. Rusty opina que tendría que fumar marihuana, y lo hice, una temporada, pero sólo me entra la risa tonta. He comprobado que lo que mejor me sienta es tomar un taxi e ir a Tiffany's. Me calma de golpe, ese silencio, esa atmósfera tan arrogante; en un sitio así no podría ocurrirte nada malo, sería imposible, en medio de todos esos hombres con los trajes tan elegantes, y ese encantador aroma a plata y a billetero de cocodrilo. Si encontrase un lugar de la vida real [es decir, Tiffanys, las joyas es el plano del sueño] en donde

me sintiera como en Tiffanys, me compraría unos cuantos muebles y le pondría nombre al gato (Capote 1990: 39).

Cuando le publican al escritor el primer cuento, "letra impresa", él se va a Tiffany's y le compra una medalla de San Cristóbal[17]. Ella le regala entonces una jaula vacía –no soportaba ver las cosas enjauladas–, una pajarera: una cárcel desde la que escribir historias como la suya, historias que empiezan con la imagen de Holly apoyada en el quicio de la ventana secándose el pelo al sol y tocando en la guitarra "Moon river". U otras que comienzan con la imagen de la hija de un joyero sentada en la ventana a punto de saltar al vacío. Pero ambas remiten a la misma casa de la ficción, a un marco similar que pone el énfasis en la importancia del hecho de narrar. Ésta es la "lección" de Piglia, y, también la de Gide, Arlt y Truman Capote: lo que adquiere relevancia no es poseer esa "verdad" ni llegar a una interpretación –lectura–, "veraz", sino captar la forma, la complicación del punto de vista narrativo, evidenciar los marcos que constituyen la ventana del relato –que contiene en su interior otras ventanas–, la auto-reflexión sobre el acto creativo. La escritura y la lectura son dos caras de una misma moneda: falsa y robada. Lo verdadero no ha de buscarse en la historia, sino en la actividad artística, en el posicionamiento estético, como diría Henry James. Y ésa es la fuerza motriz de este texto, lo que le imprime sentido. Ésa es la *forma* de la ventana a través de la que Piglia enmarca la ficción. Los lectores buscan la verdad, sin embargo el escritor argentino nos da una "moneda falsa", adúltera, un "nombre falso", como lo que recordamos de los sueños al despertar. La palabra, Piglia *dixit*, es colectiva y anónima, no hay relación de propiedad con el lenguaje, por ello "La tradición tiene la estructura de un sueño: restos perdidos que reaparecen, máscaras inciertas que encierran rostros queridos. Escribir es un intento inútil de olvidar lo que está escrito […]. Por eso en literatura los robos son como los recuerdos: nunca del todo deliberados, nunca demasiado inocentes" (Piglia 1995: 55).

---

[17]   En la película le regala un anillo de caja de galletas saladas que luego graban en Tiffany's. También Doc le entrega un anillo para que se lo de a Lulamae.

BIBLIOGRAFÍA

ALFIERI, Carlos (2006): "Ricardo Piglia habla sobre el lector y la lectura del escritor", en <http:/www.pagina12.com.ar/diario/dialogos> (06-03-2006).

BORGES, Jorge Luis (2004): "Tlön, Uqbar, Orbius, Tertius", en *Obras completas (I)*. Barcelona: Emecé.

CAMPOS, Marco Antonio (1994): "Entrevista con Ricardo Piglia", en *Cuentos con dos rostros*. México: Universidad Autónoma Nacional de México.

CAPOTE, Truman (1990): *Desayuno en Tiffany's*. Barcelona: Anagrama.

FORNET, Jorge (2007): *El escritor y la tradición. Ricardo Piglia y la literatura argentina*. Buenos Aires: Fondo de Cultura Económica.

GARABANO, Sandra (2003): "Homenaje a Roberto Arlt: crimen, falsificación y violencia en *Plata Quemada*", en *Hispamérica* nº 96, pp. 85-90.

GOUX, Jean-Joseph (1984): *The Coiners of Language*. Norman: University of Oklahoma Press.

MESA GANCEDO, Daniel (2006): "Una propuesta de lectura en el origen de la obra de Ricardo Piglia", en Íd. (coord.), *Ricardo Piglia. La escritura y el arte nuevo de la sospecha*. Sevilla: Universidad de Sevilla, pp. 163-226.

MORA, Vicente Luis (2007): "Dos invasiones", en *Quimera* nº 280, pp. 35-37.

PIGLIA, Ricardo (1995): "Memoria y tradición", en Ana Pizarro (ed.), *Modernidad, posmodernidad y vanguardias. Situando a Huidobro*. Chile: Fundación Vicente Huidobro, pp. 55-60.

— (1997): "La biblioteca: una experiencia con el tiempo", en *La Página* nº 28, pp. 3-23.

— (2000a): *Formas breves*. Barcelona: Anagrama.

— (2000b): "La loca y el relato del crimen", en *Prisión perpetua*. Madrid: Lengua de Trapo, pp. 91-102.

— (2001a): *Crítica y ficción*. Barcelona: Anagrama.

— (2001b): "Tres propuestas para el próximo milenio (y cinco dificultades)", en *Casa de las Américas* nº 22, pp. 11-21.

— (2002): "Homenaje a Roberto Arlt", en *Nombre Falso*. Barcelona: Anagrama, pp. 97-157.

— (2003): *La ciudad ausente*. Barcelona: Anagrama.

— (2005): *El último lector*. Barcelona: Anagrama.

— (2006a): *La invasión*. Barcelona: Anagrama.

— (2006b): "Secreto y narración. Tesis sobre la *nouvelle*", en Eduardo Becerra (ed.), *El arquero inmóvil. Nuevas poéticas sobre el cuento*. Madrid: Páginas de Espuma, pp. 187-205.

PLIMPTON, George (ed.) (1980): *The Paris Review. Conversaciones con los escritores.* Barcelona: Kairós, pp. 85-128.

RODRÍGUEZ PÉRSICO, Adriana (comp.) (2004): *Ricardo Piglia: una poética sin límites.* Pittsburg: Instituto Internacional de Literatura Iberoamericana.

La contemplación oblicua del amor dantesco en Macedonio Fernández y Ricardo Piglia

Vicente Cervera Salinas
Universidad de Murcia

La filiación erotanática, tan comprometida con el motivo dantesco y femenino de Beatrice a lo largo de la historia literaria a partir de los recuerdos, sueños y sublimaciones del poeta toscano, halla en la naturaleza del miedo un *tertium comparationis* de indudable densidad. Desde diversas ópticas conceptuales, no pocos escritores porteños del siglo XX recogen y alteran la tradición, conjugando momentos estelares tanto en la generación romántica europea como en la anglo e hispanoamericana. Surge desde estas premisas el proyecto de acceder a la personalidad compleja, rara, difusa y magistral del escritor y filósofo porteño Macedonio Fernández (1874-1952), que concibió un proyecto novelístico y una orientación vital, extravagantes y singulares ambos, causados por el influjo en su psicología del "síndrome de Beatriz" o duelo amoroso por ausencia.

Su verdadera trascendencia permanece como un río subterráneo que atravesara cada uno de los enclaves básicos de la literatura argentina durante el siglo XX y para autores que no tuvieron una correspondencia vital directa con su persona, y que pueden divisar el panorama de la literatura argentina del XX con una mirada amplia y abarcadora, adquiere Macedonio la singularidad que merece, a la vez que lo dotan de la función de mentor o compendiador de tantas innovaciones y facetas de la misma. El ejemplo primordial lo hallamos en Ricardo Piglia, autor de filiación macedoniana capaz de valorar en justa medida la proporción de su influjo y la repercusión de sus escritos. "La ficción argentina" –llega a postular– "es la voz de Macedonio Fernández, un hilo de agua en la tierra seca de la historia. Esa voz fina dice la antipolítica, la contrarrealidad, el espacio femenino, los relatos del cacique ranquel, dice los rhînir de Borges, los filósofos barriales de Marechal, la rosa de cobre de Roberto Arlt. Dice lo que está por venir". Como muy bien sostiene Piglia, el siglo XXI será macedoniano[1].

---

[1] "Arlt, Marechal, Borges: todos cruzan por la tranquera utópica de Macedonio" (Piglia 1987 [2000: 130-132]).

El hecho de que Macedonio encarne "antes que nadie (y en secreto) la autonomía plena de la ficción en la literatura argentina" resulta significativo y muy valioso para su incorporación central en el tema que nos ocupa. Pensemos que el síndrome de Beatriz representa un esfuerzo por concebir mundos posibles donde los personajes de la "vida" alcancen una existencia plena y absolutamente "distinta" en el universo imaginario. Desde nuestra óptica temática, también impulsa la categoría del "mundo de ficción" en que los presupuestos del deseo hallan cobijo y existencia, siendo al mismo tiempo amparados por un espectáculo de creencias y nociones religiosas. Dante consigue transmutar doblemente su amor por Beatriz: coronándolo en el ámbito de la salvación, y transfiriéndolo al dominio de lo imaginario. Esta segunda vía es la que ahora nos interesa y la que supo recuperar Macedonio Fernández con su "novela" de personajes que aspiran a no dejar de serlo, a no confundirse con los seres carnales –y aspirantes a mortalidad– que pueblan la "otra novela" de la realidad: la nunca Eterna.

Y así, de la enumeración que hallamos en Piglia, destacamos el referente al "espacio femenino", donde Macedonio entronca su noción idealista del arte como dispositivo de "eternidades" con la tradición literaria en que la figura de la *Commedia* dantesca ocupa un singular lugar de preferencia. Acerquémonos así al texto axial en la obra de Macedonio, la producción novelesca que ocupó tantos años de su vida, y que sólo sería impresa y editada por vez primera en 1967, tras su muerte: *Museo de la novela de la Eterna*, donde el filósofo poeta deja inscrita su concepción de la realidad como mero simulacro de la mente, sus postulados estéticos y su absoluto rechazo a la aceptación de la muerte como auténtica experiencia psíquica. La muerte será identificada con el olvido y sólo la ausencia de memoria borrará los límites de la existencia de un ser que, de otro modo, permanece "vivo" en la mente de quien lo piensa, de quien lo hace "posible". Las coordenadas especulativas de Macedonio toman el relevo contemporáneo de las nociones clásicas que el idealismo filosófico más decantado formuló, a través de la obra de John Fichte, fundamentalmente, y que adquirirán nueva carta de presentación en los textos de psicología profunda de William James, especialmente en *La variedad de las experiencias religiosas*. Es en esta obra donde el padre del pragmatismo psicológico y de la tan afortunada noción del "fluir de la conciencia" examina y disecciona fenómenos vinculados a la vida espiritual que, a través del sentir religioso, incorporan sistemas de existencia que tienen a la mente, al recuerdo y a los afectos como solar y patria, como dominio y reino. Con James mantuvo Macedonio una intensa correspondencia epistolar en la primera década del XX, y sin duda el dibujo de un mundo de constitución autónoma para la mente se dispararía como formulación idónea cuando, a comienzos de la década de los años veinte, y tras la muerte de su amada esposa, Elena de Obieta, en 1917, decide el escritor abandonar las actividades precedentes y dedicarse a construir los "museos" donde la mente alcanza a proyectar la existencia virtual de su mujer-entelequia, mutada en la Eterna, de resonancias infinitas.

La institución de lo deseado imaginativamente al plano de la existente cruza de norte a sur y de lado a lado la historia de la literatura del XX, con esos personajes que buscan un autor para ser dotados de existencia, mas no necesariamente de realidad biológica y corpórea. La novela que plantea Macedonio, en su proliferación de "prólogos" y en su continua declaración de intenciones teóricas, obedece a ese mismo deseo de inscribir personajes que no deseen dejar de serlo, que no pretendan ser identificados con criaturas de la realidad física sin que por ello dejen de tener plenitud como entidades. La exacerbación de estas nociones le llevará, incluso, a configurar, en uno de los capítulos de su "novela", un "hogar de la no existencia", receptáculo de "vida" donde el temor del fallecimiento sucumba en los predios de la palabra, como hogar de la meditación. "Anhelo que me animó en la construcción de mi novela" –decreta el autor– "fue crear un hogar, hacerla un hogar para la no-existencia, para la no-existencia en que necesita hallarse Deunamor, el No-Existente Caballero, para tener un estado de efectividad, ser real en su espera, situándolo en alguna región o morada digna de la sutilidad de su ser y exquisitez de su aspiración para poder ser encontrado en alguna parte, en mi novela mientras espera, y cuando llega de vuelta de la muerte de su amada, que él llamaba Bellamuerta, es decir, que embelleció a la muerte con su sonreír en el morir y que sólo tuvo muerte de Beldad: la hecha sólo de separación, de ocultación, la muerte que engendra toda la belleza de la Realidad: la que separa amantes, pues otra muerte no hay, no se muere para sí ni hay muerte para quien no ama; ni hay belleza que no proceda de la muerte, ni muerte que no proceda del amor" (Fernández 1995: 105).

Llama poderosamente la atención el vínculo estrecho que Macedonio establece entre la imagen de la sonrisa y el acto de la defunción, por cuanto se instala en una suerte de necrofilia de cariz especulativo, que de algún modo remite al propio "museo" de raíz dantesca. Dice Macedonio: "que embelleció a la muerte con su sonreír en el morir", y se remueve en nuestro recuerdo la postulación de un "imaginismo" procreado en la literatura de Dante, el *miglior fabbro*, tal como sería concebido siglos más tarde por los autores que rescataron su obra (especialmente, Ezra Pound). Así –incluida en los poemas breves de su hermosa colección, *Personae* (1926)–, Pound propone una visión muy personal de "Francesca", quien surge desde el fondo de la noche y con flores en las manos, inmersa en la enajenación de la multitud. Ante esa maraña de cosas muertas, el poeta vierte su deseo de hallar, de nuevo como un Paolo reintegrado a una imposible muerte en la consciencia, a la compartida soledad[2]. Por su parte, en el poema "La muerte no es la nada" quiere expresar Macedonio algo similar, con su poética de la abstracción mayúscula y la capitalidad de una emoción contenida por el poder omnímodo de la mente:

> La Muerte no es la Nada, sino que nada es.
> El Nacer no es la Vida, sino que nada es.
> Equivócase, por terrenal, el Corazón si te llora
> pues en nuestra Mente estás [...].
> Amarte, pues, debemos, pues que vives
> y no Dolorte, pues no cabe perderte.[3]

Pero el sentimiento amoroso, como bien evidenció en versos y tratados el florentino, se originaba en la inteligencia divina, y de ella fluía encarnándose en materia plena de belleza, a la cual tendían los "ojos" como estadios donde la contemplación era escala hacia la empírea meta. En el Tratado III del *Con-*

---

[2] "You came in out of the night / and there were flowers in your hands, / now you will come out of a confusion of people. / out of a turmoil of speech about you. // I who have seen you amid the primal things / was angry when they spoke your name / in ordinary places. / I would that the cool waves might flow over my mind, / and that the world should dry as a dead leaf, / or as a dandelion seed–pod and be swept away, / so that I might find you again, / alone" (Pound 2000: 72-73). En traducción de Jenaro Talens y Jesús Munárriz: "Surgiste de lo hondo de la noche / y había flores en tus manos, / ahora surgirás de una confusa muchedumbre, / de un tumulto de charlas sobre ti. // Yo que te he visto entre las cosas primordiales, / me enfadé cuando pronunciaron tu nombre / en sitios ordinarios. / Desearía que las frías olas inundaran mi mente / y que el mundo se marchitase como una hoja muerta / o como la vaina de un diente-de-león, y fuera barrido, para poder volverte a encontrar, / sola".

[3] "La Muerte no es la Nada", en Fernández (1991: 55). Véase también, al respecto, el titulado "Cuando nuestro Dolor fíngese ajeno", donde concluye prorrumpiendo en identificaciones del sujeto poético con el objeto amoroso y con el paradójico deseo de un dolor donde también reside "Ella", y que es "ordenado" por el corazón (1991: 40).

vivio subraya Dante la genealogía cognoscitiva del amor, como forma activa de la filosofía, algo que en el siglo XX reconsiderará –en clave experimental y renunciando al "orden clásico" y a la estructuración geométrica– la obra de Macedonio Fernández. Y así, "cosas aparecen en su aspecto" –sentencia Dante en su *Convite* (1994: 610-611)– "que muestran el placer del paraíso en sus ojos y en su dulce sonrisa, pues allí los trae el amor como a propio lugar suyo". Nuevamente, la sonrisa. La primera, origen y fuente de todo goce. La última, compendio de toda desdicha, complejo de evanescencia, que enciende la postulación de una irrealidad factible, donde "las dulces prendas" no se ajen ni pierdan. Es en ese punto donde la inteligencia hace de la memoria morada del ser.

Y es, en puridad, dentro de esta línea interpretativa donde cabe rastrear el "impulso Dante" en la literatura argentina del siglo XX: en las obras "con propensión a la eternidad" autoconscientes de Macedonio Fernández, en la obra neoclásica de Leopoldo Lugones y en las fábulas arrabaleras de la sordidez que compuso Roberto Arlt, en las novelas y textos doctrinales de Leopoldo Marechal, en los ensayos de Victoria Ocampo o en la imaginería del amor cortazariano. También en las disquisiciones especulativas de Borges, tanto en su obra de ficción (poemas y relatos), como en sus excelentes ensayos "dantescos", en especial "El encuentro en un sueño" y "La última sonrisa de Beatriz".

"La lección del maestro" Macedonio Fernández no fue totalmente escuchada por el joven discípulo. Toda la literatura del filósofo idealista procuró dotar de una parcela incontaminada de temporalidad la existencia de su Elena-Eterna, que en los contornos de su pensamiento persistía con su "corazón delator". Una vigilia de ojos cerrados la encarnaba. Una férrea voluntad la transfería al papel, a unos versos, a un Museo de novela. "Muerte es Beldad" –declama en nítidos versos a su "Elena Bellamuerte"– "Mas muerte entusiasta / partir sin muerte en luz de un primer día / es Divinidad". Claros ecos del Dante en la lírica auroral del maestro Macedonio, allá por los años veinte, "recienvenido" al nuevo reino[5], cuya orilla baña el Éunoe, el "otro río" del *Paradiso*. "No eres, Muerte, quien por misterio / pueda mi mente hacer pálida / cual eres ¡si he visto / posar en ti sin

---

[4] "Las imágenes del sueño" –declara Macedonio en nota filosófica– "son tan nítidas y vivas como las de vigilia o de supuesta causa externa […]. Mejor dicho, basta la igual vivacidad de las imágenes y emociones del ensueño frente a las de la realidad para que nuestra vida pudiera, sin ceder en importancia y seriedad, ser toda hecha de ensueño. ¿Qué buscamos, pues, con indagar la realidad?" (de "El mundo es un almismo", en Fernández 1973: 113-115).

[5] A propósito de ese título y sobrenombre, véase Fernández 1966.

sombra el mirar de una niña!"[6]. Esa ausencia de sombra y esa condición infantil de la bella muerta remiten a fondo al decir y a los sentires dantescos. En realidad, la obra poética completa del argentino Macedonio Fernández compone el gran friso de una fe, basada en la convicción mental de que lo más genuino de la vida habita donde se genera el pensamiento.

En el poema "Creía yo" estampa sintética y lacónicamente los pilares de este templo psíquico, netamente orquestado por las manecillas del verbo "regir": sólo a Vida rige Muerte, en tanto que Amor la rige a ella. Elevadas a categorías gramaticales de nombres propios, plenos de abstracción latente y rica, los planos ontológicos de la realidad son los grados en que la psique proclama su soberanía. Insiste Macedonio en planteamientos de un exacerbado idealismo, al anotar en sus "papeles", como su "ley de asociación", que lo único irreal es la "existencia de lo no sentido", dado que "sentir e imaginar es lo único existente". Determina así la plataforma especulativa que dará sentido a su metafísica amorosa, aquella que inaugura modos de persistir ajenos a la respiración orgánica o a la conjunción de los cuerpos en las coordenadas del mundo sensible. Espacio de abstracciones, alcobas de cristal traslúcido que dibujan el hogar de la mente, habitaciones donde el techo y el suelo están forjados de vigilias y ensueños aunados, una poética del espacio cuyo material es la transparencia y cuya virtud, la virtualidad del recuerdo inmaculado. Resistente en un "hoy" y en un "aquí" sin contornos materiales, "sin compañía de la Compañera, con una ausencia en todas mis horas y con mi existir cifrado en conocer el misterio del existir, para saber si 'su lado' será otra vez mi cercanía, y "seré" a su lado, como la ausencia de Ella ahora a mi lado es siempre". Así sella Macedonio su creencia y formula el síndrome de Beatriz, para transferirlo en los "papeles" del "recienllegado" a una tal variedad de la experiencia religiosa[7].

Semejante es el itinerario que en la ficción narrativa sostiene su prosa. La consagración de su idea de la novela, determinada por la exclamación "abomino

---

[6] A propósito de su obra poética, señaló José Olivio Jiménez con acierto: "Fue la suya, básicamente, una poesía de pensamiento, calidad y conceptuosa a un tiempo, pudorosamente lírica y tocada por instantes con notas de fino humor..." (Jiménez 1984: 43 y ss.). "Elena Bellamuerte" figura en Fernández (1991: 33-38). En el prólogo (15) recuerda Carmen de Mora el juicio del también poeta –y crítico– Guillermo Sucre, para quien este poema representaba uno de los mayores "triunfos del barroco" en la poesía hispanoamericana del XX.

[7] Lo irreal, subraya el autor, se corresponde con "la supuesta existencia del mundo antes que lo percibamos y después que cesemos de percibirlo" (de "Ley de asociación", en Fernández 1973: 117-135). ¿Cómo no sentir constante la irradiación de estos parámetros, de estirpe filo-

de todo realismo"[8], derivó en la obra cumbre, su *Museo*, considerada por él mismo como "la primera novela buena", tras la andadura porteña de cariz paródico, con que habría de concluir la saga de las "malas novelas", y que humorísticamente tituló *Adriana Buenosayres*. En pocos autores hispanoamericanos se da el caso de que una obra tan peculiar se desencadene a consecuencia de los efectos espirituales que el síndrome de Beatriz ocasionó en su vida, tal como sucede con Macedonio, quien, en este sentido, reinventa el dispositivo de generación textual a partir de un acontecimiento biográfico, como es el fallecimiento de su "donna gentile"[9]. Una clara estela dantesca entraña el dispositivo creador de su obra, y a ese árbol literario ha de entroncarse, al cabo, para articular su discurso.

El propio Ricardo Piglia es explícito al respecto. Y lo es en el interior de una obra de ficción, de otra "forma novelística" que, a su vez, rinde tributo a la invención museística del maestro Macedonio. Se trata de *La ciudad ausen-*

---

sófica anglogermánica (George Berkeley, David Hume y Arthur Schopenhauer, fundamentalmente), en la obra de su "discípulo" Jorge Luis Borges. Sin embargo, la noción de un "existencialismo textual" metamorfoseará los dictámenes filosóficos en experiencias literarias, en apropiaciones estéticas y en artificios fictivos, donde la palabra escrita reclamará todo su prestigio y su esplendor. No olvidemos que, según recuerda Borges, el "maestro" "no le daba el menor valor a la palabra escrita", a pesar de que "su pensamiento es tan vívido como la redacción de su pensamiento" (Borges 1961: 7-22). Acerca de las vinculaciones entre ambos, véase Rodríguez Monegal 1952. En este artículo plantea Monegal el modelo Maestro-Discípulo, cotejándolo y no igualándolo al de Mallarmé-Valéry (y, en su origen, al de Sócrates-Platón). Monegal cita unas frases del discurso que Borges pronunció sobre la tumba de Macedonio, y que fue recogido en la revista *Sur*, donde exaltaba su figura y reconocía su deuda: "Yo por aquellos años lo imité, hasta la transcripción, hasta el apasionado y devoto plagio. Yo sentía: Macedonio es la metafísica, es la literatura. Quienes lo precedieron pueden resplandecer en la historia, pero eran borradores de Macedonio, versiones imperfectas y previas. No imitar ese canon hubiera sido una negligencia increíble" (Cfr. *Sur* 209-210, Buenos Aires, marzo-abril 1952).

[8] Declaración que hallamos en la sección "Novela de los personajes", donde estampa su credo estético: los personajes no deben emular la realidad del ser, simulando verdad empírica, sino entregarse a su naturaleza artística o "irrealidad" consustancial (Fernández 1973: 176-177).

[9] "La Philosophie est représentée dans le *Banquet* par le symbole de la 'donna gentile'. Comment cette dame s'est-elle introduite dans sa vie? Le commencement de cette histoire, telle que Dante la raconte dans le *Banquet*, date de la mort de Béatrice et se relie à la certitude qu'il a de sa béatification céleste. C'est toujours à ce point de départ qu'il en revient: 'apresso lo trapassamento di quella Beatrice beata' (*Convivio* II, 2): après le trépas de cette Béatrice bienheureuse. Pour relier le *Banquet* à la *Vita Nuova*, il est cond naturel d'admettre qu'au moment où débute ce nouveau fragment de son histoire, Dante a déjà eu la vision sur laquelle, au ch. XLII, la *Vita Nuova* s'achève" (Gilson 1939: 88). Véase el capítulo II, "Dante et la Philosophie dans le *Banquet*".

te, una novela-palimpsesto que publicó Piglia en 1992, para cubrir el arco que la presencia del motivo dantesco generó durante todo el siglo XX en Argentina. El argumento y la trama textuales aparecen oscurecidos por la magnitud de las obras y los nombres recreados en la "ciudad ausente", un canon concertante de alusiones en que las voces solistas de Joyce, Faulkner y el propio Poe se imbrican e intercalan con los patriarcas de la literatura rioplatense del XX. La novela proclama la historia subterránea del museo que Macedonio forjó, y sustenta la hipótesis de su existencia real, como una reformulación de la "invención de Morel", donde el filósofo Macedonio dejó activada la reproducción maquinal de los grandes textos de la tradición literaria porteña, y por supuesto la "encarnadura" virtual de su Eterna. El monólogo del protagonista de la trama encara el motivo central de su andadura, tras los pasos de la máquina que hace activo el Museo de voces literarias. El presupuesto de la muerte de Elena de Obieta como condición generatriz de su universo mental queda explicitado desde el comienzo, al reconocerse que todo lo que hizo Macedonio desde ese momento "estuvo destinado a hacerla presente. Ella era la Eterna, el río del relato, la voz interminable que mantenía vivo el recuerdo". La filiación con el espíritu clásico también se revela: "Nunca aceptó que la había perdido. En eso fue como Dante y como Dante construyó un mundo para vivir en ella". La resolución de la novela de Piglia proclama una epifanía textual, cuando allega el procedimiento del *Museo* con la versión herética de la *Divina Comedia*, "en la que Virgilio le construye a Dante una réplica viva de Beatriz. Una mujer artificial a la que encuentra al final del poema. Dante cree en la invención y destruye los cantos que ha escrito. Busca el amparo de Virgilio, pero Virgilio ya no está junto a él. La obra es entonces el autómata que le permite recuperar a la mujer eterna"[10].

---

[10] Muy importante el capítulo IV de la novela, titulado "En la orilla", que enlaza con el segundo, "Museo". En este final hallamos el relato de Emil Russo a Junior, el protagonista y "heredero de los textos" contenidos en el museo, que le refiere la historia de Macedonio y la génesis de su "máquina" donde habita Eterna; véase Piglia 2003. La historia de cómo fue instalándose el escritor en la "otra orilla" es toda una síntesis de la gestación del síndrome en el alma del paciente: "Siempre pensó que esa pasión la había enfermado y siempre pensó que ella había muerto por su culpa. Macedonio la vio por primera vez en la casa de una prima el día en que ella cumplía dieciocho años y la volvió a encontrar por azar una tarde en una calle de Azul y ese encuentro fue definitivo […]. La muerte de Elena (tenía veintiséis años) era un acontecimiento sin explicación, pertenecía a un universo paralelo, había sucedido en un sueño […]. Pensó que los sacrificios son actos que sostenían el orden del universo..." (Piglia 2003: 150-151).

Como cabe advertir, la reformulación del síndrome en la lectura que hace Piglia de la Eterna nos permite viajar a través de las edades del ser, entonando de forma bien distinta una de esas pocas metáforas que determina la historia universal. Y así partimos de un orden precopernicano en un universo ultraterreno tripartito y perfecto, donde el Alighieri se elevaba sobre la perfección de sus rimas escalonadas en pos de una visión de Eros alígera y transfigurada en perfección divina. La lectura del siglo XX reformula el tópico en su dimensión mecanicista y literaturizada al máximo: una Beatrice cuya médula es la naturaleza de la ficción. Algo muy similar a lo que estampa en uno de sus más logrados poemas, "Cuando nuestro dolor fíngese ajeno": "Que ese dolor es el dolor que quiero. / Es Ella, / y soy tan sólo ese dolor, soy Ella, / soy Su ausencia, soy lo que está solo de Ella; / mi corazón mejor que yo lo ordena" (Fernández 1991: 40).

Asimismo, el alma del personaje Deunamor, álter ego de Macedonio en su dimensión óntica de personaje, fue "perdiendo su sensibilidad, hasta quedar reducido a un cuerpo sin conciencia", "a partir del deceso de su esposa"[11]. Los autoconscientes personajes de la novela habitan en un estado de total lucidez de su entidad, y proclaman su deseo de permanecer en la trama de la imaginación, como sus criaturas ideales e intangibles. A la pregunta de Dulce-Persona: "¿Qué hay hoy en 'La Novela'?", replica Quizagenio: "El tiempo puro" (cap. II). Eterna queda, al fin, definida como quien "no tiene su conciencia un instante de suspensión". Y hacia la conclusión de la obra, los personajes se congregan para dar vida a la Eterna, de modo que alguien "se salve, en la novela, de la irrealidad de personaje" (cap. XIV). En vano, pues como señala el Narrador, Eterna "querría la vida si alguien que anda por el mundo valiera lo que vale el amor de ella. Pero así no sucede y antes bien su único motivo de contento es saberse personaje" (cap. XVIII). De manera genial, aunando filosofía y humorismo, constata Macedonio Fernández el valor supremo de una persistencia imaginaria.

Estos presupuestos artísticos de una "imaginación al poder" son los que asume, según Piglia, lo más genuino de la literatura argentina del siglo XX, y

---

[11] "Deunamor dejó de ser una conciencia personal desde hace muchos años, y yo mismo observo que su conducta en la novela es la de un hombre que nada siente, piensa ni ve, en actitud de espera...", donde se "operará el milagro de la recuperación conciencial de Deunamor". A su vez, "la novela espera que el tono visual, táctil, auditivo, de la amada revivida y retornada, operará el milagro de la recuperación conciencial de Daunamor" (Fernández 1995: 198-199). Véase en general el capítulo "Deunamor".

en donde él mismo pretende incorporarse. La preponderancia de los argumentos donde el ser artificial ha reemplazado en intensidad y grandeza al corpóreo y vital se suceden en *La ciudad ausente*. Allí, en sus arrabales, la ficción de Macedonio entronca con las fábulas que transforman la historia de estatuas enamoradas dotadas de un poder de seducción insuperable en su mágica escultura del sentimiento[12]. En parámetros no muy alejados a los que funda Macedonio con su invención fantástica y artificial habría que situar el fenómeno literario tratado por los mejores creadores de la ciencia ficción.

En el personaje de Harey, creado por el escritor polaco Stanislaw Lem en su novela *Solaris* (1961), aparece una modulación futurista del síndrome de Beatriz perfectamente destacada por el cineasta ruso Andrei Tarkovski en su fabulosa película homónima, filmada en la Unión Soviética en 1972. En la densidad atmosférica de ese "océano pensante" que es el planeta Solaris, acontece un fenómeno singular que coincide con la materialización de las partículas atómicas que forman parte de nuestros recuerdos, para adoptar la sustancia de un cuerpo. Para cada ser, dicha corporización vendrá a coincidir con la figura preeminente en nuestra vida y sensibilidad. El mecanismo narrativo del relato parece sustentarse en la vieja premisa de Sören Kierkegaard: "La pureza de corazón consiste en desear una sola cosa". En el caso del protagonista, el científico Kris Kelvin, la asunción orgánica de ese emblema imaginario le deparará la reaparición de su esposa Harey, que murió por voluntad propia y ahora retorna en forma de "visitante", condicionando la decisión final de permanecer en Solaris. Harey se articula como cristal futurista de un mito arcano: "Recuerda sólo que ella es un espejo, y que refleja una parte de tu mente. Si es maravillosa, es porque tienes recuerdos maravillosos". Asistimos así a una variación del síndrome que estriba en el hallazgo central de la "solarística": "El océano podía reproducir lo que ninguna síntesis artificial había conseguido nunca: un cuerpo humano perfeccionado, donde la estruc-

---

[12] "Entre los egipcios, la palabra 'escultor' significaba literalmente 'el que mantiene la vida'. En los antiguos ritos funerarios se creía que el alma del difunto se incorporaba a una estatua que representaba su cuerpo y una ceremonia celebraba la transición del cuerpo a la estatua", escribe Piglia citando a Robert Burton, en *Anatomy of Melancholy*. Y regresa a su relato: "Junior recordó la foto de Elena, la muchacha con el pulóver de cuello alto y la pollera escocesa, que sonreía hacia la luz invisible", y recuerda las palabras de Macedonio: "Huir hacia los espacios indefinidos de las formas futuras. Lo posible es lo que tiende a la existencia. Lo que se puede imaginar sucede y pasa a formar parte de la realidad" (Piglia 2003: 59-60).

tura subatómica había sido modificada para que sirviera a propósitos que desconocíamos. El océano vivía, pensaba, actuaba"[13].

Cabe observar que los postulados de una fe en la materialización de los pensamientos siguen una dirección común. Por este camino nos acompaña la invención imaginaria de Morel en la novela de Bioy Casares, donde la proyección de imágenes filmadas que simulan la realidad provocaría la confusión entre los fenómenos reales y el ámbito de lo virtual, favoreciendo el amor hacia una "sombra", un espectro, en clara remisión a la caverna platónica. También la creación del *Museo* novelístico de Macedonio Fernández, que acrisola la solidez ficticia de los personajes que ya conocen a su autor. Y en otro escalón de la ideación fantástica, la "solarística" funda el ámbito donde el propio recuerdo gestado se da "a luz", en la creación de un ente que duplica las formas del pensamiento y es, al mismo tiempo, consciente de su condición de "copia". Harey, de este modo, sufre al comprender que no es exactamente el ser que Kris Kelvin amó, por más que sea "nuevamente" amada por él en la nebulosa de Solaris. "Una fe disfrazada de ciencia" genera la fábula. Una fe que "regenera" y "metamorfosea" aquella que movió al poeta florentino.

Mas toda fe se halla vigilada en el cuartel de la duda. El protagonista de *Solaris*, que ha visto cómo del océano había brotado una flor, cuyo cáliz le ceñía los dedos, no puede abdicar de cierto escepticismo: "La fe inmemorial de los amantes y los poetas en el poder del amor más fuerte que la muerte, el secular *finis vitae sed non amoris* es una mentira. Una mentira inútil y hasta tonta", sentencia hacia el final. Renunciar a ella, empero, implica la única posibilidad, "acaso ínfima, tal vez sólo imaginaria", de que "el tiempo de los milagros crueles aún no haya terminado"[14]. La imagen del "visitante" vuelve a ser así "cristal dantesco". Y a su través, se filtra transparente y diáfana, la aseveración central en el orbe mental de Macedonio: "El mundo es de inspiración tantálica". Brota el estigma de Allan Poe, como si del rostro de una moneda de hierro se tratara. Una moneda que bajo un blanco papel dibuja sus perfiles en las rayas marcadas por la mina de un lapicero. El destino quiere así enlazar el

---

[13] "¿Era el océano una criatura viviente? Sólo un empecinado o un enamorado de las paradojas se atrevería ahora a ponerlo en duda. Imposible negar las 'funciones psíquicas del océano'" (Lem 2001: 198). Traducción de Matilde Horne. En la edición se nos recuerda el dictamen de Ursula K. Le Guin, según la cual Borges y Lem compartirían el honor de ser los grandes "maestros de la ironía y la imaginación" en nuestro tiempo.

[14] Ibíd. Ese "milagro" se convertirá, para Andrei Tarkovski, en una "imagen": el reencuentro de Kris con su padre en la Tierra, el abrazo, el retorno, la expiación.

erotanatismo moderno del cuervo con el que destila la literatura dantesca. Un *hymnus amoris* orquestado por la fascinación sublimada hacia el espectro. El sentimiento de lo siniestro procedente del temor a la ausencia, conjugado con el instinto humano, férreo, de construir dominios del sentir poético, donde perviva el cuerpo de una sombra. Donde perviva eviterna.

"Yo creo parecerme mucho a Poe, aunque recién comienzo a imitarlo algo; yo creo ser Poe otra vez [...]. En el poema 'Elena Bellamuerte' me sentía Poe [...] y sin embargo el texto creo que no muestra semejanza literaria", escribe Macedonio en el "Nuevo prólogo a mi persona de autor". En efecto, cabe añadir, la filiación se afinca en nociones comunes de un erotismo volcado a la "vocación tanática" del mundo. Un terror al "nunca más" que para el escritor norteamericano se revela incontestable e inconsolable, y que se vierte para Macedonio en metaliteratura. El deseo de una Beatrice recobrada alimenta ambas premisas. En el canto XXX del *Purgatorio* dantesco hallábamos la simiente. Allí, "sovra candido vel cinta d'uliva" aparecía, eternizada, provocando el despertar del más fiero de los sueños: el de la realidad, con su anatema de ausencia. "D'antico amor sentí la gran potenza", exclamaba, aliviado su espíritu, el poeta. Las primeras palabras que Beatrice le dirige confirman su gozo: "Non sapai tu che qui è l'uom felice?". Así concluía Dante el viaje por el Purgatorio, que al decir de Jacques Le Goff es el único de los reinos sobrenaturales donde mana para el hombre la esperanza, vedada en el Infierno y sobreseída en el Paraíso, donde ya no es necesaria[15]. Se despide el poeta de este espacio intermedio, el más humano, y lo hace "rifatto sì como piante novelle / rinovellate di novella fronda, / puro e disposto a salire a le stelle"[16].

Región limítrofe, montañosa y escarpada, cernida por la voluntad de ascenso y donde todavía es valiosa la plegaria de los vivos, la memoria de los

---

[15] "En el *Infierno* las únicas indicaciones de tiempo eran las que jalonaban el viaje de Virgilio y de Dante. En el *Paraíso* llegará incluso a quedar abolido en relación con el breve tránsito del hombre. En cambio, el *Purgatorio* es un reino del tiempo". Por eso, —concluye— "espero que seguirá habiendo siempre un lugar en los sueños humanos para el matiz [...] y la esperanza". Cierra su extraordinario recorrido por la idea del Purgatorio el autor francés con la investigación de su "formación" hasta la *Divina Comedia*. Véase Le Goff (1985: 384-416). Capítulo "El triunfo poético. *La Divina Comedia*".

[16] Cito los versos 31 y 39 del Canto XXX, y los versos 143-145 del Canto XXXIII y último del *Purgatorio*. En traducción de Ángel Crespo: "Ceñido el blanco velo con oliva", "De antiguo amor sentí la gran potencia" (Alighieri 2002: 208), y "Tan renovado cual las plantas bellas / que se renuevan con su nueva fronda // puro y pronto a subir a las estrellas" (Alighieri 2003: 232).

muertos, profundamente humana y depositaria de una temporalidad vedada a los reinos "ilimitados" del Infierno y el Paraíso, el Purgatorio sobrepasa, según el juicio de René de Chateaubriand, "en poesía al cielo y al infierno, porque deja entrever un porvenir que falta a éstos" (Chateaubriend 1982: 175). Y allí, no por azar, será donde comience a despejarse la senda de Beatriz. Representa la dimensión más cercana al espíritu de una persona, con el conflicto interno entre el desconsuelo y la regeneración, y en sus escalas rocosas se encuentran las representaciones literarias de aquellos artistas que mantienen una perspectiva secularizada de la existencia, pero no exenta de una propensión a lo perfectible, o de una tendencia física a la gravedad de lo siniestro y oscuro. Es el caso de Alejandra en la novela del también argentino Ernesto Sábato, *Sobre héroes y tumbas* (1961). Su aparición primera provoca una singular fascinación en el personaje de Martín, metaforizada como un "abismo tenebroso", creyendo descubrir en ella "ese inesperado género de mujer que, por un lado, parecía poseer algunas de las virtudes de aquel modelo heroico que tanto le había apasionado en sus lecturas adolescentes y, por otro lado, revelaba esa sensualidad que él creía propia de la clase que execraba". El intento de dibujar su cara deviene proceso plástico de "esfumatura", cual si de un rostro de Leonardo se tratara, cuyos rasgos fuertes y marcados se mezclan con los retratos de "aquellas vírgenes ideales y legendarias de las que había vivido enamorado" (Sábato 1984: 29).

Pero las heroínas del universo sabatiano no alcanzaron jamás la entidad redentora del amante, y se hallan más cerca del ámbito destructivo. Desde su aparición, estampan un sello de desasosiego y desconfianza, parecen estar sustentadas por fuerzas oscuras y tenebrosas, y su territorio es fundamentalmente el de la duda. Ni siquiera aceptarían el calificativo de Beatrices patológicas o deconstruidas. El mito que aparece en su sustrato psíquico es más el de Eurídice que el de Beatriz, y las "tumbas" no son en ellas la contrafigura de ningún trono celestial. Frente a las categorías del cosmos cristiano, Sábato se halla acometido por los tentáculos del orfismo más sombrío, aureolado por la energía inspiradora de un tenue gnosticismo, que termina reinventando un tiempo humano tras los tiempos de la tragedia. De ahí que el "purgatorio" como categoría intermediaria pueda definirse como el lugar donde los límites arrojan cierta luz a la ceguera. Pero recordemos que si Beatrice resurge en este lugar "donde un oscuro río pierde el nombre", lo hará para pautar en adelante la peregrinación.

Las Beatrices de los poetas argentinos del siglo XX inciden en su naturaleza humana, aquélla que Dante quiso –y supo– trascender al elevarla a los claustros

de la dicha. Una inspiración erotanática del mundo aúna sus versiones. El deli-
cado y tierno relato de Macedonio Fernández que Borges, Bioy Casares y Silvina Ocampo recogieron en su *Antología de la literatura fantástica* (1965), titulado justamente "Tantalia", narra la peripecia de una pareja de amantes
convencida de que su destino afectivo depende de la efímera vida de una pequeña planta de trébol que Él regalara a Ella, con la idea de que esa "mínima vida,
de lo más necesitado de cariño, debiera ser el comienzo de la reeducación de su
sentimentalidad". El "vivir simbólico" de la mata de trébol condicionará todo
un sistema de creencias metafísicas, que fundamenta la necesidad de asentar
nuevos credos. El ser, al cabo, coincide con el creer, y el credo de Macedonio
Fernández proyecta en el plano psicológico de la conciencia la plenitud del ser,
la plétora de la existencia, la culminación del sujeto amado en suceso eviterno.
No en vano el último "momento" del relato recibe la nominación de un "nuevo
sonreír", frente a la sonrisa última, que sospechó Borges en la antesala de la Bie-
naventuranza[17]. El "maestro" Macedonio, artista del discurso oral, opta por
"secuestrar" la idea de su Eterna a las páginas de un manuscrito. Paradójicamente, el "discípulo" Borges, diestro en el arte de la letra impresa y educado en los
asombros de un existencialismo textual, asume la separación eterna de una Beatrice que no fue sino la cristalización de un sueño de vida, como en el hechizo
de otra ruina circular. Son los intersticios del idealismo que Borges observó en
el edificio mental de Macedonio, supuesta –pero falsamente– firme y ubicuo.

   Los ecos de la voz de Beatrice percuten hoy en un Museo. El de la Novela. Allí, el curioso lector podrá escucharla transubstanciada en las palabras de
la Eterna: "Te hablo, lector; la Eterna soy; una mujer quizá noble, quizás hermosa y fuerte en el pensar, de sentimiento generoso y de grave destino, quizás altiva y de majestuosas maneras, quizá de suntuosa casa y de generaciones
principales [...]. Deja que de estos renglones se alce a ti mi acento, que de
este escrito mi figura se alce, y te diga mirándote de cerca: [...] 'Cada día
tengo más pasado', pues que vivir es 'crear pasado'" (Fernández 1995: 400-
401)[18]. Son los mismos tonos sabios y graves que utilizó la *donna angelicata*

---

[17] El personaje, nuevamente en brazos de Ella, entona su "credo": "Cualquier mujer cree
que la vida del amado puede depender del marchitarse del clavel que le diera si el amado des-
cuida ponerlo en agua en el vaso que ella le regaló otrora. Toda madre cree que el hijo que
parte con su 'bendición' va protegido de males; toda mujer cree que lo que reza con fervor
puede sobre los destinos. Todo-es-posible es mi creencia. Así, pues, yo lo creo" (de "Tantalia",
en Borges/Ocampo 1989: 180-187).

[18] Véase el capítulo XVI, "Hoy más pasado que ayer".

para explicar al poeta –aún humano– la vinculación entre la mirada y el conocimiento, o la formación de los nueve círculos y las esferas angélicas. Pero ahora resuenan con el timbre de un artificio mesurado y complejo, revestida la figura de ficción.

Allí, en la "ciudad ausente", será donde el "otro discípulo", Ricardo Piglia, ubique también la voz de la Mujer. Ella, remodelando las palabras de la Eterna, se arrogará la función de emitir la cadencia, el cierre y la despedida. Toma el relevo de la palabra para recapitular en su discurso las historias conocidas, denunciando de este modo su condición de personaje sublimado, como quien padece una condena. Abandonada a repetir los relatos de un viejo archivo, "sorda y ciega y casi inmortal", depositaria de todas las historias que la tienen como metáfora y sustento, desea en su monólogo conclusivo "dejar de ser esta memoria ajena, interminable" y acercarse al borde del río, para depositar en su orilla la magnitud de su legado[19]. Desea su deceso, su disolución. Quiere desertar de un oficio que ella, tal vez, nunca hubiera elegido. La Eterna, a quien Piglia hace receptáculo de la historia, sublimada por la palabra del hombre, habla para expresar su cansancio y su desolación, como la Quimera.

En los estertores del siglo XX, al sur de un continente innominado cuando nació a la vida y a la poesía, Beatrice asume la baldía voz de una Máquina que desea ser desactivada y perecer. La postmodernidad, en su continuo fluctuar por los archivos y las bibliotecas, despoja de candor y desangela el retrato gentil de una muchacha en quien se reconoció la dicha y, tras su muerte, la guía de la gloria. A despecho de su incidencia, los textos donde reside la Eterna, en la narrativa de Macedonio y en su recuerdo por la "ciudad ausente" de Piglia, resultan –¿por qué no reconocerlo?– desdibujados y asépticos. Coherentes, pues, con su modelo descolorido del amor, su fatigosa reducción a papel del sentimiento. El arte se trueca ingenio, ironía y distancia. El Paraíso puede ser sustituido por una máquina reproductora de las "versiones del Paraíso".

---

[19] Hablando de Macedonio dice la Voz: "Él jamás pensó que se iba a ir y que yo me quedaría perdida aquí, una mujer en una cama de hospital, atada con correas de goma a este respaldo, las muñecas alzadas sobre la cabeza, encadenada". De algún modo, la historia literaria y política de la nación argentina queda conferida a la voz de la mujer hecha máquina. Los avatares policiales de la familia Lugones –padre literato e hijo policía fascista– son también activados en su discurso "eterno", aquél que desea su declinación y reivindica su dureza. Véase Piglia (2003: 156-168).

Similar al peregrino que se hallaba extraviado en oscura selva, el encuentro con la Eterna determinó en la vida de un poeta y filósofo porteño la fundación de un canon. Un canon renovado y puramente literario (*grammatologico*, deconstructor) para la literatura hispanoamericana, gestada en el "nuevo mundo": "Del todo desextraviado" –arguye su hacedor– "vivo desde entonces en el hallazgo. [...] Y sólo porque ella quiere sonreír una última vez desde fuera de este amor, desde el Arte, compongo este libro que no necesitamos".

Así hablaba Macedonio. Y así al fin recreó las imágenes del amor dantesco, cristalizadas por Dante en una obra bella y necesaria. Un estilo y una noción de amor que serían contemplados en la literatura porteña del siglo XX con mirada y perspectiva de alma oblicua.

BIBLIOGRAFÍA

ALIGHIERI, Dante (2002): *Infierno*. Edición bilingüe. Traducción en verso de Ángel Crespo e ilustraciones de Miquel Barceló. Madrid: Círculo de Lectores/Galaxia Gutenberg.

— (2002): *Purgatorio*. Edición bilingüe. Traducción en verso de Ángel Crespo e ilustraciones de Miquel Barceló. Madrid: Círculo de Lectores/Galaxia Gutenberg.

— (2003): *Paraíso*. Edición bilingüe. Traducción en verso de Ángel Crespo e ilustraciones de Miquel Barceló. Madrid: Círculo de Lectores/Galaxia Gutenberg.

BORGES, Jorge Luis (1961): "Prólogo", en *Macedonio Fernández: Antología de su obra*. Buenos Aires: Ediciones Culturales Argentinas.

— (1982): *Nueve ensayos dantescos*. Madrid: Austral Espasa Calpe.

BORGES, Jorge Luis/BIOY CASARES, Adolfo/OCAMPO, Silvina (1989): *Antología de la literatura fantástica*. Barcelona: Edhasa.

CHATEAUBRIAND, René de (1982): *El genio del cristianismo*. Traducción de Arturo Souto. México: Porrúa.

FERNÁNDEZ, Macedonio (1966): *Papeles de recienvenido*. Buenos Aires: Centro Editor de América Latina.

— (1973): *Manera de una psique sin cuerpo*. Edición y prólogo de Tomás Guido Lavalle. Barcelona: Tusquets.

— (1991): *Poesías completas*. Edición a cargo de Carmen de Mora. Madrid: Visor.

— (1995): *Museo de la novela de la Eterna*. Prólogo de Fernando Rodríguez Lafuente. Madrid: Cátedra.

GILSON, Étienne (1939): *Dante et la philosophie*. Paris: Librairie Philosophique J. Vrin.

JIMÉNEZ, José Olivio (1984): *Antología de la poesía hispanoamericana. 1914-1970*. Madrid: Alianza.

LE GOFF, Jacques (1985): *El nacimiento del purgatorio*. Versión castellana de Francisco Pérez Gutiérrez. Taurus: Madrid.

LEM, Stanislav (2001): *Solaris*. Traducción de Matilde Horne. Barcelona: Minotauro.

PIGLIA, Ricardo (1987): "Ficción política en la literatura argentina". Intervención en el Congreso "Cultura y democracia en la Argentina". Universidad de Yale, abril.

— (2000): *Crítica y ficción*. Buenos Aires: Planeta.

— (2003): *La ciudad ausente*. Barcelona: Anagrama.

POUND, Ezra (2000): *Personae*. Traducción de Jenaro Talens y Jesús Munárriz. Madrid: Hiperión.

RODRÍGUEZ MONEGAL, Emir (1952): "Macedonio Fernández, Borges y el ultraísmo", en *Número* 19.

SÁBATO, Ernesto (1984): *Sobre héroes y tumbas*. Barcelona: Barral.

SILVINA OCAMPO, FANTÁSTICA CRIMINAL

Erika Martínez Cabrera
Universidad de Granada

1. LA TERCERA EN DISCORDIA

Hablando de ese genial triángulo porteño que formaron en los años cuarenta Silvina Ocampo, Borges y Bioy Casares, Juan Rodolfo Wilcock escribió una vez que "Silvina Ocampo era, entre ellos dos, la Sibila y la Maga que les recordaba en cada movimiento y en cada palabra (suyas) la singularidad y el 'misterio' del universo"[1]. En una reseña sobre *Enumeración de la patria* (1942), decía Borges: "Alguna vez yo bosquejé la historia de un hombre portentosamente dotado de una perfecta percepción del mundo sensible [...]. Cometí dos errores circunstanciales: no lo hice mujer, no lo hice japonés o chino" (1943: 64-67). Tanto el retrato hecho por Wilcock como el de Borges parecen apuntar a una misma dirección: la extraordinaria capacidad sensorial de Silvina, su percepción de los misterios del mundo, su magia, en definitiva, sería la magia de las mujeres. Y de los orientales, añade Borges. La asociación no es inocente: el oriental y la mujer son, dentro del imaginario tradicional, seres que encarnan un ideal detenido en el tiempo, una cima estética alcanzada por la consagración a la belleza, el instinto, la sensibilidad y las fuerzas irracionales que unen a la mujer y al oriental con la naturaleza. Este poder mágico que les fue atribuido siempre encajó bien dentro de nuestra concepción romántica de la poesía. La narrativa es harina de otro costal. Ya lo había escrito Virginia Woolf en *Una habitación propia* (1929): "La reina suprema de la canción [Safo] fue una poetisa", pero las novelistas escasean (2003: 97). Quizás sea esa masculinidad atribuida convencionalmente a la narrativa lo que explique que el mismo Wilcock declarase en un arrebato de fervor litera-

---

[1] Continúa Wilcock: "Yo, espectador inconsciente de este espectáculo, quedé para siempre deslumbrado y conservo el recurso indescriptible que podría conservar, justamente, quien tuvo la felicidad mística de ver y oír el juego de luces y sonidos que constituye una determinada trinidad divina" (cit. Bianciotti 1998; ver dirección electrónica en la bibliografía).

rio: "Silvina es un Borges"[2]. O que en una reseña de los años setenta sobre la reeditada *Autobiografía de Irene* (1948) todavía pueda leerse: "Silvina Ocampo piensa y escribe como un hombre [...], es uno de los mejores escritores que ha engendrado Argentina" (Staif 1975).

La obra de Silvina abarca no sólo la narrativa, sino también la poesía, el teatro, las traducciones y la literatura infantil. Su primer libro de cuentos, *Viaje olvidado*, fue publicado en 1937 por *Sur*; su último libro, *Cornelia frente al espejo*, apareció en 1988 en Tusquets. Fue una autora muy leída desde el principio, aunque el reconocimiento crítico no le llegaría hasta mediados de los años setenta, cuando deja de interpretarse su obra a través de Borges, Bioy y su hermana, Victoria Ocampo, y empiezan a apreciarse los peculiares *desvíos* de su estilo. Las imágenes "atacadas de tortícolis", que le recriminase su propia hermana[3], abandonaron entonces su estatus de negligencias y pasaron a ser consideradas como felices infracciones[4]. Antes de que eso ocurriera, durante la primera mitad del siglo XX, los detractores de Silvina frecuentaron otra crítica que vendría a sumarse al desaliño formal y la distorsión de la realidad: la obscenidad. Una reseña sobre *Viaje olvidado* rechazaba, por ejemplo, "los giros vulgares y las imágenes de dudoso gusto, que restan belleza y emoción a tantas otras puras y transparentes, cuya suave dulzura logra despertar tiernos ecos familiares en nuestro corazón" (Bietti 1937: 329). Pensándolo bien, no andaba muy desorientado este enemigo de la vulgaridad.

2. ¿UNA CRUELDAD INOCENTE?

Tal como detectaron sus críticos, Silvina convirtió la cursilería en un elemento siniestro, instaló el crimen, la maldad y lo obsceno en el centro de la familia, insistió hasta límites descabellados en las consecuencias violentas que ocasiona el abuso de poder y escribió sobre ellas en el tono más inadecuado: con humor e incluso indiferencia. Definitivamente, no se esperaba eso de un escritor de *Sur* y

---

[2] Cit. Montequin 1998 (véase dirección electrónica en la bibliografía).

[3] Véase Victoria Ocampo (1937: 118).

[4] Para Rosalba Campra, por ejemplo, las presencias y omisiones que decide el narrador en los cuentos de Silvina entrañan "la posibilidad de una catástrofe escondida, que el lector intuye y espera". Leídos bajo la óptica de la literatura fantástica, los *desvíos* de Silvina adquieren así una sorprendente relevancia narrativa. Añade Campra: "Las reglas gramaticales han perdido su validez, o mejor dicho, se han transformado en emboscadas" (1997: 190-191).

mucho menos de una escritora. Es cierto que la inteligencia lectora de Borges supo apreciar, más allá de las obscenidades, la perversión de los lugares comunes de la obra de Silvina (eso que él definió como una "crueldad inocente u oblicua"[5]), pero tuvieron que pasar tres décadas para que la turbación que producen sus cuentos dejase de confundir a la crítica. Con el tiempo esa extraña distancia de lo brutal sería señalada como una de las mayores aportaciones de su narrativa.

En un temprano artículo publicado en *Sur* y titulado "Dominios ilícitos" (1968), Alejandra Pizarnik señalaba ya como una virtud la ambigüedad narrativa de los textos de Ocampo, capaces según ella de revelar la inquietud que habita en lo apacible. Todo es claro –escribe Pizarnik–, simple y al mismo tiempo peligroso: "El peligro consiste en que los textos dicen incesantemente algo más, otra cosa, que no dicen. También el mundo trivial permanece reconocible, aunque extraño y transfigurado" (1998: 415). Dado que, pensándolo bien, todo buen cuento *dice lo que no dice*, nuestra atención se desplaza en esta cita hacia el *incesantemente*, ese adverbio que detecta la tendencia de Ocampo a trabajar por repetición, por acumulación, por hipnosis. Un ritmo de conjuro que encaja como un guante con la temática de la brujería y la adivinación, que Silvina rescató directamente de los cuentos de hadas, convirtiéndola en una fuerza violenta al servicio de la venganza, la justicia o la crueldad más gratuita, y empujando su narrativa hacia eso que hemos llamado *fantástico criminal*.

Ése, sin lugar a dudas, es el género de "Mimoso", un relato de *La furia y otros cuentos* (1959) donde se establece un triángulo amoroso entre una mujer llamada Mercedes, su esposo y Mimoso, la mascota familiar recién fallecida. Mercedes es una mujer frustrada y reprimida, que parece dar rienda suelta a sus deseos a través del cadáver de su perro, al que manda disecar y con el que parece mantener una relación fetichista. El poder erótico de Mimoso inunda de una sensualidad abyecta la escena del embalsamamiento, en la que dialogan Mercedes y el taxidermista:

–Vamos a ver al animal –dijo el hombre abriendo el paquete. Tomó a Mimoso por las patas traseras, y continuó:
–No está tan gordito como su dueña –y lanzó una carcajada. La miró de arriba abajo y ella bajó los ojos y vio sus pechos bajo el sweater ajustado.
–Cuando lo vea listo le van a dar ganas de comerlo...

---

[5] Véase Borges (1974: 10).

Una vez instalada la momia perruna en casa, empiezan las habladurías en el vecindario y va confirmándose la obsesión de Mercedes, que convierte al animal disecado en el centro de todas sus atenciones. Un anónimo con un dibujo obsceno llega a casa, y el marido, enfurecido, parte a Mimoso en dos y lo lanza al fuego. Ella, indignada, rescata los restos chamuscados del perro y prepara con ellos un estofado que servirá de cena al presunto autor del dibujo, un amigo común que les hace una visita y que fallecerá en el acto bajo los efectos del veneno de la taxidermia. "Mimoso –declara Mercedes– todavía me defiende". Lo que el cuento no dice es cómo le sentó la cena al marido.

Lejos de quedar reducido al objeto de un deseo perverso, el cadáver de Mimoso es el símbolo de un erotismo vedado que desemboca en crimen, de una virtud crispada que, como dijera Rosario Castellanos, "resulta más funesta que cualquier vicio" (1997: 150). Aunque la protagonista de este cuento no parece saber exactamente lo que hace, su crueldad está muy lejos de la inocencia que le deseara Borges.

3. Desclasados, presas y nenas terribles: una mirada oblicua

En un artículo de 1973, Blas Matamoro analizó uno de los rasgos más significativos de la narrativa de Silvina Ocampo: la alianza de los marginados, a quienes vinculan sus carencias, a veces sentimentales y a veces sociales, volviendo impredecibles los repartos de poder. En la narrativa de Ocampo, cada personaje usa la fuerza de que dispone para escapar de su propio yugo. Los conflictos que deciden el rumbo de cada cuento enfrentan a costureras y sirvientas con señoras de la alta burguesía, a los niños con sus madres, a las esposas con sus maridos y amantes. La relación entre los personajes está siempre mediada por humillaciones, crueldades y abusos que se resuelven en huida o en crimen. Un recurso fundamental aleja estas escenas de violencia abrupta de su posible truculencia: la distancia irónica con la que son narradas, la indiferencia de los agentes y testigos de esa violencia, la sustitución del drama por la tragicomedia.

En otro cuento de *La furia* titulado "El vestido de terciopelo", una señora ociosa y con aires de grandeza pide que le cosan un dragón de colores en su austero vestido. Cuando se lo prueba, y frente a la mirada divertida de su hija de ocho años, el dragón cobra vida y la mata. El registro infantil de la narradora, hija de la difunta, inunda todo el relato y la inadecuación emocional ante la muerte impregna la escena de una extraña incomodidad: la modista sufre un arrebato de autoconmiseración por el trabajo perdido mientras la niña acaricia con cariño al animal que acaba de matar a su madre; ambas se matan de la risa.

La metamorfosis, que en este cuento provoca la muerte de una mujer déspota, es una estrategia de liberación para otros personajes que consiguen escapar o quebrar la jerarquía que los mantiene presos. Los poderes mágicos, la capacidad de adivinación y metamorfosis son un don que, en los cuentos de Silvina, se transmite de boca en boca, entre los trabajadores del servicio, los niños y las mujeres, cada uno habitante de su margen. Los niños de la alta burguesía, ignorados por sus madres y privados de libertad por edad, establecen vínculos con individuos de otras clases sociales, con los que comparten una perspectiva del mundo: la del rincón. La perspectiva de los cuentos de Silvina es en este sentido invariablemente oblicua. Las diferencias generacionales, el abandono afectivo, la marginación social, las deudas emocionales, la rebeldía, el sufrimiento y la venganza complican el perfil psicológico de los personajes y el horizonte moral de los cuentos.

Las relaciones materno-filiales, por ejemplo, están siempre manchadas por un deseo de venganza, incesto o muerte. En el relato "El goce y la penitencia" de *La furia*, una madre castiga injustamente a su hijo, encerrándolo en un altillo para poder cometer adulterio con su amante. Otro cuento del mismo libro, "Voz en el teléfono", muestra la venganza ejecutada contra una madre parecida: el niño escondido, que la escucha charlar con sus amigas sobre sus amantes, cierra con llave la puerta y prende fuego a la sala. Como puede verse, no son siempre fantásticos los crímenes de Ocampo. El egoísmo, la injusticia, la infidelidad, la indiferencia maternal, la humillación y el abuso tampoco reciben siempre la misma respuesta, aunque esta es casi invariablemente violenta. Sobre quién recaiga esa violencia será ya algo impredecible.

Así de impredecible es "El retrato mal hecho" de *Viaje olvidado* (1937), donde se narra el descubrimiento que hace Eponina del cadáver de su hijo, asesinado por una cuidadora que, todavía en la habitación, mira horrorizada las consecuencias de su acto criminal. La reacción de la madre, muda hasta ese momento, es describir el cadáver de su hijo como si fuera la foto de una revista de moda: "Niño de cuatro años vestido de raso de algodón color encarnado. Esclavina cubierta de un plegado que figura como olas ribeteadas con un encaje blanco. Las venas y los tallos son de color marrón dorados, verde mirto o carmín". El efecto de atrocidad es mucho mayor que si la madre se hubiera lanzado a llorar sobre el cadáver del niño. Yendo aún más lejos y contra todo pronóstico, el cuento acaba con un abrazo entre la madre y la criada, que, ahora sí, lloran al hijo compartido y se arrepienten quizás de un común instinto filicida.

4. La imaginación al poder

Como ocurre en la obra de Rosario Castellanos, los relatos de Silvina Ocampo no rechazan la presunta magia femenina, sino que se apropian de ella, convirtiéndola en una alegoría de la toma de poder, que más allá de la resistencia, permite a los personajes modificar su destino. En *La furia*, la protagonista de "La casa de azúcar" es poseída por el espíritu de otra mujer y liberada, gracias a ella, de todas las convenciones domésticas que antes le deleitaban. "Soy otra persona –dice–, tal vez más feliz que yo."

Como han observado Blas Matamoro (1973) y Marta López-Luaces (2001), los niños de los cuentos de Ocampo no son ni inocentes ni salvajes, sino que habitan un margen fantástico desde el que desordenan jerarquías. Su magia no es, al contrario de lo que podría parecer, de origen sobrenatural, sino más bien el resultado de una imaginación exasperada y una capacidad para el juego que convierten la fantasía en una fuerza perversa. Esta fantasía criminal de los cuentos de Silvina dialoga fluidamente con los relatos de Cortázar[6]. Es el caso de "Bestiario", del libro homónimo de 1951, donde un tigre invisible que vaga por el caserón familiar termina asesinando a Nene, hombre inclinado al incesto, a quien su prima Isabel desea la muerte. El narrador de la historia, un niño de la rama pobre de la familia que fue invitado allí a pasar las vacaciones, da testimonio de todo lo ocurrido. ¿Es la irrupción fantástica del tigre independiente del hecho de que un niño sea el narrador de este cuento? Parecería que no. "Bestiario" escenifica la brutalidad destruida por la brutalidad, pero puede ser leído además como el relato con el que un niño se explica a sí mismo las relaciones siniestras que intuye entre los habitantes de la casa, o incluso como la proyección fantástica de su deseo de venganza por

---

[6] Las conexiones entre Ocampo y Cortázar fueron analizadas en un volumen compilado por Milagros Ezquerro bajo el título *Aspects du récit fantastique Rioplatense (Silvina Ocampo, Julio Cortázar)* (1997). Sobre el tema puede verse también el nº 17 de la revista *América. Cahiers du CRICCAL*.

las humillaciones recibidas. Cómplices con los cuentos de Cortázar, muchos relatos de Silvina transcurren en una casa donde las relaciones familiares revelan unos conflictos que pueden resultar muy peligrosos.

Frente a la fantasía infantil, la magia femenina funciona en los cuentos de Silvina como una salida a la frustración y la represión que estalla en forma de obsesiones, a veces alucinatorias. En el cuento "El automóvil", del libro *Y así sucesivamente* (1987), la joven esposa que vive su matrimonio y los celos de su marido como una opresión se transforma finalmente en el objeto de deseo masculino por antonomasia: un automóvil. En vez de quedar encerrada en la condición de fetiche, la joven toma el volante y arranca motores. Aunque, como en este caso, la magia de Ocampo suele representar la realización perversa de los deseos, una fuga liberadora y el dominio del propio destino, hay algunos cuentos en los que el poder fantástico deriva en autodestrucción. En el cuento "La soga", de *Los días de la noche* (1970), la cuerda con la que un niño juega cobra vida, convirtiéndose en una especie de mascota, que lo ahorcará en un acceso de rebeldía. Del mismo libro es "Malva", donde una hermosa mujer de la burguesía argentina, casada y madre de familia, muestra de forma repentina una extrema impaciencia ante situaciones de la vida cotidiana. La ansiedad conducirá a Malva a morderse brazos y piernas, y a comerse finalmente a sí misma, logrando desaparecer frente a sus seres queridos.

5. COMPLICIDADES LITERARIAS

El diálogo entre las fantasías homicidas de Silvina y el "Bestiario" de Cortázar no es el único vínculo que une a ambos narradores argentinos. Como en "Las babas del diablo", en el cuento "La revelación", de *Las invitadas* (1961), la fotografía capta imágenes que escapan al ojo humano. Un hombre bobo, que predice su casamiento con una estrella de cine provocando la burla de sus amigos, agoniza y es fotografiado en el instante de su muerte. Al revelar la foto, junto al cadáver del bobo aparece la actriz Pola Negri, a quien nadie vio entrar en la habitación. La narradora de otro cuento del mismo libro, titulado "Isis", mira tan intensamente a un tigre encerrado en la jaula de un zoológico que se transforma en él. Las semejanzas argumentales con el relato "Axolotl" de *Final del juego* (1956) parecen evidentes.

Éstas son sólo algunas de las coincidencias de la obra de Cortázar y Ocampo, que compartieron —como es bien sabido— un uso coloquial del lenguaje, la ubicación de lo fantástico en el territorio de lo cotidiano y cierta inclinación surrealista. El mismo Cortázar alabó cuentos de Silvina como "La casa de azúcar", señalando cierta afinidad temática: "Raramente el tema de la posesión fantasmal de un vivo por un muerto, que creo conocer muy bien, ha sido presentado con tanta efectividad narrativa" (1994: 108). Dejando a un lado esta conocida influencia, el universo de Henry James, con sus familias siniestras y sirvientes resentidos, con sus narradores esquizoides y su moral ambigua, es el referente literario más evidente de Ocampo, que declaró su admiración hacia el escritor estadounidense en más de una ocasión[7].

Otra influencia quizás menos visible es la de Horacio Quiroga. Puede decirse, a nuestro parecer, que la estética de Ocampo lleva hasta sus últimas consecuencias una estrategia narrativa que puso en práctica y sobre la que reflexionó el cuentista uruguayo: el uso de los lugares comunes *con mala fe*. En su ensayo "Manual del perfecto cuentista" (1925) explica Quiroga: "Existe un truco singular, poco practicado, y, sin embargo, lleno de frescura cuando se lo usa con mala fe. Este truco es el del lugar común" (1993: 35). La torsión hasta el extrañamiento de los tópicos románticos que llevó a cabo Quiroga puede ser leída también como una de las claves narrativas de Ocampo, que dialogaba con clichés, alienaba a sus personajes a golpes de cursilería y los colocaba en ambientes saturados de objetos *kitsch*[8]. El resultado es una inquietud creciente, muy quiroguiana, que revela el lado siniestro de lo cotidiano. No es extraño por ello que, en una entrevista realizada por Hugo Beccacece, Silvina declarase: "La cursilería siempre me atrajo, es una forma del horror"[9].

Esa mediocridad exasperada que rodeaba a los personajes de Ocampo fue detectada por Rosario Castellanos, que escribió en un artículo ya citado (1997: 150):

---

[7] Puede encontrarse una comparativa entre la obra de Silvina Ocampo y Henry James en López-Luaces (2001: 88-89), Espinoza-Vera (2003: 18-19), Klingenberg (1989) y Mancini (2003: 44-45). Jorge Rivera (1968) analizó las fuertes deudas con James de la novela argentina escrita entre 1930 y 1955, a la que denominó por dicha influencia como "narrativa de la ambigüedad".

[8] Así lo entiende también Graciela Tomassini, que en *El espejo de Cornelia* destaca como una de las estrategias narrativas de los cuentos de Ocampo el distanciamiento irónico de las "máscaras del estereotipo", que operarían –según ella– por exageración y desautomatización de los clichés (1995: 67-73).

[9] Cit. Mancini (2001: 51).

Lo que Silvina Ocampo nos advierte, al fin de cuentas, es que el abismo no es un paréntesis abierto en nuestros hábitos cotidianos, un hiato que rompe la continuidad de nuestros días y que nos exalta hasta la apoteosis o nos precipita a la catástrofe, sino que el abismo es el hábito cotidiano. Y que aun lo que está haciendo usted en este momento –leer– no es, pese a la promesa de Valery-Larbaud, un acto impune.

En la entrega de los personajes de Ocampo a la religión de los objetos hay una búsqueda de protección que desemboca en neurosis fetichista y que revela la existencia de una amenaza latente. Como en los textos selváticos de Quiroga, la locura y la ira entrecortan una prosa que respira al compás del horror, consumiendo poco a poco todo el aire de los cuentos. Ocampo logró esa atmósfera sin salir de casa, recurriendo a los argumentos del melodrama, las imágenes del surrealismo y la distancia de Brecht, demostrando que debajo de un diminutivo como Silvina se escondía una escritora bárbara, capaz de hacer literatura con mucha pero que mucha *mala fe*.

BIBLIOGRAFÍA

ALDARONDO, Hiram (2004): *El humor en la narrativa de Silvina Ocampo*. Madrid. Pliegos.

BALDERSTON, Daniel (1983): "Los cuentos crueles de Silvina Ocampo y Juan Rodolfo Wilcock", en *Revista Iberoamericana* nº 125, octubre-diciembre, pp. 743-752.

BECCACECE, Hugo (1987): "Genial, tierna, tímida, imprevista, imaginativa... *Y así sucesivamente*" (entrevista), en *La Nación*, 28 de junio, pp. 14-15, 18 y 23.

BIANCIOTTI, Héctor (1998): "Juan Rodolfo Wilcock. La felicidad del poeta", en *La Nación*, "Suplemento Cultura", miércoles 4 de febrero. Accesible en <http://www.lanacion.com.ar/nota.asp?nota_id=209270> (10.02.2008).

BIETTI, Óscar (1937): "Viaje olvidado", en *Nosotros* nº 20, noviembre, pp. 328-329.

BORGES, Jorge Luis (1943): "Silvina Ocampo. *Enumeración de la Patria*", en *Sur* nº 101, pp. 64-67.

— (1974): "Préface", en Silvina Ocampo, *Faits divers de la terre et du ciel*. Paris: Gallimard, pp. 9-11.

CAMPRA, Rosalba (1997): "Sobre *La furia*, otros cuentos y las sorpresas de lo previsible", en *América. Cahiers de CRICCAL* nº 17, pp. 189-198.

CASTELLANOS, Rosario (1997): "Silvina Ocampo y el 'más acá'", en *Mujer que sabe latín...* México: Fondo de Cultura Económica, pp. 146-150. [1ª ed. 1973.]

CORTÁZAR, Julio (1994): "El estado actual de la narrativa en Hispanoamérica", en *Obra crítica* vol. 3. Madrid: Alfaguara, pp. 89-101. [1ª ed. 1976.]

ESPINOZA-VERA, Marcia (2003): *La poética de lo incierto en los cuentos de Silvina Ocampo.* Madrid. Pliegos.

EZQUERRO, Milagros (comp.) (1997): *Aspects du récit fantastique Rioplatense (Silvina Ocampo, Julio Cortázar).* Paris/Montréal: L'Harmattan.

FERNÁNDEZ, Teodosio (2003): "Del lado del misterio: los relatos de Silvina Ocampo", en *Anales de Literatura Hispanoamericana* nº 16, pp. 5-37.

KLINGENBERG, Patricia (1981): *El infiel espejo: The Short Stories of Silvina Ocampo.* Urbana: University of Chicago Press.

– (1989): "The Feminine I: Silvina Ocampo's Fantasies of the Subject", en *Romance Languages Annual* nº 1, pp. 488-494.

LÓPEZ-LUACES, Marta (2001): *Ese extraño territorio: La representación de la infancia en tres escritoras latinoamericanas.* Santiago de Chile: Cuarto propio.

MANCINI, Adriana (1998): "Amo y esclavo: una relación eficaz", en *Cuadernos Hispanoamericanos* nº 575, mayo, pp. 73-86.

— (2001): *Silvina Ocampo. Escalas de Pasión.* Buenos Aires: Norma.

MATAMORO, Blas (1973): "La nena terrible", en Matamoro, Blas (ed.), *Oligarquía y literatura.* Buenos Aires: Ediciones del Sol, pp. 193-221.

MOLLOY, Sylvia (1969): "Silvina Ocampo, la exageración como lenguaje", en *Sur* nº 320, octubre, pp. 17-24.

— (1978): "Simplicidad inquietante en los relatos de Silvina Ocampo", en *Lexis* nº 2, vol. 2, diciembre, pp. 241-251.

MONTEQUIN, Ernesto (1998): "Un escritor en dos mundos", en *La Nación*, "Suplemento Cultura", miércoles 4 de febrero, <http://www.lanacion.com.ar/nota.asp?nota_id=209270> (10-02-2008).

OCAMPO, Silvina (1999): *Cuentos completos I y II.* Buenos Aires: Emecé.

CAMPO, Victoria (1937): "*Viaje olvidado*", en *Sur* nº 35, año VII, agosto, pp. 118-121.

PEZZONI, Enrique (1986): "Orden fantástico, orden social", en *El texto y sus voces.* Buenos Aires: Sudamericana, pp. 187-216.

PIZARNIK, Alejandra (1998): "Dominios ilícitos", en *Obras completas. Poesía completa y prosa selecta.* Buenos Aires: Corregidor, pp. 413-421. [1ª ed. 1968.]

QUIROGA, Horacio (1993): "Manual del perfecto cuentista", en Zavala, Lauro (comp.), *Teorías del cuento I. Teorías de los cuentistas.* México: UNAM, pp. 31-36. [1ª ed. 1925.]

RIVERA, Jorge (1968): "Panorama de la novela argentina: 1930-55", en *Los proyectos de la vanguardia. Historia de la literatura argentina* vol. 4. Buenos Aires: Centro Editor de América Latina.

STAIF, Kive (1975): "La clarividencia es sinónimo de talento", en *La Opinión*, Buenos Aires, 23 de noviembre.

TOMASSINI, Graciela (1995): *El espejo de Cornelia: la obra cuentística de Silvina Ocampo*. Buenos Aires: Plus Ultra.

ULLA, Noemí (1982): *Encuentros con Silvina Ocampo*. Buenos Aires: Ed. de Belgrano.

— (1992): *Invenciones a dos voces. Ficción y poesía en Silvina Ocampo*. Buenos Aires: Torres Agüero.

VV. AA. (1997): "Le fantastique argentin: Silvina Ocampo, Julio Cortázar", en *América. Cahiers du CRICCAL* nº 17, Paris: Presses de la Sorbonne Nouvelle.

WOOLF, Virginia (2007): *Un cuarto propio*. Madrid: Horas y Horas. [1ª ed. 1929.]

Reordenando el caos: las manos como elemento oblicuo y estructurador en los cuentos de Ribeyro

Ángel Esteban

1. El arte y la vida

El acto de la escritura para Ribeyro es una continuación del mismo acto de vivir. Esto tiene consecuencias hasta en la percepción de la realidad. El escritor concibe el mundo literariamente, porque es consciente de que su vida y su obra no tienen límites claros, definidos. En uno de los apuntes autobiográficos que escribió el peruano, afirmaba:

> Hay personas que perciben la realidad como relatos, hay personas que perciben la realidad como poesía y hay otras personas que la perciben como ensayo o como novela. Esto lo percibí cuando asistí a un mitin político en París, en una sala cerrada. Recuerdo que fui con el periodista Lucho Loli y el dramaturgo Sánchez Pauli. Estuvimos en una reunión política y de pronto irrumpieron unos fascistas arrojando bombas lacrimógenas. La sala se llenó de gases y todo el mundo salió disparado, hasta los conferencistas. Entonces me encontré con Lucho Loli y Sánchez Pauli a una cuadra del local. Loli había visto un anuncio periodístico, Sánchez Pauli había visto una obra de teatro –de un solo acto– y yo lo percibí como un relato (Tenorio 1996: 62-63).

Esa conjunción entre vida y arte es tan fuerte que Ribeyro se siente escritor de la misma manera que se siente hombre, y cuando eso no ocurre se produce un desdoblamiento a instancias del cual el hombre busca desesperadamente al escritor que se le ha perdido. Dejar de escribir o perder la compañía de las musas significa andar errante en la misma vida, evocando los tiempos felices en que escribir era una actividad más, consustancial a su mismo ser personal. Así lo plantea en una de sus prosas apátridas:

> La única manera de comunicarme con el escritor que hay en mí es a través de la libación solitaria. Al cabo de unas copas, él emerge. Y escucho su voz, una voz un poco monocorde, pero continua, por momentos imperiosa. Yo la registro y

trato de retenerla, hasta que se va volviendo cada vez más borrosa, desordenada y termina por desaparecer cuando yo mismo me ahogo en un mar de náuseas, de tabaco y de bruma. ¡Pobre doble mío, a qué pozo terrible lo he relegado, que sólo puedo tan esporádicamente y a costa de tanto mal entreverlo! Hundido en mí como una semilla muerta, quizás recuerde las épocas felices en que cohabitábamos, más aún, en que éramos el mismo y no había distancia que salvar ni vino que beber para tenerlo constantemente presente (Ribeyro 1992: 77).

El acto de escribir es tan decisivo y nuclear que "todos los demás valores –salud, familia, porvenir, etc.– quedan supeditados al acto de crear y pierden toda vigencia. "Lo inaplazable, lo primordial, es la línea, la frase, el párrafo que uno escribe, que se convierte así en el depositario de nuestro ser, en la medida en que implica el sacrificio de nuestro ser" (Ribeyro 1992: 100). Por ello, las dos piezas sobre las que gira la racionalidad del hombre, la capacidad de entender e interpretar el mundo y la capacidad de adherirse o rechazar voluntariamente algo (inteligencia y voluntad), se encuentran atrapadas, en el caso del artista, por la madeja que teje la literatura alrededor de ellas. La realidad es aprehendida de modo diferente si interviene el tamiz de la sensibilidad artística en su presentación, como explica en otra prosa apátrida: "El artista de genio no cambia la realidad, lo que cambia es nuestra mirada. La realidad sigue siendo la misma, pero la vemos a través de su obra, es decir, de un lente distinto. Este lente nos permite acceder a grados de complejidad, de sentido, de sutileza o de esplendor que estaban allí, en la realidad, pero que nosotros no habíamos visto" (Ribeyro 1992: 144). Del mismo modo, la obra artística o la disposición interior hacia la esfera del arte tienen consecuencias en los modelos conductuales. La literatura puede marcar pautas en el modo de desenvolverse de ciertos individuos. Dice Ribeyro:

> La literatura es, además de otras cosas, un modelo de conducta. Sus principios pueden extrapolarse a todas las actividades de la vida. Ahora, por ejemplo, para poder subir los mil peldaños de la playa de Los Farallones tuve que poner una aplicación literaria. Cuando distinguí en lo alto el inaccesible *belvedere* me sentí tan agobiado que me era imposible dar un paso. Entonces bajé la mirada y fui construyendo mi camino grada a grada, como construyo mis frases, palabra sobre palabra (Ribeyro 1992: 115).
>
> En definitiva, el peruano puede concluir que el arte del relato estriba en una "sensibilidad para percibir las significaciones de las cosas" (Ribeyro 1992: 76).

2. DE DUDAS Y CERTEZAS

Si ésta es la verdadera naturaleza del mundo del arte, y su relación con el hombre y su proceso de adaptación al medio que le rodea para comprenderlo y transformarlo, es difícil entonces entender cómo Ribeyro y sus críticos han hecho tanto hincapié en el escepticismo del narrador miraflorino. La literatura es una puerta abierta al conocimiento de sí mismo, de las cosas con sus matices y un tablero de pautas de comportamiento, una vez interpretada la realidad. Dos de sus prosas apátridas más conocidas, la segunda y la penúltima –la 199 de la edición definitiva– insisten en la desorientación existencial del autor y, desde luego, se contradicen con algunas de las convicciones expuestas anteriormente. En la segunda, asegura: "Vivimos en un mundo ambiguo, las palabras no quieren decir nada, las ideas son cheques sin provisión, los valores carecen de valor, las personas son impenetrables, los hechos amasijos de contradicciones, la verdad una quimera y la realidad un fenómeno tan difuso que es difícil distinguirla del sueño, la fantasía o la alucinación" (Ribeyro 1992: 12).

Tan categórico y no menos escéptico se muestra en la 199 donde, además, confiesa que la literatura, la acción creadora, configuró para él un universo de lucha contra el caos y el escepticismo, pero fue derrotado por la evidencia de lo desconocido o inexplicable:

> Nunca he podido comprender el mundo y me iré de él llevándome una imagen confusa [...]. Así, vivir habrá sido para mí enfrentarme a un juego cuyas reglas se me escaparon y en consecuencia no haber encontrado la solución del acertijo. Por ello, lo que he escrito ha sido una tentativa para ordenar la vida y explicármela, tentativa vana que culminó en la elaboración de un inventario de enigmas [...]. Si alguna certeza adquirí es que no existen las certezas. Lo que es una buena definición de escepticismo (Ribeyro 1992: 151).

Y en sus apuntes autobiográficos vuelve a las mismas obsesiones, cuando opina:

> Siempre he pensado que es muy difícil determinar dónde está la verdad, incluso en las investigaciones más profundas [...]. Nunca se puede conocer la verdad, porque ni siquiera uno se conoce a sí mismo. Todo el esfuerzo que hacemos en nuestra vida es querer saber quiénes somos y por qué actuamos de una manera y no de otra. Por eso pienso que la coronación de la sabiduría sería saber quién es

uno mismo. Ya lo decía Sócrates. Ese viejo axioma es verdaderamente inmortal: conocerse será siempre el problema de todos los hombres (Tenorio 1996: 65).

De hecho, sus dos cuentos más conocidos y valorados indagan de un modo u otro en el tema del autoesclarecimiento, que viene acompañado por el problema de la interpretación del mundo y la realidad. Tanto "Silvio en el Rosedal" como "Sólo para fumadores" suponen una búsqueda desde la oscuridad hacia lo diáfano. En el primero, el protagonista se enreda en la interpretación del dibujo que ofrece la disposición de las plantas del jardín, y una gran parte del relato transcurre en esas pesquisas, una vez descubierto que, sobre la base del alfabeto morse, se obtienen las letras S, E y R. Lo más curioso e irónico del relato es, sin duda, que después de jugar con todas las posibilidades (*ser* como verbo, como nombre común, *res* como vaca, como cosa en latín o como nada en catalán, *ser* como las iniciales del nombre de una sobrina de la que se enamora), la solución es metaliteraria: el narrador nunca puede encontrarla porque está dentro del texto pero fuera de la historia, y el personaje tampoco, ya que si el narrador es extradiegético y no se ha dado cuenta, al personaje le resultará imposible. Se trata del propio título del relato, cuyas iniciales en letras mayúsculas se corresponden con las letras que provocan la investigación en la trama del relato. En último término, la noción de pertenencia a un lugar, la ubicación espacial, responden fielmente a las expectativas existenciales del personaje. Pero ahí mismo reside la tragedia: él nunca podrá saberlo, porque su mundo es el relatado por el narrador, y de ese mundo el título del cuento queda fuera, del mismo modo que Dios puede tener un plan para cada persona y puede haber creado unas leyes para la interpretación de la realidad, pero todo eso queda escondido para los seres humanos, que constantemente se preguntan por el funcionamiento de las cosas y nunca consiguen certezas absolutas. Por eso, al final del relato, como buen escéptico, Silvio se evade, desaparece de la fiesta, y sube a la terraza para tocar el violín, está vez sin público, sólo para él.

En cuanto a "Sólo para fumadores", el texto es algo más que una visión irónica de una historia personal que estuvo a punto de costarle la vida: hay una indagación –irónica y escéptica, eso sí– sobre el sentido de la vida y sobre los mecanismos que funcionan en la psique del hombre en relación con las respuestas a los estímulos sensoriales y el instinto de supervivencia. ¿Cómo puede ser, cabría preguntarse, que un hombre decida "dulcemente extinguirse" –morir, en la terminología irónica del propio relato–, sintiéndose absolutamente incapaz de abandonar el vicio del tabaco? Y más todavía, teniendo en cuenta lo que ocurrió realmente en la vida de Ribeyro desde esos sucesos de 1973 hasta su muerte en 1994, ¿cómo un hombre puede preferir fumar para escribir, y vivir menos, a dejar de fumar y vivir más, pero perdiendo en parte su capacidad para escribir? En más de una ocasión, Ribeyro confesó que, después de recuperarse del primer cáncer, abandonó el tabaco por completo, pero su vida entró en una etapa de inutilidad absoluta: el acto de escribir era consecuencia directa del acto de fumar. Así, en muy poco tiempo volvió a recuperar el vicio del tabaco para volver a ser capaz de escribir. Sin embargo, una nueva ironía llama a la puerta: en los últimos 20 años de su vida sólo publicó dos libros de cuentos que, a excepción del relato aludido y quizá uno o dos más, no son de los mejores; una novela de escasa repercusión, las prosas apátridas (aunque muchas de ellas fueron escritas en los años cincuenta y sesenta) y los tres volúmenes de su diario, la mayor parte de los cuales fueron escritos antes de 1973. Pues bien, todas estas cuestiones no tienen una respuesta concluyente, como parece ser el planteamiento general de la obra ribeyriana, tan cercana al escepticismo y la duda. Ahora bien, hay un párrafo de "Sólo para fumadores" que resulta memorable, porque constituye una respuesta también irónica a la ausencia de soluciones tajantes para los problemas de la existencia. Como la adicción al tabaco no tiene ninguna justificación pero, por otro lado, el peruano es incapaz de luchar contra ella, su instinto indagador le obliga a aventurar una explicación filosófica que asegure que su actuación no es caprichosa, ni fruto del puro azar. Pero, a la vez, consciente de la perversión de su esfuerzo, la esgrime en clave de humor:

No me quedó más remedio que inventar mi propia teoría. Teoría filosófica y absurda, que menciono aquí por pura curiosidad. Me dije que, según Empédocles, los cuatro elementos primordiales de la naturaleza eran el aire, el agua, la tierra y el fuego. Todos ellos están vinculados al origen de la vida y a la supervivencia de nuestra especie. Con el aire estamos permanentemente en contacto, pues lo respiramos, lo expelemos, lo acondicionamos. Con el agua también, pues la bebemos, nos lavamos con ella, la gozamos en ejercicios natatorios o submarinos. Con la tierra igualmente, pues caminamos sobre ella, la cultivamos, la modelamos con nuestras manos. Pero con el fuego no podemos tener relación directa. El fuego es el único de los cuatro elementos empedoclianos que nos arredra, pues su cercanía o su contacto nos hace daño. La sola manera de vincularnos con él es gracias a un mediador. Y este mediador es el cigarrillo. El cigarrillo nos permite comunicarnos con el fuego sin ser consumidos por él. El fuego está en un extremo del cigarrillo y nosotros en el opuesto [...]. Gracias a este invento completamos nuestra necesidad ancestral de religarnos con los cuatro elementos originales de la vida. Esta relación, los pueblos primitivos la sacralizaron mediante cultos religiosos [...]. Se adoró al sol porque encarnaba al fuego y a sus atributos, la luz y el calor. Secularizados y descreídos, ya no podemos rendir homenaje al fuego, sino gracias al cigarrillo. El cigarrillo sería así un sucedáneo de la antigua divinidad solar y fumar una forma de perpetuar su culto. Una religión, en suma, por banal que parezca. De allí que renunciar al cigarrillo sea un acto grave y desgarrador, como una abjuración (Ribeyro 1994: 590).

3. Un camino para encontrar certezas

Nos encontramos, entonces ante una de las paradojas centrales de la escritura ribeyriana: conjugar su seguridad con respecto al valor del arte como esclarecedor, y su radical escepticismo. Y una vía para encontrar una solución es aludir al modo de conocimiento de los fenómenos. En los cuentos de Ribeyro, como existe casi siempre una narrador extradiegético que tiene toda la información necesaria para presentar a los personajes y mostrar sus características y sentimientos, a menudo hay descripciones físicas que llevan consigo una manifestación de un estado interior. Pero esas descripciones son muy breves y sutiles, apenas un apunte. Y es quizá uno de los aspectos más sobresalientes de la obra de Ribeyro: no necesita "roturar un bosque", como hacen los escritores norteamericanos, ni siquiera "cultivar un jardín", como hacen los franceses; se limita a "regar una maceta" (Ribeyro 1989: 30). Y por eso, aunque admira las grandes construcciones narrativas de los realistas europeos del XIX, prefiere la síntesis evocativa a la profusión de detalles, como expone en uno de los dichos de Luder:

> –Cuando a Balzac le entra la manía de la descripción –observa un amigo– puede pasarse cuarenta páginas detallando cada sofá, cada cuadro, cada cortina, cada lámpara de un salón.
> –Ya lo sé –dice Luder–. Por eso no entro al salón. Me voy por el corredor (Ribeyro 1989: 15).

Además, éste puede ser uno de los mayores atractivos de la obra de Ribeyro: el modo de economizar palabras para sugerir en breves pinceladas una situación cómica, una tragedia, una obsesión, una manía, un tic, un sentimiento de confusión, de placer o de frustración, sin necesidad de hacerlo explícito. Y ello se consigue, en muchas ocasiones, cuando presenta el universo de los sentidos, es decir, la vía por la que el hombre entra en contacto con el medio, lo analiza sensorialmente y envía la información al cerebro para que la inteligencia interprete, valore, juzgue y concluya. Y, aunque generalmente el sentido más dinámico y valioso es la vista, en Ribeyro tiene una importancia especial el tacto, a través de las manos. En las prosas apátridas hay un texto revelador, no sólo por el papel decisivo que se le da a la mano, sino también porque va asociado a la mujer y el amor, que para Ribeyro es también una forma de conocimiento. De hecho, en su autobiografía, ya citada, después de señalar que la primera y más importante conquista del hombre es conocerse a sí mismo, asegura que una "de las formas de conocerse es a través del amor, a través de la relación con una mujer. No solamente de conocerse, también de conocer. Siempre una relación amorosa es un libro donde uno aprende cantidad de cosas sobre sí mismo y sobre el mundo. Es como una puerta que abre perspectivas que jamás había visto uno" (Tenorio 1996: 65). Pues bien, la mano y el tacto tienen una relevancia indiscutible en el proceso de comunicación y adquisición de conocimiento, según Ribeyro, durante el proceso amoroso. A través de ella los demás sentidos y el resto de las posibles sensaciones físicas se despliegan libremente y ceden el paso a los sentimientos que generan los estímulos externos. En la prosa apátrida 5 asegura:

> Conocer el cuerpo de una mujer es una tarea muy lenta y tan encomiable como aprender una lengua muerta. Cada noche se añade una nueva comarca a nuestro placer y un nuevo signo a nuestro ya cuantioso vocabulario. Pero siempre quedarán misterios por desvelar. El cuerpo de una mujer, todo cuerpo humano, es por definición infinito. Uno empieza por tener acceso a la mano, ese apéndice utilitario, instrumental del cuerpo[1], siempre descubierto, siempre dispuesto a entregarse a no importa quién, que trafica con toda suerte de objetos y ha adquirido, a fuerza de sociabilidad, un carácter casi impersonal y anodino, como el del fiel funcionario o portero del palacio humano. Pero es lo que primero se conoce: cada dedo se va individualizando, adquiere un nombre de familia, y luego cada

---

[1] León Hebreo, en sus *Diálogos de amor*, cuando repasa las funciones de cada uno de los miembros del cuerpo humano, según el sistema de pensamiento recibido de la Antigüedad grecolatina, indica que las manos "son instrumentos de la ejecución de lo que se conoce y de lo que se habla" (cito por la edición basada en la traducción del Inca Garcilaso de la Vega, Madrid, Ediciones de la Fundación José Antonio de Castro, 1996, p. 123).

uña, cada vena, cada arruga, cada imperceptible lunar. Además no es sólo la mano la que conoce la mano: también los labios conocen la mano y entonces se añade un sabor, un olor, una consistencia, una temperatura, un grado de suavidad o de aspereza, una comestibilidad. Hay manos que se devoran como el ala de un pájaro; otras se atracan en la garganta como un eterno cadalso (Ribeyro 1992: 14).

3.1. *Los múltiples significados de la mano*

La simbología de la mano es de sobra conocida. Su carácter instrumental, como apunta el peruano al principio de la cita anterior, es la primera función que nos viene a la cabeza. A ese aspecto dedica Ribeyro un párrafo memorable en su cuento "Los cautivos", donde sublima el sentido práctico de la mano humana por encima de cualquier herramienta creada por el hombre:

> Nada es para mí más pavoroso que una fábrica. Yo las temo porque ellas me colman de ignorancia y de preguntas sin respuesta. A veces las observo interrogándome por qué han sido construidas así y no de otra manera, por qué hay una chimenea aquí, una grúa allá, un puente levadizo, un riel, un aglomerado de tuberías, de poleas, de palancas y de implementos que se mueven. Es claro que todos esos artefactos han sido construidos en función de algo preciso, pensados, diseñados, programados. Pero a su vez, para construir esos artefactos ha sido sin duda necesario construir otros antes, pues nada sale de la nada. Cada máquina, por simple que sea, requiere la existencia de otra máquina anterior que la fabricó. De este modo, una fábrica es para mí el resultado de una infinidad de máquinas anteriores, cada herramienta de una herramienta precedente, quizás cada vez más pequeñas y simples, pero cuyo encadenamiento se remonta hasta los albores de la edad industrial, más allá aún, hasta el Renacimiento, y más lejos todavía, hasta la prehistoria, de modo que encontramos al final de esta pesquisa sólo una herramienta, no creada ni inventada, pero perfecta: la mano del hombre (Ribeyro 1994: 282-283).

Nuevamente, una reflexión acerca del porqué y el cómo de las cosas, en busca de certezas. El hecho es que Ribeyro repasa aquí todos los elementos del método científico: ignorancia sobre un tema, inquietud al mismo tiempo, cadena de deducciones y resultado final. Y es curioso que de la indagación nace la luz y el tema se resuelve. Aunque es muy categórico, como hemos visto anteriormente, cuando se presenta como escéptico o dubitativo, la realidad es que su pensamiento genera muchas veces certezas implacables. De hecho, este párrafo dedicado a las máquinas recuerda en gran medida a los sistemas de deducción filosófica seguidos por los escolásticos, cuya culminación es la *Summa Theologica* de Santo Tomás y, en concreto, a su peculiar demostración de la existencia de Dios a través de cinco vías. En la primera, por ejemplo, el filósofo medieval consigna el motivo del motor inmóvil: todo lo que existe y se mueve, lo hace porque a su vez es movido por otro, y ese otro es movido por otro, y así sucesivamente. Como no es posible imaginar una serie infinita de motores, hay que deducir que tiene que haber un motor inmóvil, origen de todo el movimiento posterior, y a ese motor, perfecto, le llamamos Dios (Aquino 2001: I, 110-112). Para el Aquinate, nada hay más cierto que esa existencia, y lo que comenzaba con una ignorancia, a través de la deducción se convierte en algo indudable.

Ahora bien, el significado simbólico más general para la mano es el de actividad, fuerza, potencia, dominio, poder. En el idioma egipcio, el término que designaba la mano se relacionó con "pilar", es decir, soporte y fuerza, y también con "palma". En el sistema jeroglífico egipcio, la mano significa el principio manifestado, la acción, la donación, la labor (Cirlot 2002: 303). En lenguas del Extremo Oriente, así como en español, expresiones como "meter o poner mano" y "dejar de mano", tienen el sentido corriente de comenzar o abandonar alguna cosa. En hebreo, *iad* significa a la vez mano y potencia (Chevalier/Gheerbrant 1999: 682). En el budismo, la mano cerrada significa el secreto, el disimulo, mientras que la mano abierta significa la ausencia de éstos (Becker 2003: 200). En la iconografía hindú son muchas las significaciones de la mano, porque sus funciones en la vida real son abundantes. Por ejemplo, la mano levantada con los dedos extendidos y la palma hacia delante significa ausencia de temor; la mano bajada, con todos los dedos extendidos y la palma hacia delante significa don; el puño cerrado con el índice extendido apuntando al aire significa amenaza, etc. (Chevalier/Gheerbrant 1999: 682). Los símbolos asociados al poder, fuerza y autoridad también aparecen en la cultura islámica y en la romana. La *manus* simbolizaba la autoridad del *paterfamilias* y la del emperador. En la tradición cristiana y bíblica la mano es asimismo señal de poderío y supremacía. Ser tocado por la mano de Dios es recibir la manifestación de su espíritu. Cuando la mano de Dios toca al hombre, éste recibe la fuerza divina. La "mano de Dios" significa que Dios tiene la totalidad de su poderío. Por eso, la imposición de las manos que hacen los ministros de Dios en algunas ceremonias sacramentales significa la transmisión o transferencia de energía o potencia desde la divinidad hacia el individuo sobre el que se imponen las manos (Chevalier/Gheerbrant 1999: 684-685). Algunos antropólogos, como Schneider, conceden a la mano un papel extraordinario con respecto a los demás órganos del hombre "por ser la manifestación corporal del estado interior del ser humano, pues ella indica la actitud del espíritu cuando éste no se manifiesta por la vía acústica" (Cirlot 2002: 303). Del mismo modo, en las danzas rituales de Asia del sur, y en sus manifestaciones artísticas, las posiciones de las manos y los dedos simbolizan actitudes interiores, espirituales o morales (Chevalier/Gheerbrant 1999: 683).

Además de la conexión de la mano con las realidades interiores, algo que ya queda claro en el texto de Ribeyro, y que veremos también en sus cuentos, hay dos aspectos que conviene destacar: por un lado, las manos interaccionan con los ojos por lo que se refiere a la capacidad comunicativa, con el pensamiento y con las habilidades lingüísticas, y por otro lado las manos tienen en sí el germen de la propia definición personal. Es decir, a través de la forma de las manos y la disposición de todos sus detalles, se puede conocer cómo es una persona e incluso saber cómo va a discurrir su misma vida. Estos dos elementos, como puede imaginarse, son decisivos para tratar de obtener certezas, tanto interiores como exteriores.

La relación de la mano con el ojo fue rehabilitada por el psicoanálisis, considerando que la mano que aparece en los sueños es la equivalente del ojo y, por tanto, tiene la capacidad de ver. Pero muchos siglos antes, este paralelismo fue visto por San Gregorio Niseno, en su obra sobre *La Creación del hombre*, llegando a la conclusión de que las manos del hombre están ligadas a la visión y al conocimiento, porque tienen como fin el lenguaje: "Las manos, para las necesidades del lenguaje, son ayuda particular. Quien viese en el uso de las manos lo propio de una naturaleza racional no se engañaría del todo, por la razón corrientemente admitida y fácil de comprender de que ellas nos permiten representar nuestras palabras mediante letras, y cierta manera de conversar con las manos, dando persistencia con los caracteres escritos a los sonidos a los gestos" (Chevalier/Gheerbrant 1999: 684).

La moderna psicología ha refrendado esta teoría, al descubrir cómo, en el niño que está aprendiendo a tomar contacto con la realidad, mano y ojo evolucionan y aprenden de modo similar: "Esta facultad de buscar el objeto –afirma Charles Bell– la va adquiriendo el niño lentamente. Los movimientos del ojo se perfeccionan gradualmente, igual que los de la mano. En ambos órganos se realiza una operación compuesta: la impresión en el nervio sensorial se acompaña de un esfuerzo voluntario para acomodar la acción muscular a la misma" (Bell 1840: 188). Es decir, mano y ojo adquieren valor y función gracias a la práctica, "lo que significa –son palabras de Frank Wilson ahora– que el cerebro actúa como autodidacta para sintetizar las percepciones visuales y táctiles obligando a la mano y al ojo a aprender a trabajar juntos" (2002: 107). Por ello, los mensajes devienen en una imagen que el cerebro construye con la información de ambos sentidos. Ahora bien, en el camino de vuelta, cuando la inteligencia se plantea no tanto atesorar contenidos como crearlos o manifestarlos, la mano vuelve a tener un evidente protagonismo, ya que existe una notoria asociación entre la mano, el lenguaje, el gesto y el pensamiento. La mano colabora de un modo muy particular en la puesta en práctica de la capacidad lingüística que el pensamiento documenta. Wilson sugiere que, en un grado bastante avanzado de la evolución del *homo erectus*, éste completara los últimos toques de la remodelación de la mano, "lo que habría abierto las puertas a un nuevo repertorio de movimientos y ampliado las posibilidades manuales hasta unos límites insospechados. Como efecto colateral, se pusieron los cimientos de nuestra capacidad comunicativa y cognitiva" (Wilson 2002: 70). De esa manera, la mano pudo ser la que diera entrada al lenguaje humano y la que reorganizara la maquinaria cerebral:

> [El] cerebro habría incorporado una nueva física, una nueva manera de registrar y representar el comportamiento de objetos que se mueven y cambian bajo el control de la mano. Es precisamente este sistema representacional (una sintaxis de causa y efecto, de relatos y experimentos, cada uno de ellos con un principio, un núcleo y un final) lo que encontramos a los niveles más profundos de la organización del lenguaje humano (Wilson 2002: 71).

Por ello, tiene mucho sentido la conocida frase del novelista canadiense Robertson Davies, quien afirma en su obra *What's Bred in the Bone*, que "es tan seguro que la mano habla al cerebro como que el cerebro habla a la mano" (Davies 1986: 34). Es decir, no es la mano lo que es perfecto, sino la exacta coordinación entre ella y el cerebro a través de los mecanismos insertos en el sistema nervioso.

Otra vía para la elucidación del papel de la mano en la capacidad lingüística del hombre es la que explora la relación entre signo y gesto. Al hablar, el hombre acumula signos lingüísticos a los que les da un significado, pero también se acompaña a menudo de gestos. El lenguaje, de por sí, es autónomo y puede elaborar contenidos completos, perfectos, sin lagunas o vacíos semánticos. Sin embargo, la realidad es que los gestos van anejos a las representaciones verbales. Ahora bien, ¿en qué categoría tenemos que colocar a los gestos? ¿Son solamente una ayuda física y visual a un contenido verbal que no la necesita, o pueden constituir un modelo de comunicación autónomo? Algunos psicolingüistas opinan que el mundo gestual puede constituir en sí mismo un tipo de lenguaje. Armstrong, Stokoe y Wilcox, en su libro *Gesture and the Nature of Language*, llegan a la siguiente conclusión:

> Con sus manos, su cerebro desarrollado y un gran aumento de la circuitería neural ojo-cerebro-mano, los homínidos pudieron muy bien haber inventado el lenguaje, pero no limitándose a ampliar la función nominal que algunos animales poseen, sino hallando el lenguaje verdadero, con su sintaxis y su vocabulario, en la actividad gestual (Armstrong/Stokoe/Wilcox 1995: 197).

Y Wilson añade un inteligente comentario a esta idea, que juega con dos variables: la significación concreta del gesto (el signo lingüístico con su significante y su significado) y la intencionalidad del "hablante gestual": "el signo práxico es necesariamente un signo del acto que realiza, con independencia del intento comunicativo del actor" (Wilson 2002: 207). Es decir, el gesto significa algo concreto pero el individuo puede utilizarlo para una función que nada tiene que ver con lo que comunica lisa y llanamente. Es, por ejemplo, la actitud del jugador de póquer que con su gesto (realizar movimientos ostensibles con los dedos o la mano, pedir o no más cartas, esbozar una sonrisa o fruncir el ceño) trata de confundir al adversario haciéndole entender que se encuentra en una situación de juego que no es la real.

Hablábamos de dos aspectos. El primero (conexión mano-ojo-lenguaje-pensamiento) ya ha sido esbozado. Y el segundo no es menos importante: en las manos es posible hallar los elementos identificativos de una personalidad, una historia, un modo de ser. "Leer las manos" es algo más que una superstición, y se trata de una práctica probablemente anterior a la historia escrita. La quiromancia es definida por Aristóteles como la más antigua de las artes, que te dice quién eres y qué vicios contraerás. Probablemente procede de la India, y de allí la aprendieron los griegos. Existen unas tablillas indias, de diez mil años de antigüedad, donde permanecen escritas algunas de las reglas de la quiromancia. Y se sabe que César y Alejandro Magno leyeron las manos.

Era un arte tan popular que el tercer libro que Gutenberg imprimió trataba temas relativos a la quiromancia (Wilson 2002: 300). Richard Unger, fundador del Instituto Internacional de Análisis Manual de Sausalito (California, EE. UU.) y quiromántico contemporáneo, contestaba así a una entrevista realizada por Wilson:

> Todo par de manos tiene un conjunto de huellas digitales que no se modifican desde los cinco meses anteriores al nacimiento. Mirar las huellas digitales de una persona es (usando una analogía que me gusta) como mirar una bellota y poder decir el tipo de roble que la da. Cuando las personas hacen por convertirse en el tipo de roble posible para ellas, les digo que están persiguiendo la meta de su vida; y si uno camina hacia la meta de su vida, la vida es buena.
>
> Pero en la vida hay muchos accidentes y circunstancias (incluso el temor de realizar nuestra meta vital) que nos salen al paso. Dedicarnos a lo nuestro es espantoso, porque un fracaso sería realmente un fracaso. Sin embargo, estos fracasos son siempre específicos de un camino vital concreto. Si quieres ser escritor, te enfrentas al reto de ser escritor. El hecho de que los retos sean indisociables de las metas es lo que les da significado. Siguen inspirando miedo, pero podemos enfrentarnos a las frustraciones porque nuestro interés en llegar a la meta es muy fuerte [...].
>
> Desde el punto de vista de un quiromántico, hay dos psicologías marcadas en las manos de cada persona. Hay una personalidad que es una combinación de comportamientos aprendidos talentos innatos y cosas así. La personalidad incluye modelos de comportamiento en las relaciones y ciertas clases de comportamientos repetibles que se refieren a la estructura de la personalidad y que pueden predecirse.
>
> Hay también las huellas digitales, que reflejan un aspecto inalterable de cada individuo, y que llevamos desde antes de nacer. Es como la impronta del alma, algo que nos llega del patrimonio genético. El patrimonio genético seleccionó a unos para ser sanadores, a otros para ser líderes, etcétera (Wilson 2002: 299-300).

3.2. *Las manos en los relatos*

a) *Manos y destinos escritos*

La información genética pone al hombre en el mundo y lo individualiza. No tener gestualidad en las manos o carecer de huellas es como no existir. Hay un cuento de García Márquez que confirma esta tesis, en su versión cinemato-gráfica. Se trata de *La increíble y triste historia de la cándida Eréndira y de su abuela desalmada*. Como se sabe, la nieta Eréndira es obligada por su abuela a prostituirse para pagar el destrozo que ha sufrido la vivienda a causa de un incendio. En el inicio del relato, la adolescente se duerme dejando un cande-labro con velas encendidas, el cual arde al contacto con las cortinas. A partir de ese momento, Eréndira sufre un proceso de alienación y se entrega sin resistencia a la autoridad de la abuela. Sólo al final del cuento se rebela contra la explotación a la que es sometida y mata a su abuela envenenándola, con la colaboración de Ulises, el cual debe ayudarse de un cuchillo para rematar a la vieja. Pues bien, el texto fílmico tiene algunas diferencias importantes con respecto al relato escrito. La película fue dirigida por Ruy Guerra en 1982 y coproducida por México, Francia y la República Federal Alemana, pero el guión fue redactado por el mismo García Márquez, quien introdujo todas variaciones con respecto a su misma obra escrita. En concreto, el detalle que nos interesa aquí es el de las manos. Al principio de la película, cuando ocurre la desgracia y Eréndira pierde totalmente su libertad, quedando a merced de la avaricia de la abuela, se muestra un primer plano de las manos donde se observa claramente que las rayas desaparecen, y la palma queda lisa, algo que no se describe en el cuento escrito. Es como una muerte prematura o una desaparición del personaje. En el posterior desarrollo de la película, la gestua-lidad de la cara también se ve alterada, disminuida, y todos los movimientos de la muchacha parecen mecánicos, sin aliento. Sin embargo, cuando alcan-zamos los últimos compases, en el momento en que la abuela comienza a ago-nizar, las rayas vuelven a la mano y Eréndira desaparece, no sólo de la faz de su explotadora sino incluso de la de su amante Ulises, quien la busca desespe-radamente sin éxito. Eréndira es, por fin, libre, y la vida y la actividad vuelven a su cuerpo y a su alma. En ese contexto, las rayas de la mano simbolizan la energía espiritual necesaria para actuar, pero también para ser ella misma.

Hay un cuento de Ribeyro que parte de esa visión esencialista de las manos como elemento de autodefinición e itinerario vital. Se titula "En la comisaría" y pertenece al primer volumen de cuentos que publicó el peruano a mitad de los cincuenta. En él se recrea el ambiente de baja calaña en una comisaría de policía. Varios detenidos, por diversos delitos, se encuentran esperando que los juzguen, los metan en la cárcel o los dejen libres. El comi-sario, que pertenece a un estrato social y cultural no muy diferente al de los detenidos, ha prometido dejar en libertad a quien dé una paliza al panadero, el cual ha sido llevado a prisión por pegarle a su mujer. Todo el relato está construido alrededor de la figura de Martín, otro de los detenidos, que no termina de decidirse a acometer el reto del comisario y, por otro lado, ve la necesidad de hacerlo rápidamente, porque de lo contrario no llegará a la cita con Luisa a mediodía en la parada del autobús para ir a la playa. Y es en esas dos líneas argumentales donde la mano –el puño, en este caso– cobra una relevancia estructural. Justo en la mitad del relato, el narrador anota el siguiente comentario: "observó sus puños cuyos nudillos estaban cruzados de cicatrices. En esa parte de sus manos y no en las palmas estaba escrita toda su historia" (Ribeyro 1994: 53). La comparación de las palmas con los puños nos permite trasladar el protagonismo gestual y la información genética a la parte exterior de la mano e interpretar todo el relato desde esa perspectiva. Generalmente, los puños vienen siempre asociados a la imagen de la posible pelea con el panadero y las manos al contacto suave de su relación con Luisa. Y esas dos realidades se nos van contando poco a poco a medida que manos y puños van apareciendo en la escena. Por ejemplo, en los primeros compases, antes de saber por qué Martín está en la comisaría, quién es Luisa y cuál es el problema con el panadero, leemos las siguientes palabras:

> Martín se miró los puños, aquellos puños rojos y sarmentosos que en Surquillo habían dejado tantos malos recuerdos. Las últimas palabras del comisario repicaron en sus oídos: "Si alguno de los detenidos quiere salir no tiene más que darle una paliza a este miserable" (Ribeyro 1994: 50).

Y un poco más adelante: "Martín bajó la mano y sintió un estremecimiento. Una imagen, una cara, un cuerpo fresco y fugitivo pasaron por su memoria. Casi sintió contra su pecho velludo el contacto de una mano suave" (Ribeyro 1994: 51). Cuando el lector ya está metido en la escena y contempla a Martín casi decidido a arremeter contra el panadero, la tensión gana densidad y el ritmo del relato se acelera. En ese momento, los puños vuelven a aparecer como eje que condiciona el horizonte de expectativas del que contempla la situación: "Después de un minuto de silencio, durante el cual Martín se frotó nerviosamente los puños, en el patio se produjo una gran agitación" (Ribeyro 1994: 55) Y llegamos al momento culminante: "Entre dos detenidos lo cogieron por la cintura y lo lanzaron al centro del patio. Martín, en un extremo, tenía los puños apretados y sólo esperaba las órdenes del comisario para comenzar" (Ribeyro 1994: 55) Se produce entonces la lucha, y Martín puede salir de la comisaría para llegar puntual a su cita con Luisa. Las últimas líneas son cruciales para entender el significado del relato, donde los puños vuelven a simbolizar la historia personal, el modo de ser de un personaje degradado por su afición a las peleas, algo que probablemente le ha costado numerosos conflictos con su mujer:

> Luisa, sobre la plataforma del paradero, agitaba su bolsa de baño. Martín se miró los puños, donde dos nuevas cicatrices habían aparecido y, avergonzado, se metió las manos en los bolsillos, como un colegial que quiere ocultar ante su maestro las manchas de tinta (Ribeyro 1994: 56).

En el cuento "Los españoles" es el dedo meñique el que contiene el mapa de la vida y la idiosincrasia personal. En el comienzo del relato, el peruano describe su vida (o la vida del personaje) en una pensión de Madrid. Desde la ventana de su habitación, a los pocos días de llegar a la casa de huéspedes, descubre que hay una mujer joven que vive también allí. Nada nos dice sobre su aspecto físico, pero todas sus cualidades físicas y psíquicas van a descansar en las características que le aportan al narrador las manos:

> Al cabo de unos días volví a verla. Mi presencia parecía incomodarla pues cada vez que me distinguía cerraba la ventana o retiraba el torso, dejando abandonadas en el alféizar un par de manos pensativas. Yo miraba esas manos con pasión, diciéndome que para un buen observador toda la historia de una persona está contenida en su dedo meñique. Pero, a fuerza de examinarlo, sólo deduje que se trataba de una persona lánguida, esbelta, espiritual y desgraciada (Ribeyro 1994: 311).

Manos que, en última instancia, despiertan la curiosidad del inquilino y le instan a pulular por el lugar en busca de más datos: "A tal punto me intrigaron esas manos que yo, especie de araña ocupada en tejer sobre el papel mi vana mantelería, me aventuré a recorrer durante el día los pasillos de la pensión" (Ribeyro 1994: 311).

Es evidente que sólo un observador muy sutil puede hacer esas declaraciones. Generalmente, para conocer a una persona no sólo hace falta examinar bien el físico, sobre todo sus gestos faciales, corporales y de las extremidades, sino que hay que escucharla también y observarla actuando durante algún tiempo, para deducir sus costumbres, defectos, virtudes, capacidades. Sin embargo, el narrador ribeyriano es tan preciso y perspicuo como el autor del relato: bastan unas manos o incluso un solo meñique, con su información genética, para entrar en las interioridades de una persona.

En el relato "Tristes querellas en la vieja quinta", aunque el asunto principal tiene que ver con las disputas entre dos vecinos en la quinta que hoy ocupan la viuda y los hijos de Juan Antonio, hermano de Julio Ramón, hay un momento en el que las manos cobran un protagonismo especial. Muy avanzado el cuento, cuando la situación de rivalidad entre los dos personajes –Memo y doña Pancha– es notoria y está llegando a un punto culminante, aparece el hijo gordo de la vieja y Memo abandona las hostilidades para evitar posibles represalias de ese extraño personaje. Pero un día lo sigue por la calle y lo ve entrar en un garito de Surquillo, un barrio limeño (el barrio que ha sido testigo de muchas de las peleas de Martín, el personaje de "En la comisaría") lleno de "indigentes, borrachines, matones y rufianes" (Ribeyro 1994: 430). Allí, entabla conversación con un "mancebo que bebía a su lado" y "le invitó una cerveza. Memo no quiso seguir observando, pues se sintió invadido por una invencible repugnancia. El gordo le ofrecía cigarrillos a su vecino y pedía que le mostrara su mano para adivinarle las líneas de la fortuna" (Ribeyro 1994: 430). En este caso, el recurso a la quiromancia no tiene un papel definidor en el relato, sino que es más bien una excusa para conquistar al muchacho. Esta primera intervención de las manos nos despista pues, convencidos ya del poder estructural de los apéndices superiores en Ribeyro, fijamos la atención en el detalle. Sin embargo, al aproximarnos más al final del texto, apreciamos claramente el protagonismo de las manos en la conclusión de la pieza. Por fin, el hijo de Doña Pancha vuelve a Venezuela y las disputas adquieren cada vez proporciones mayores, hasta que la vieja se pone enferma y le pide a Memo, de muy malos modos, que le traiga una aspirina. Él se resiste a atenderla pero finalmente lo hace, y notamos que llega el momento de clímax en el relato porque, por primera vez, existe un acercamiento entre ellos, ya que Memo se ve en la necesidad de entrar a la casa de ella para llevarle las pastillas:

> Cuando regresó de la farmacia tocó la puerta de doña Francisca. "Un momento, cholo indecente, espere que me ponga la bata". "¿Y cree que la voy a mirar? Lo último que se me ocurriría: ¡una chancha calata!" La puerta se entreabrió y asomó por ella la mano de doña Pancha. Memo depositó el sobre con las aspirinas. "Un sol cincuenta. No va a querer además que le regale las medicinas". "Ya lo sé, flaco

avaro. Espere." La mano volvió a asomar y arrojó al balcón un puñado de monedas. "¿Así me paga el servicio? ¡Sépalo ya, no cuente en adelante conmigo, mué-
rase como una rata!" (Ribeyro 1994: 436).

Los únicos elementos de contacto que hay entre los dos son las agresiones
verbales y la aparición de las manos. Otra vez con mucha sutileza, Ribeyro
sugiere toda la intensidad de la acción con los ligeros movimientos de las
manos: la mano de doña Pancha con la puerta entreabierta, la mano de
Memo depositando el paquete en la mano de ella y finalmente la mano de la
vieja de nuevo arrojando las monedas. Desconfianza y agresividad. Con ese
simple recorrido el lector comprende toda una situación compleja. Después
de este momento climático, la siguiente aparición de las manos remata la
conclusión del cuento: doña Pancha muere y, lógicamente, quien la descubre
es Memo, el cual, entrando por primera vez en la casa de ella,

> a gatas anduvo chocando con taburetes y mesas hasta que encontró el conmuta-
> dor de una lámpara y alumbró. Doña Pancha estaba tirada de vientre en medio
> del piso, con un frasco en la mano. El vuelo de su camisón estaba levantado,
> dejando al descubierto un muslo inmensamente gordo, cruzado de venas abulta-
> das. El primer impulso de Memo fue salir disparado, pero en la puerta se contu-
> vo. Agachándose rozó con la mano ese cuerpo frío y rígido. El vano trató de
> levantarlo para llevarlo a la cana. Esos cien kilos de carne eran inamovibles
> (Ribeyro 1994: 437).

La imagen inaugural de la muerte es el frasco en la mano, y la primera vez
que Memo toca a la vieja es cuando ella ya ha muerto. Otra vez la mano en
los momentos cruciales de la vida, dando cuenta de las realidades insoslaya-
bles y destinos escritos.

b) Las manos y el poder

La relación con el poder, la actividad y la fuerza es la primera acepción que
proponen los diccionarios de símbolos en el caso de las manos. En varios relatos ribeyrianos esta posibilidad se cumple de un modo nítido. "Una medalla
para Virginia" (1965) es el primer texto del libro *El próximo mes me nivelo*,
donde Ribeyro estudia los mismos temas que en obras anteriores (clases socia-

les bajas, frustración, cambios en la sociedad limeña de mitad de siglo, etc.). En él, una joven, Virginia, salva a la mujer del alcalde, quien está a punto de ahogarse en el mar. Como agradecimiento, la municipalidad organiza una fiesta, en la cual le imponen una medalla al mérito civil. El cuento tiene dos partes bien diferenciadas: la primera, que relata la acción de Virginia en la playa, y la segunda, que describe la fiesta. Aquí es donde las manos alcanzan protagonismo. El alcalde hace su aparición en la escena manifestando su poder a través de ciertos signos: "Un hombre alto, bien conservado, con las sienes grises, iba de un grupo a otro, saludando con gravedad, invitando cigarrillos o dirigiendo con un gesto de la mano la distribución de los alcoholes" (Ribeyro 1994: 338). A continuación llega Virginia con sus padres y todos la observan admirados. Comienza el baile y en un momento dado se interrumpe la música para hacerle entrega de la medalla, con estas palabras: "–Señorita López –le dijo el alcalde avanzando las manos–, se ha hecho usted acreedora a la medalla más codiciada de nuestro Ayuntamiento" (Ribeyro 1994: 340).

Pero el ambiente de la fiesta decae y Virginia no se encuentra bien en esas circunstancias, por lo que decide salir a la terraza. Allí acude también el alcalde. La descripción que hace de éste el narrador confirma la sensación de poderío y autoridad: "Al mirar hacia un extremo distinguió al alcalde, de pie, con un cigarrillo en una mano y un vaso en la otra, observándola. Tal vez se había refugiado allí antes que ella, tal vez la había seguido. Luego lo vio acercarse, tirando, al avanzar, su cigarrillo por encima de la baranda" (Ribeyro 1994: 341). Se establece entonces un diálogo entre los dos acerca del modo en que ella salvó a la mujer. Cuando éste termina y antes de que comience el diálogo final del cuento, que destruye todas las expectativas que el lector había depositado en el sentido de esa fiesta, el alcalde "seguía inmóvil con una mano en la baranda, mirando fijamente los frutales" (Ribeyro 1994: 342). Este breve apunte (él inmóvil, mano en la baranda, mirada fija) nos hace dudar de la sensación de seguridad y aplomo que hasta entonces ha evidenciado el alcalde, e introduce una intriga y una tensión que enseguida van a resolverse, porque en ese mismo momento comienza el verdadero diálogo, en el que el alcalde confiesa a Virginia que habría sido mejor que no la hubiera salvado, porque llevan veinte años casados y no hay amor entre ellos. Terminada esa espantosa declaración, los dos entran en el salón, y en ese momento Virginia entiende algo que tiene que ver directamente con sus padres, al contemplar la siguiente escena, que cierra el cuento con un mohín de amargura. Obsérvese el paralelismo con la escena anterior: también se habla de veinte años, y también las manos pierden el sentido de autoridad para rebajarse al nivel del ridículo:

> Su padre, alentado por un coro de borrachos, había puesto las palmas de las manos en el suelo y trataba de pararse de cabeza.
> –¡Déjate de disparates, Max! –gritaba su mujer–. ¿Por qué tienes que estar haciendo siempre el payaso? ¿Por qué tienes que tomar así? ¡Nunca lo he entendido! ¡Hace veinte años que haces lo mismo!
> Su padre, azorado, se puso de pie, tratando de no tambalearse. Abotonándose el saco con dignidad, sonrió a los asistentes, pidiendo excusas. Pero de reojo lanzó una rápida mirada a su mujer, aparentemente benigna, como para comprobar de dónde venían los reproches, pero cargada de un sentido que sólo Virginia, en ese momento, comprendió (Ribeyro 1994: 343).

"Por las azoteas" (1958) es uno de los cuentos del tercer libro de Ribeyro, *Las botellas y los hombres*. Es un relato entrañable, que explora el mundo de la infancia, el afán de aventura y las ricas posibilidades de los vecindarios limeños. En él, las manos vuelven a tomar posiciones protagónicas y estructurales. Un muchacho de diez años descubre, en sus habituales incursiones por las azoteas del vecindario, que un hombre con apariencia de indigente ha hecho su vivienda en uno de esos rincones. Su primer contacto con él supone el establecimiento de una distancia entre los dos. El señor de las barbas quiere dejar claro cuáles son sus dominios y el ámbito de su poder. Y lo hace a través del gesto de la mano: "Probablemente hice algún ruido pues el hombre enderezó la cabeza y quedó mirándome perplejo. El gesto que hizo con la mano lo interpreté como signo de desalojo, y dando un salto me alejé a la carrera" (Ribeyro 1994: 163). Días más tarde, el muchacho vuelve, picado por la curiosidad, y observa desde lejos al hombre, celoso de su reinado y su parcela de dominio. Véase cómo, al igual que en la cita anterior y en otras que hemos ido proponiendo, la actividad manual viene ligada a la visual, lo que viene a refrendar la teoría de la enorme cercanía de los dos sentidos en el proceso de conocimiento, y de adquisición y elaboración lingüísticas: "Por entre la juntura de dos tablas apliqué el ojo y observé: el hombre seguía en su perezosa, contemplando sus largas manos trasparentes o lanzando de cuando en cuando una mirada hacia el cielo, para seguir el paso de las nubes viajeras" (Ribeyro 1994: 163).

Poder que muestra nuevamente cuando le invita a pasar y le ofrece una definición de sí mismo:

–Pasa –dijo, haciéndome una seña con la mano–. Ya sé que estás allí. Vamos a conversar. [...]

–¿Quién eres tú? –le pregunté.

–Yo soy el rey de la azotea –me respondió (Ribeyro 1994: 163).

Al final de ese largo diálogo vuelven las manos del hombre de las barbas, cuya iniciativa sugiere que es él quien decide qué hay que hacer y cómo. De hecho, la reacción del niño (que es, además, el narrador) ante el gesto de las manos del hombre es de timidez y subordinación:

–¡Demasiadas preguntas! –me respondió, alargando un brazo, con la palma vuelta hacia mí–. Otro día te responderé. Ahora vete, por favor. ¿Por qué no regresas mañana? [...]

En lugar de acercarme a él, que extendía una mano amigable, lancé una mirada codiciosa hacia un amontonamiento de objetos que se distinguía al otro lado de la farola (Ribeyro 1994: 164-165).

Incluso cuando el inquilino tiene que hacer una comparación, utiliza el símil de la mano y sus dedos, uno de los cuales resulta engrandecido: "–Hoy es mi santo –dijo–. Vamos a festejarlo. ¿Sabes lo que es tener treinta y tres años? Conocer de las cosas el nombre, de los países el mapa. Y todo por algo infinitamente pequeño, tan pequeño que la uña de mi dedo meñique sería un mundo a su lado" (Ribeyro 1994: 166). La última manifestación de su condición de dueño del lugar, antes de morir, cuando el cuento está acabando, es otro gesto con las manos: "Era la primera lluvia de otoño. De inmediato me acordé de mi amigo, lo vi jubiloso, recibiendo con las manos abiertas esa agua caída del cielo que lavaría su piel, su corazón" (Ribeyro 1994: 168). En fin, la imagen de dominio a través de las manos es bastante común en los relatos del peruano, como en "Alienación" donde, en los primeros compases del cuento, el narrador coloca siempre por encima a la atractiva Queca con respecto a los zambos "lópeces" que sueñan con conquistarla. Cuando Roberto López le alcanzaba a la chica una pelota con la que jugaba, "Queca, que ya estiraba las manos, pareció cambiar de lente, observar algo que no había mirado, un ser retaco, oscuro, bembudo y de pelo ensortijado [...]. Roberto no olvidó nunca la frase que pronunció Queca al alejarse a la carrera: –Yo no juego con zambos–. Estas cinco palabras decidieron su vida" (Ribeyro 1994: 453). Véase la conjunción entre gesto con la mano, imagen visual y signo lingüístico, tan letales, que se convierten en los catalizadores del destino del muchacho. Líneas más adelante, otra conjunción de imagen y gesto con las manos supone el fin de una etapa y un cambio brusco de destino vital, a la vez que una nueva manifestación del dominio de la muchacha, quien sale de una mansión acompañada por un blanquito de clase superior: "Queca ni nos miró, sonreía apretando en sus manos una carterita de raso. Visión fugaz, la última, pues ya nada sería como antes, moría en ese momento toda ilusión y, por ello mismo, no olvidaríamos nunca esa imagen que clausuró para siempre una etapa de nuestra juventud" (Ribeyro 1994: 454).

c) Las manos y la frustración

Aunque la simbología general de las manos es positiva, en Ribeyro, dada la configuración de su universo ideológico, bien puede asociarse al sentido negativo de la frustración existencial y económica. Hemos visto como en algún relato, lo que en principio era signo de poder, acaba descubriendo todo un mundo de carencias. Sin embargo, en otros relatos, la negatividad del apéndice superior invade toda la estructura del cuento. Es lo que ocurre, por ejemplo, en "Mientras arde la vela" (1953), del primer libro del peruano, *Los gallinazos sin plumas*. Moisés, marido de Mercedes, ha sufrido un desvanecimiento, por causa del exceso de alcohol, y ella piensa que ha muerto, porque ni se mueve ni parece que respire. Pero ella no lo siente, porque -piensa- por fin podrá utilizar los ahorros que quedan –y él no ha malgastado– en abrir una verdulería. Todo el relato gira en torno a esas dos aristas: el estado en que quedó Moisés y la posibilidad de poner un negocio. Estructuralmente, cada vez que aparecen las manos, lo hacen alrededor de una de esas dos aristas o bien de las dos. El párrafo inicial contempla a Moisés tendido y la vela que arde mientras Mercedes permanece inmóvil mirando la vela: "–Me acostaré cuando termine de arder –pensó y se miró las manos agrietadas por la lejía" (Ribeyro 1994: 44). En esa primera manifestación de las manos no adivinamos el grado de humillación que supone el estado de ellas, pero algo podemos intuir. Y líneas más adelante describe los efectos del alcohol en su marido antes de desvanecerse: "–Estaba como loco –pensó Mercedes y miró nuevamente sus manos agrietadas por la lejía. Si pudiera abrir la verdulería no tendría que lavar jamás" (Ribeyro 1994: 44). Conforme ella va entreviendo la posibilidad de que Moisés haya muerto, la ilusión del negocio se va haciendo más profunda, y su posibilidad más clara: "Mercedes sonrió con ternura y volvió a observar sus manos. Estaban cuarteadas como las de un albañil que enyesara. Cuando instalara la verdulería las cuidaría mejor..." (Ribeyro 1994: 45). Y al acercarse a su hijo Panchito para acariciarlo durante el velatorio, nuevamente resalta la frustración con respecto a las manos, que no es sólo una cuestión personal, física, sino que acarrea el complejo de inferioridad propio de quien tiene que trabajar hasta desollarse las manos, porque pertenece a una clase social baja y necesita dinero:

> Panchito se despertó. Al ver la luz encendida se volvió contra la pared. A Mercedes le provocó acariciarlo, pero se contuvo. Eran nuevamente las manos. Ásperas como la lija hacían daño cuando querían ser tiernas. Ella lo había notado horas antes, durante el velorio, cuando tocó la cara de su hijo (Ribeyro 1994: 46).

El problema en las manos se convierte en obsesión, y mucho más cuando descubren que Moisés no ha muerto; tanto, que el mismo narrador toma el punto de vista de la mujer y exagera la degradación física de esas manos, tal como la sentiría la propia Mercedes:

> –Todavía me faltaban lavar algunas sábanas –pensó Mercedes y miró sus manos, como si le fuera necesario buscar en ellas alguna razón profunda. Habían perdido toda condición humana. "El enfermero a pesar de tenerlas sucias –pensó– las tenía más suaves que las mías" (Ribeyro 1994: 48).

Toda esta evolución culmina, como en su clímax, en el párrafo final, donde se junta la totalidad de los ingredientes del relato: la obsesión por las manos, la posibilidad de abrir un negocio, la vela que casi se apaga ya, etc., sólo que ahora, como Moisés no ha muerto, las esperanzas se convierten en sueños fatuos, deseos que se sabe que nunca van a cumplirse:

> La vela estaba a punto de extinguirse [...]. Mientras tendía las sábanas había mirado la luna, había tenido el primer estremecimiento [...]. "Aún me queda tiempo", pensó y se aproximó a la canasta de ropa sucia. Sus manos se hundieron en ese mar de prendas ajenas y quedaron jugando con ellas, distraídamente, como si todavía le quedara una última duda. "¡Se apaga, se apaga!", murmuró mirando de reojo el candelero y sin podérselo explicar sintió unas ganas invencibles de llorar. Por último hundió los brazos hasta el fondo de la canasta. Sus dedos tocaron

la curva fría del vidrio. Se incorporó y de puntillas se encaminó hasta la cama. Moisés dormía [...]. La vela se extinguió en ese momento sin exhalar un chasquido. Los malos espíritus se fueron y sólo quedó Mercedes, despierta, frotándose silenciosamente las manos, como si de pronto hubieran dejado ya de estar agrietadas (Ribeyro 1994: 48-49).

Vela y manos recorren todo el relato. Cuando la vela se apaga se termina el cuento, pero también cuando parece –es sólo una sensación subjetiva– que las manos han dejado de ser la causa de la humillación y la frustración. La luz de la vela, símbolo de esperanza y vida, desaparece, se convierte en puro humo, sin consistencia, como los sueños, que sueños son, y nada más.

Manos y frustración no sólo llegan desde las clases más bajas, sino también de esas clases medias que luchan por asimilarse a las aristocracias económicas de mitad de siglo. Es éste uno de los temas preferidos de Ribeyro, que cuenta como nadie los cambios sociales están ocurriendo en la Lima del medio siglo, en una ciudad que crece escandalosamente dejando a su paso una riada de transformaciones que, a la postre, serán letales para la configuración social de la ciudad contemporánea. En el cuento "Almuerzo en el club", del séptimo libro del peruano, *Silvio en el Rosedal*, se describe esa situación, a través de dos militares de alta graduación, que ven pisoteada su antigua posición privilegiada por jóvenes de un alto nivel económico. Tío Delfín y tío Carlos, dos hermanos coroneles, invitan al narrador a comer al club más exclusivo de la ciudad, de donde son socios no por sus fortunas personales sino por ser coroneles y haber ganado concursos de equitación. Ese día, "tío Carlos era comisario de turno del club y debía tomar las disposiciones para que se atendiera bien a los socios que cayeran ese domingo por allí" (Ribeyro 1994: 447). Cuando se encuentran en lo más interesante de la conversación, comentando con orgullo el hecho de pertenecer a una institución tan distinguida y mostrando al narrador cada una de las estancias del complejo, la atención se desvía hacia la zona desde donde Juanito Albornoz, el hermano del presidente del club, llama a gritos al camarero que está en ese mismo momento sirviendo a los protagonistas, para que se dé prisa en servirle. Ellos se ponen muy nerviosos, por la chulería y los malos modos de Juanito, y tío Carlos, ejerciendo sus funciones de comisario, conmina al sirviente a atender rápidamente a Albornoz. Aún así, el hermano del presidente interviene: "–¡Oiga usted, coronel Zapata! (Se dirigía a tío Carlos). ¡Hace diez minutos que estoy pegando gritos y nadie me atiende! ¿Ésa es la manera de tratar a los socios?" (Ribeyro 1994: 449). Éste es el momento de máxima tensión hasta el momento, y en el que se empiezan a desencadenar los sucesos que nos llevarán a la conclusión que apuntábamos antes. Y es entonces cuando aparecen las manos, dando cuenta de la tensa situación: "Tío Delfín levantó la vista hacia el joven, mientras sus manos crispadas buscaban un punto de apoyo sobre la mesa" (Ribeyro 1994: 449). El nerviosismo es patente, fruto no sólo de lo que está pasando, sino también de la conciencia de la distancia económica y, por tanto, también social, de ellos con respecto a Albornoz. Tío Carlos se disculpa ante Juanito, humillado, y el narrador apunta: "Girando sobre sus talones, el joven regresó corriendo hacia la piscina, dejando en las baldosas de la terraza las huellas húmedas de sus pies. Tío Delfín había bajado la cabeza y silbaba débilmente, barriendo con los dedos las migajas que había sobre el mantel" (Ribeyro 1994: 449). Una vez más la mano, los dedos, son catalizadores del ambiente interior, de la situación moral y anímica que se vive. Y aunque Carlos y su mujer tratan de disimular, desviando la atención hacia los helados que acaban de traer, tío Delfín no puede resistir el dolor de esa afrenta: "—¿Mis helados? —repitió tío Delfín, sobresaltado, mirando su copa. La apartó con la mano—. La verdad es que no tengo ganas" (Ribeyro 1994: 450). Poco a poco se recobra la calma, y termina la visita al club. Pero a la vuelta, cuando tío Delfín lleva al narrador a casa, en un momento dado detiene el coche en seco y se reclina sobre el volante a lamentarse amargamente de lo que había ocurrido en el club. Llorando desconsoladamente, declara de nuevo cómo las manos son portadoras de los sentimientos más fuertes: "—¡No sé cómo me he podido aguantar! Los puños me quemaban. Sólo por Carlos, claro, sólo por él, para no fregarle su vida en el club y ese trabajo que le han ofrecido…" (Ribeyro 1994: 451).

Unos ingredientes similares asoman por las páginas de "Una aventura nocturna" (1958): diferencia de clases basada en la economía, humillación desde arriba hacia abajo y manos que testifican el conflicto. El relato, perteneciente a *Las botellas y los hombres*, describe a Arístides, un cuarentón "excluido del festín de la vida" (Ribeyro 1994: 182), cuya mediocridad también se presenta a través de unas manos que emiten juicios y realizan ademanes de desprecio: "Sus viejos amigos […] se limitaban a darle un rápido apretón de manos en el que se deslizaba cierta dosis de repugnancia. Porque Arístides no era solamente la imagen moral del fracaso sino el símbolo físico del abandono: andaba mal trajeado, se afeitaba sin cuidado y olía a comida barata, a fonda de mala muerte" (Ribeyro 1994: 182). Así, esa mano humillada contrasta con la de la mujer que regenta el bar donde se encuentra en ese momento: "La mujer había llegado a la mesa para apoyar en su borde una mano regordeta cargada de joyas" (Ribeyro 1994: 183). Arístides concluye que tiene que ser la patrona del local y que debe de tener mucho dinero, a juzgar por las apariencias del establecimiento. Asimismo, piensa que es una buena oportunidad para tener una aventura con ella, ya que están solos en el bar y ella vive en la planta de arriba. Improvisa una estrategia para la conquista de la mujer, y en ella interviene la mano en varias ocasiones:

> Sólo cuando la tuvo cogida del talle –tieso y fajado bajo su mano inexperta– tuvo la convicción Arístides de estar realizando uno de sus viejos sueños de solterón pobre.
> [...]
> Hizo preguntas indiscretas con el objeto de crear un clima de intimidad. Se enteró de que vivía sola, que estaba separada de su marido. La había cogido de la mano.
> [...]
> A veces, cuando él pasaba resoplando a su lado, extendía la mano y le acariciaba sus cabellos (Ribeyro 1994: 185).

Pero la realidad acabará por imponerse. Arístides es un perdedor nato, un mediocre sin remedio, y nuevamente la mano recorrerá la distancia económica y social que hay entre los dos. Cuando la dueña hace ademán de cerrar, Arístides le dice que se queda con ella. La mujer asiente pero le pide que antes le ayude a recoger las mesas y las sillas de la terraza. Arístides termina recogiendo el macetero y, cuando lo ha levantado del suelo, la mujer entra en el bar y lo cierra, dejando a Arístides fuera: "–¡Abra! –musitó Arístides. La patrona hizo un gesto negativo y gracioso, con el dedo" (Ribeyro 1994: 186).

El cuento se cierra con la humillación del aprendiz de don Juan, que "tuvo la sensación de una vergüenza atroz, como si un perro lo hubiera orinado" (Ribeyro 1994: 186). En la investigación de Ribeyro sobre los sentimientos humanos siempre hay espacios de lucidez, certezas que contradicen su escepticismo. Otro problema es el por qué de las frustraciones del hombre contemporáneo. Probablemente, ni tienen causa ni hay que buscarla. Ese asunto, como tantos otros, no está en "nuestras manos".

BIBLIOGRAFÍA CITADA

AQUINO, Tomás de (2001): *Suma de Teología*. Madrid: B.A.C.

ARMSTRONG, David F./STOKOE, William C./WILCOX, Sherman E. (1995): *Gesture and the Nature of Language*. Cambridge/New York: Cambridge University Press.

BECKER, Udo (2003): *Enciclopedia de símbolos*. Barcelona: Ediciones Robinbook.

BELL, Charles (1840): *The Hand, its Mechanism and Vital Endowments, as Evincing Design: the Bridgewater Treatises on the Power, Wisdom and Goodness of God as manifested in the Creation*. New York: Harper and Brothers.

CHEVALIER, Jean/GHEERBRANT, Alain (1999) : *Diccionario de símbolos*. Barcelona: Herder.

CIRLOT, Juan Eduardo (2002): *Diccionario de símbolos*. Barcelona: Siruela.

DAVIES, Robertson (1986): *What's Bred in the Bone*. New York: Penguin Books.

RIBEYRO, Julio Ramón (1989): *Dichos de Luder*. Lima: Jaime Campodónico Editor.

— (1992): *Prosas apátridas*. Lima: Editorial Milla Batres/COFIDE.

— (1994): *Cuentos completos*. Madrid: Alfaguara.

TENORIO REQUEJO, Néstor (1996): *Julio Ramón Ribeyro: el rumor de la vida*. Lima: Arteidea Editores.

WILSON, Frank R. (2002): *La mano. De cómo su uso configura el cerebro, el lenguaje y la cultura humana*. Barcelona: Tusquets.

Siete cuentistas muy raros
(propuestas para una zoología fantástica latinoamericana)

Andrés Neuman

Monterroso, campeón mundial de las tortugas

El anunciado esplendor del cuento se parece a ese maravilloso microcuento de Monterroso en el que Julio Ramón Ribeyro, Bryce Echenique, Bárbara Jacobs y el autor esperan a Kafka para cenar. La historia sucede en París, donde acaba de celebrarse un congreso mundial de escritores. Los comensales han llegado y sólo falta Kafka, que se ha retrasado porque antes de reunirse con ellos debe pasar a recoger una tortuga que desea obsequiarle a Monterroso, en recuerdo de la rapidez con la que el congreso se ha desarrollado. La calle del apartamento donde se celebra la cena no es difícil de encontrar. Pero Kafka, que viaja en metro con la tortuga, primero confunde la dirección del tren, luego se topa con una salida clausurada y más tarde, tras parar en un café para darle un poco de agua a su tortuga, localiza la calle pero se equivoca de piso y también de puerta. Como no podía ser menos, Kafka no llega nunca a la cena, aunque cada vez está más cerca. Como si Kafka fuera una mezcla de Aquiles y Godot. Al final, melancólico, se va sin haber llegado.

En esta historia de velocidades lentas y aplazamientos eternos, ¿quién sería el cuento: Kafka o la tortuga? ¿O Kafka sería el cuentista, y la tortuga el editor? Pero entonces, ¿quiénes serían los comensales que esperan la llegada del cuentista y su editor? ¿Los lectores? ¿O son los editores los que ven cómo la cena se enfría, mientras cuento y cuentista se desaniman antes de encontrar su casa? Visto así, el metro que viaja en la dirección equivocada podría ser el mercado. O la crítica. O Dios. ¿O la crítica sería más bien ese congreso mundial de Monterroso, y entonces los críticos serían los colegas que nunca terminan de recibir al cuentista? Lo malo de esta interpretación es que la tortuga se queda fuera del reparto. A menos que la tortuga, claro, fuera precisamente la crítica. En fin. Lo que está claro es que la historia de Monterroso habla del cuento, quiera o no Monterroso y opine lo que opine la tortuga.

QUIROGA, RACIONALISTA SELVÁTICO

Quisiera hacer un elogio del a veces maltratado Quiroga. Al prestigio de Quiroga le pasa lo mismo que a sus cuentos selváticos: se le reconoce el instinto, pero no la exactitud. Se aplaude su olfato de pionero con machete, y no su innegable astucia civilizadora. Porque Quiroga entró en el desorden de lianas del cuento en ciernes y terminó construyendo un insólito zoológico narrativo con todas sus especies. En realidad Quiroga fue y volvió solito. Ordenó el caos (o sea, fundó el cuento moderno en lengua española transplantando a Poe en América del Sur) y casi de inmediato volvió a desordenarlo (o sea, procuró escapar de ese cuento redondito, perfecto y amaestrado que él llamaba "de efecto", esforzándose en la escritura de esos otros más ásperos y asimétricos que él llamó "cuentos a puño limpio"). Salvando las selváticas distancias, Quiroga viene a ser el Cervantes de nuestro cuento: durante demasiado tiempo se lo juzgó como un ingenio lego, atribuyéndosele toda clase de méritos en bruto. Si Cervantes inventó al mismo tiempo la novela moderna y su parodia, Quiroga plantó en plena selva el cuento hispánico del siglo XX, y de paso le instaló unas guías para que pudiera crecer libre y torcido.

Quiroga siempre supo muy bien lo que hacía. En cada gesto suyo, incluyendo sus cuentos más salvajes, se adivina una extrema consciencia literaria. En sus casas de Misiones, que siguen estando ahí, más o menos apartadas en mitad de la nada, el visitante puede ver comprobar dos cosas muy interesantes. Una: no casualmente, el hombre vivía rodeado de herramientas y complejos utensilios, más como un científico que como un gringo de safari. Y dos: el hombre tomó numerosas fotos en la selva, en algunas de las cuales aparece remando vigorosamente en las canoas que él mismo construía. Sólo que estas últimas fotos también las tomó Quiroga. Eso significa que, para lograrlo, tuvo que colocar la cámara al borde del río, montarse en la canoa muy cerca de la orilla, ingeniárselas para accionar la máquina a distancia y fingir que remaba desafiando el peligro de las aguas revueltas. Es entonces cuando uno cae en la cuenta de que Quiroga tuvo más de Hemingway en España que de Rimbaud en Abisinia. Así procedió también al explorar el cuento.

Quiroga se atrevió a ser muy concreto con su oficio. Detectó una serie de cuestiones técnicas, les buscó un nombre y las organizó: hizo un trabajo sucio. De mula. O de tortuga. Fruto de ese esfuerzo es su actualmente subestimado *Decálogo del perfecto cuentista*. Este breve texto, cuyo título no está exento de ironía ni de un saludable escepticismo acerca de todos los decálogos y poéticas, merecería a mi gusto más respeto del que hoy se le prodiga. De sus célebres diez máximas me gustaría destacar las cuatro más precisas, y quizá más vigentes.

El quinto punto del decálogo es deudor de Poe y, nos convenza más o menos, lo seguiría suscribiendo buena parte de los cuentistas actuales: "No empieces a escribir sin saber desde la primera palabra adónde vas. En un cuento bien logrado, las tres primeras líneas tienen casi la misma importancia que las tres últimas". Personalmente, no estoy tan seguro de que un cuentista deba saber siempre adónde se dirige su historia y, de hecho, creo que muchas soluciones narrativas provienen de la improvisación hacia lo desconocido. Por otra parte, es importante recordar que la importancia del final no implica que éste deba ser por fuerza sorpresivo o desvelar alguna información oculta. Existen otras modalidades de relato, y la importancia de sus finales puede consistir en callar discretamente, interrumpir el argumento o realizar un giro verbal insospechado.

Los dos puntos siguientes del decálogo, el sexto y el séptimo, adquieren más sentido al ser leídos juntos: "Si quieres expresar con exactitud esta circunstancia: *desde el río soplaba un viento frío*, no hay en lengua humana más palabras que las apuntadas para expresarla. Una vez dueño de las palabras, no te preocupes de observar si son consonantes o asonantes"; y "no adjetives sin necesidad. Inútiles serán cuantas colas adhieras a un sustantivo débil. Si hallas el que es preciso, él, solo, tendrá un color incomparable". La concisión y economía recomendadas en el primer punto no son ajenas a la mesura en la adjetivación del punto siguiente. Como declara aquel poema de Huidobro, el adjetivo que no da vida mata. Ahora bien, me gustaría detenerme en el ejemplo planteado por Quiroga, "desde el río soplaba un viento frío". De Borges a Cortázar, pasando por Silvina Bullrich, esta frase inventada por Quiroga ha sido ridiculizada, argumentando por ejemplo que el dilema se solucionaría fácilmente escribiendo "desde el río soplaba un viento helado".

En mi opinión, molestarse en corregir esta frase del decálogo es perverso por tres motivos. En primer lugar, se trata de un ejemplo didáctico (como todo el decálogo) y, por lo tanto, su función es reflejar un problema técnico de la manera lo más evidente posible. En segundo lugar, afortunada o no, parece injusto detenerse en lo accesorio de la frase y no en su sentido profundo: la idea que Quiroga intentaba defender, a contracorriente del buen gusto académico, y con una valentía estética que el cuento argentino no volvería a conocer hasta Roberto Arlt, era que al narrador le vale más ser preciso e imperfecto que caer en un impecable amaneramiento. Y a la labia argentina le tentaba y le tienta el amaneramiento. Este punto del decálogo quiroguiano habla de la honestidad del estilo, de la entrega al personaje o a la historia antes que a las convenciones de escuela. Pero, en tercer lugar, y puestos a tomar literalmente la bendita frase "desde el río soplaba un viento frío", habría que decir que un viento *helado* no es lo mismo que un viento *frío*. El primero sugiere un invierno crudo, nevado, temible, mientras el segundo evoca un clima menos cruento, quizás un suave otoño o una noche de verano a la intemperie.

El punto octavo se atreve a rechazar la omnisciencia decimonónica (ésa que tanto había empleado su maestro Poe), aproximándose a un objetivismo chejoviano que tardaría mucho, acaso hasta Carver, en dominar el cuento hispanoamericano: "Toma los personajes de la mano y llévalos firmemente hasta el final, sin ver otra cosa que el camino que les trazaste. No te distraigas viendo tú lo que ellos no pueden o no les importa ver". La máxima concluye: "Un cuento es una novela depurada de ripios. Ten esto por una verdad absoluta, aunque no lo sea". Este famoso aforismo, un cuento es una novela depurada de ripios, ha tendido a leerse sacado de contexto y omitiendo su carácter figurado, que subraya el propio autor: ten esto por una verdad absoluta, *aunque no lo sea*. Como bien sabía Quiroga, ni un cuento es una novela resumida ni una novela, un cuento prolongado. Por ponernos caribeños, digamos que del *Paradiso* de Lezama jamás podría extraerse una sinopsis narrativa, porque sus dimensiones, variaciones y excesos son parte esencial de su propuesta. Y si intentáramos desarrollar alguna de las piezas más minúsculas de Piñera, sólo conseguiríamos debilitarlas, restarle impacto estético y moral a su laconismo. Pero la irónica observación de Quiroga no puede desvincularse de la intención que tuvo nuestro primer cuentista moderno, y que aún no puede considerarse cumplida: dignificar el cuento como disciplina literaria autónoma. Pero de eso no vamos a quejarnos, y además la novela no tiene ninguna culpa de las depredaciones.

VIRGILIO PIÑERA, UN FANTASMA CON MAL CUERPO

Aprovechando que no se cumple ningún aniversario, me gustaría recordar con toda admiración la figura como de perfil de Virgilio Piñera, escritor fantasmal. Durante sus últimos años Piñera sufrió un triste olvido hasta que, una década más tarde, comenzaron a rescatarse las numerosas páginas inéditas que dormían apiladas en su catre. Aunque *La carne de René* sea una novela notable, o aunque también merezcan atención su importante obra dramática y su –a mi gusto– menos brillante obra poética, hoy prefiero hablar de sus cuentos. De esos cuentos crueles, fríos y cautivadores de Piñera, que nos hacen un nudo con los nervios.

Tensión y economía son dos de las grandes virtudes de aquel narrador flaco, seco, ágil, tan parecido a sus textos breves. Quizá por eso sus piezas más extensas suelen perder algo de fuerza, ese filo de cuchillo que caracteriza a las más logradas. Baste recordar el magistral microrrelato titulado "En el insomnio", auténtica cumbre técnica de la distancia corta, una de esas historias que nos quitan el sueño.

Austero por obligación y acaso por convencimiento, Piñera dormía poco, comía menos y pensaba mucho. Igual que el personaje del cuento titulado "El crecimiento del señor Madrigal", Piñera tuvo la gran exquisitez de eludir el sibaritismo. Según cuenta Abilio Estévez, hubo días en los que ni siquiera tenía dinero para comprar el periódico donde había publicado su colaboración. Empeñando sus mejores prendas, fundó la revista *Poeta*; parece ser que le duró dos trajes. Disconforme con su cuerpo, aunque siempre dispuesto a desnudarse, Piñera fue homosexual como Lezama, perseguido como tantos, ateo como pocos e iconoclasta como nadie. Lector culto, solía deshacerse de los libros que leía. Perpetuamente aferrado a su paraguas, como quien se empeña en conservar la dignidad, en los años setenta supo (igual que el acusado del cuento "El interrogatorio") que estaba perdido después de ser absuelto.

Esteta a su manera, su gusto para los hombres era pasoliniano, más o menos el mismo que para las palabras: llanos, simples y contundentes. La poética objetivista de Piñera se resume en una frase de otro cuento, "La muerte de las aves": "toda versión es inefable, y todo hecho es tangible". Antón Arrufat lo expresa muy bien con un endecasílabo involuntario: "sus cuentos casi llegan a ser actos". Su lenguaje alcanzó un ascetismo espeluznante, una higiene de quirófano. Pero lo que Piñera narra con todo realismo es lo imposible. En su aparente notificación de los hechos, consigue despertar más dudas que cualquier texto interrogativo.

Preguntas, desde luego, sin respuesta. En la narrativa breve de Piñera la degradación de la utopía llega hasta tal punto que al lector sólo le queda un vacío intacto, cotidiano hasta la pesadilla. Como un Descartes desengañado, Piñera declaró pensar a diario: "en medio de tanta confusión, ¿con quién contar? Y la respuesta era la reducción al absurdo: conmigo mismo". Si en Cortázar el surrealismo significó una vía liberadora para el individuo, un viaje hacia el hombre nuevo, con Piñera ese surrealismo deriva en el absurdo metafísico, en la negación de todo viaje. Se trata quizá de otra clase de redención, de enfermar la lógica como método de expiación.

Lo llamativo de Piñera es que sus cuentos, siempre tan abstractos en su planteamiento, buscan corporeizarse a toda costa, concretarse desesperadamente en lo físico. Acaso en esto, como alguna vez se ha dicho, el autor cubano represente las antípodas de Borges, que por cierto fue el primero en publicarle un texto a su llegada a Buenos Aires. El tema inevitable de Piñera es el cuerpo y su implacable desmontaje: allí están, todavía doliendo, relatos como "La carne", "Las partes", "Cosas de cojos" o "Un parto insospechado". Amputaciones, culpas, represiones, castigos. Toda una galería de horrores, enunciados como quien no quiere la cosa. Acaso la mayor valentía de un fantasma consista en vender todas sus sábanas y después, con toda frialdad, enfrentarse a un espejo.

Leónidas Barletta, floristero asombrado

La flor fantástica de Coleridge crecía en la delgada línea de tierra que separa el sueño de la vigilia: alguien sueña que atraviesa un paraíso, recibe una flor como testimonio y, al despertar, la encuentra entre sus manos. Borges deshojó esta visión de Coleridge en un ensayo donde menciona otra flor fantástica, la de H. G. Wells en *La máquina del tiempo*, más increíble aún por tratarse de una flor que va a existir mañana y "cuyos átomos ahora ocupan otros lugares". En cierto modo Wells inventó el *carpe diem* al revés: una flor futura. También podría proponerse el reverso de la flor de Coleridge. Alguien se queda dormido con una flor en la mano (quizás una prenda de amor) y, al amanecer, ya no la tiene. La ha perdido durante un sueño.

De todas las flores ilustres de la literatura, quizá mi favorita sea la de Leónidas Barletta, un escritor argentino hoy olvidado y, siendo sinceros, un escritor menor. Bajo el influjo del realismo social, Barletta ayudó a fundar el grupo de literatura militante conocido como Boedo. Dicho grupo dio lugar a un movimiento que, pasado su apogeo durante las décadas del veinte y treinta, en realidad no se agota para la literatura argentina. Muy al contrario, muchas de sus propuestas pueden rastrearse en corrientes posteriores: el populismo, el sentimentalismo tardorromántico, el tremendismo. Los cuentos de su amigo Roberto Arlt, a quien Barletta estimuló para que escribiera teatro, no son ajenos a esta tradición. Leónidas Barletta fue autor de libros en su momento célebres como *Cuentos realistas, La vida* o *La señora Enriqueta y su ramito.* Mucho menos genial que sus mejores contemporáneos, Barletta escribió sin embargo un cuento sublime que se titula "La flor". La historia trata de una joven que trabaja en una floristería. Cansada de separar, cortar y envolver flores, harta de tantas espinas y polen, ella sólo piensa en terminar la jornada para encontrarse con su novio. Una tarde, el novio la recibe con alegría y le anuncia que tiene un regalo para ella. Introduce una mano en su abrigo y le entrega una modesta rosa. Entonces a la joven, maravillosamente, se le iluminan los ojos. Y recibe la rosa, la besa feliz y se acaricia las mejillas con la flor.

Leyendo o escribiendo nos sucede como a la joven florista: volvemos a enamorarnos de las cosas, contemplamos con otros ojos los objetos de cada día, incluso los odiados. La literatura no necesita inventar paraísos porque eleva nuestro propio lugar de residencia. La flor más alta de todas es la flor de un escritor menor, Leónidas Barletta. Y está aquí mismo, temblando de tiempo, al alcance de la mano.

JUAN JOSÉ ARREOLA, ARÁCNIDO PACIENTE

Juan José Arreola es el último grande de Zapotlán, hoy Ciudad Guzmán, tierra volcánica que vio nacer a Azuela y Rulfo. La lava del genio lo alcanzó también a él, y es improbable que por allí vuelvan a darse semejantes erupciones. Entre las proezas de este cuentista figura la de haber conseguido un estilo Papini, un estilo Schwob, un estilo de palimpsesto borgeano y sin embargo muy personal: estilo Arreola. Creador de una escritura preciosista, exagerada y a la vez contenida, la voz de Arreola vuelve oral la prosa del modernismo, si es que tal cosa resulta posible.

Animal paradójico, socialista y esteta, cómico y moralista, en Arreola confluyen la nostalgia del absoluto de Steiner con una asombrosa visión de la posmodernidad literaria: la fragmentariedad, la micronarrativa, el pastiche. Es verdad que en su discurso asoma a veces el catastrofismo, una lectura religiosa de la humanidad caída. Su prosa, de hecho, se caracteriza por cierto regusto anacrónico, que encaja con la conciencia que Arreola parecía tener de que vivimos en una época de decadencia espiritual. Pero la ironía y el escepticismo siempre llegan a tiempo. Arreola habla también de la inutilidad de las moralejas, y en el cuento titulado "El silencio de Dios" imagina un Hacedor que se abstiene de recomendar a sus hijos que profesen religión alguna, por ser parte interesada en el asunto. Con algo de iconoclasta, algo de hereje satisfecho y otro poco de agonía unamuniana, hoy nos resulta de lo más actual en uno de sus temas recurrentes: la pavorosa deshumanización de la sociedad posindustrial.

En uno de sus cuentos más celebrados, "La migala", un inconcreto arácnido ronda al narrador con la amenaza de su veneno. Igual que aquí la zoología fantástica penetra en la cotidianidad hasta el mismo dormitorio, la prosa inverosímil de Arreola merodea nuestras lecturas con su música inquieta. Alguna vez Arreola explicó su paso del cuento tradicional al texto poemático, y de éste a la cláusula, que sería la frase que contiene una pequeña revelación. Si estas cláusulas son –como él las definía– "seminales", los libros de Arreola han causado la germinación de un exquisito bosque.

Leer a Arreola es tomar lecciones de amor a la escritura, de ética literaria. Si el escritor de Zapotlán convivió siempre con el peligro, ese peligro se parece menos a la misteriosa criatura de "La migala" que al propio laboratorio del lenguaje. En el microcuento titulado "Post Scriptum", un suicida aplaza su muerte indefinidamente hasta dar con las palabras exactas en su nota para el juez. Así, el rigor de estilo es su condena, pero también su salvación. Quizás por eso el fantasma de Arreola sigue vivo, esperando eternamente el Premio Cervantes que alguien no quiso darle.

Marco Denevi, doctor en voyeurismo

En el microrrelato de Marco Denevi titulado "La contemporaneidad y la posteridad", un aplicado investigador escribe en el cuartucho de un hostal parisino. Estamos en el año 1872. Lo que escribe nuestro investigador es una minuciosa (y, dada la fecha, completamente improbable) tesis doctoral sobre la poesía de Paul Verlaine y Arthur Rimbaud. Su trabajo se ve perturbado a causa de los gritos y la agitación de muebles en la habitación contigua. Los gritos son, para no andar con rodeos, más bien gemidos. Y el rumor de muebles tiene mucho de muelles rebotando. Como nuestro investigador cree firmemente en la observación, sale al pasillo y mira por la cerradura del cuarto contiguo. Al hacerlo, queda espantado por la visión de un hombre mayor fornicando alegremente con un muchacho. Indignado, el investigador llama a los gendarmes y poco después oye cómo se llevan presos a los dos viciosos. Vuelto al orden, el investigador se sienta a reanudar tranquilamente su tesis doctoral. En la comisaría, mientras tanto, los sodomitas confiesan apellidarse Rimbaud y Verlaine y ser de oficio poetas.

Cuando uno se pone a teorizar, siempre corre cierto riesgo de comportarse como el escrupuloso personaje de Denevi. Por eso conviene desconfiar de la teoría que no hace el amor.

BIS: HEBE UHART, MARIPOSA SIN QUIÉN

No quisiera terminar esta breve nómina de cuentistas muy raros sin mencionar a Hebe Uhart, narradora argentina que empezó a publicar a principios de los años sesenta.

Hebe Uhart sí que es rara. Tiene humor. Es filósofa. Huye de las fotos. No le interesa Borges. Y para colmo tiene un nombre que parece salido de "Tlön, Uqbar, Orbis Tertius". Hebe Uhart tiene pocos parecidos con los grandes autores de su generación. Es decir, resulta difícil de situar dentro de esa entelequia que llaman canon literario nacional. Eso explica por qué se estudia tan poco. Que yo sepa, más allá de sendos prólogos de Haroldo Conti y Elvio Gandolfo, el único profesor influyente que la ha explicado en clase es, sorprendentemente, Piglia, que con justa razón considera que el texto titulado "Guiando la hiedra" es uno de los mejores cuentos latinoamericanos de los últimos años. Pero sospecho que ella, a quien no tengo el gusto de conocer, ha sido siempre muy así. Tan inteligente como sigilosa. Alguien que tituló uno de sus libros "El budín esponjoso". Alguien condenada a una generosa soledad. Alguien que parece autorretratarse al escribir, en el cuento antes citado, lo siguiente: "Me siento tan humilde y tan gentil al mismo tiempo, que agradecería a alguien, pero no sé a quién".

Buscándole familia, se la ha comparado con multitud de autores raros. Se la ha comparado con Carson McCullers por su capacidad de observación, pero su narrativa no es tan psicologista ni pretende crear grandes personajes mucho más allá de su propia, delicada mirada. Se la ha comparado con Djuna Barnes por lo introspectiva, pero su mundo ensimismado resulta menos sórdido y también más divertido. Se la ha comparado con Clarice Lispector por lo inconfundible del estilo, pero su prosa, siendo muy atractiva, no aspira al virtuosismo y despliega recursos de mayor discreción. Se la ha comparado con Fogwill por su imprevisible ironía, pero el tono de Uhart es infinitamente más tierno, amable, de una complicidad casi infantil. Quizás un buen compañero de juegos para ella, por poner un ejemplo español, sería el costumbrismo pícaro, asombrado de Antonio Pereira. En realidad el único marido literario de Hebe Uhart que se me ocurre es Felisberto Hernández, otro raro del que, si hubiéramos tenido tiempo, me habría gustado hablar.

Y qué mejor final, si de hablar se trata, que terminar con un encantador minicuento de Hebe Uhart titulado "El predicador y la isoca". Una isoca es un tipo de larva de mariposa muy perjudicial para la agricultura. En cuanto al predicador, me temo que por desgracia ya sabemos qué es. Y qué campos estropea.

EL PREDICADOR Y LA ISOCA

Las circunstancias imprevisibles de la vida, puestas esta vez de manifiesto en forma de un interminable aguacero, habían reunido en una oscura caverna a un predicador y a una isoca. El predicador decía así:

—Amados hermanos, debemos distinguir, según lo hiciera el sabio filósofo Spinoza, entre la *natura naturans* y la *natura naturata*. La segunda es engendrada pero no infundida por la primera, la primera es viceversa de la segunda.

La isoca decía que sí y mientras tanto comía el poco yuyo que crecía en la caverna. El predicador continuó:

—El ser primero contiene, sostiene, sobreviene y mantiene a todos los demás seres, y es razón y causa *non causata*.

La isoca dijo que sí y que iba a ver si llovía.

—Voy a ver si todavía llueve.

Salió afuera y dijo:

—No llueve más, pero me gustaría escuchar la crítica al voluntarismo leibniziano.

El predicador siguió:

—El voluntarismo leibniziano ha engendrado toda una serie de disparates coherentes con la moderna teología, que difiere de la prístina en que...

—Esperá —dijo la isoca—, voy a ver si todavía no llueve.

El predicador continuó:

–Los adversarios del agnosticismo caen, en consecuencia, en el mismo error que ellos al considerar que...

El predicador miró afuera y no llovía. Se sentía tremendamente inquieto, como si le faltara algo. De pronto, preguntó bruscamente:

–¿Donde estás, Regina Isocarum?

Pero la isoca se había ido.

LA EXTRAÑA MIRADA MEXICANA DE JUAN VILLORO

Ana Marco González
Universidad de Granada

> *Como el Arlecchino de Goldoni, soy siervo de dos patrones:*
> *uno me da órdenes realistas; el otro, fantásticas. Por esqui-*
> *zofrenia o dispersión, necesito de ambos.*
>
> JUAN VILLORO (Entrevista con Ignacio Echevarría)

Deudora del fantástico rioplatense, la ficción realista de Juan Villoro (Ciudad de México, 1956) sospecha la existencia de una clave indescifrable que gobierna las modernas sociedades urbanas. En *El disparo de argón* (1991, reeditada con correcciones en 2005), la reflexión sobre los mecanismos del poder en México y el reconocimiento de una megalópolis desbordada se efectúan a partir de una evocación sutil de las fantasías clínicas de Bioy, dando lugar a un espacio autónomo propicio a interpretaciones alegóricas pero irreductible a su total desentrañamiento. Me gustaría entonces tratar de delimitar los mecanismos de los que se sirve el texto en este sentido, así como su relación con otras narraciones que por los mismos años han procurado la descripción y la interpretación del D. F., y que lo han hecho dirigiendo una mirada ciertamente oblicua sobre lo real, bien por su recurso a prototipos apocalípticos o distópicos, bien por su aprovechamiento del grotesco o por su insinuación de la existencia de determinados órdenes (y desórdenes) ignorados e imposibles de aprehender en su totalidad.

Villoro propone con *El disparo de argón* un nuevo examen novelesco de la capital mexicana en el que, a diferencia de la modélica *Región más transparente* (1958) de Fuentes, la visión panorámica es sustituida por una aproximación a la ciudad desde referentes menores pero capaces de expresarla metonímicamente[1]. De ahí que su trama se localice en un escenario muy concreto,

---

[1] Se trata de una opción no sólo de índole literaria, sino acorde con la nueva configuración de los conglomerados urbanos en el filo del siglo XXI, donde el crecimiento desmesurado, el reemplazo del centro tradicional por múltiples áreas que asumen su lugar y el desarrollo de

el barrio de San Lorenzo, creación imaginaria, expresión de lo mejor y lo
peor de la urbe, y, dentro de él, en torno a un núcleo también muy definido,
la clínica oftalmológica del doctor Antonio Suárez, réplica de la de Barraquer
de Barcelona (en la que el escritor fue atendido de un derrame en 1979) y
objeto de una intensa reelaboración simbólica por la que merecerá el calificativo de "casa de signos". El relato recrea el prestigio, la organización en torno
a un líder emblemático y la característica decoración del sanatorio catalán. La
transformación de las figuras egipcias del original –que lo hacían parecer "un
jeroglífico" (Villoro en Ramos 2001: 62)– en motivos aztecas se adecua por
distintas razones a la lógica del texto, destacando sin duda el deseo del escritor de asociar lo prehispánico con su concepción de la ciudad, "un palimpsesto mil veces corregido, borradores que ya olvidaron su modelo original y
jamás darán una versión definitiva" (Villoro 2002), esto es, de convertirlo en
otro más de los signos de esa amalgama de tiempos y cosmovisiones diversos
y en ruinas en que se habría convertido México-Tenochtitlán.

La ciudad, o mejor, la posibilidad de conocer la ciudad y de ser parte de
ella desde uno de sus barrios, la eventual comprensión del todo que otorga la
experiencia parcial del habitante de las grandes urbes, se conforma así como
uno de los temas principales del libro. Su protagonista, Fernando Balmes, es
un oculista nacido en el barrio y empleado en la clínica de Suárez, víctima de
una crisis de sentido que advierte reflejada en sus compañeros de trabajo, en
la colonia y en la metrópoli. Centrales al texto son también las referencias al
poder y la mirada, de forma que mirada, ciudad y poder, literal y simbólicamente, se imbrican en el programa de una narración que percibe la necesidad
de confrontarlos para dar satisfactoria cuenta literaria del México de fines del
siglo XX. El protagonismo de la primera se aviene naturalmente a la estética
del escritor, quien en distintas ocasiones ha enfatizado la calidad de arte
visual, de registro óptico de la literatura ("Entrevista" 1997) y que pretende
dar cuenta de la riqueza imaginística de su medio, desplegando para ello un
complejo juego con el concepto de imagen en su doble sentido de representación figurativa y de traslación metafórica. Por eso, Villoro alterna en su des-

---

las tecnologías de la información ?con su impacto en los patrones de socialización y uso del
tiempo libre? inciden en una atomización progresiva de la vida ciudadana (García Canclini
1990; Martín-Barbero 2004; Monsiváis 1995). De la revalorización consecuente de lo doméstico y las solidaridades barriales como respuesta a la necesidad de arraigo en el marasmo de
este nuevo modelo de poblamiento dará asimismo cuenta el texto del mexicano.

cripción del D. F. la lucidez analítica, la imparcialidad "del telescopio" de Italo Calvino –al cual remonta otra de las filiaciones de su universo científico y en quien reconoce toda una obra organizada "en torno a la mirada" (Villoro 2001:190)– con la abolición de esa misma objetividad narrativa, coherente con su asunción de que para comprender a México es imprescindible interpretar además una realidad envuelta en sombras. A lo que esta primera novela del también cuentista, cronista y ensayista apela entonces es al "intercambio de perspectivas, de la aproximación extrema y las brumas de la mirada débil" (190) determinante asimismo de la comprensión de las cosas del autor de *Las ciudades invisibles*, en definitiva, a un acercamiento al D. F. que se sirve tanto de la disección naturalista del paisaje en torno como de la percepción ambivalente, confusa, de quien es consciente de su entendimiento precario. Afín a una epistemología de corte posmoderno, Villoro termina constatando con su fábula nuestra imposibilidad de dilucidar con justeza lo contemplado, de leer en un libro de la naturaleza que se ha tornado un objeto observable, pero carente de sentido (Jay 1993) y procede en consecuencia a explotar la paradoja del oftalmólogo ciego ante la condición verdadera del mundo. El epígrafe inicial del libro, tomado de San Buenaventura, reza por tanto que "el ojo que ve la luz pura juzga que no ve nada" y la cualidad documental del texto se ve abandonada en favor de una reflexión sobre los actos de ver y de conocer en el mundo de hoy, por lo que el relato se conforma en buena medida como la revisión de un presupuesto sobre el que ha venido insistiendo la filosofía en las últimas décadas, el hecho de que una parte del pensamiento filosófico actual consiste realmente en un único reflejo ocular, una única dialéctica de la visión, en un acto de observación del propio yo observando (Jay 1993).

El juego de asociaciones y sugerencias de esta trama rigurosa, capaz de convertir cada motivo en una entidad polisémica, se continúa por medio de un constante cuestionamiento de las relaciones entre el poder y la invisibilidad. Relaciones evaluadas tanto en un sentido abstracto como en el más doméstico que ha posibilitado el funcionamiento de una ciudad como México D. F., de veinte millones de habitantes, y de un sistema político como el sostenido por el PRI durante más de setenta años o la incorporación del país al capitalismo transnacional, asunto candente en el momento de aparición de la novela, cuando se está disponiendo la firma del Tratado de Libre Comercio entre México, Estados Unidos y Canadá. La figura de Suárez, el Maestro, casi siempre oculto pero capaz de controlar desde la sombra las vidas de sus empleados –en un claro reflejo "del poder que se ejerce en las sociedades autoritarias" (Villoro en Punzano 2005)– corrobora esta intuición[2]. La vinculación entre el poder y la mirada se conecta además con la crónica política inmediata con la introducción de un argumento secundario de protagonismo creciente, el del tráfico de órganos del que la clínica es partícipe y del que sus empleados no tienen más que una noción confusa. Además de una denuncia de las redes de comercio ilegal y sus secuelas de crimen y extorsión, la trama de la venta de córneas a los Estados Unidos irrumpe en *El disparo de argón* como una metáfora de la circunstancia de un país que con la suscripción al Tratado estaba poniendo en evidencia una dramática necesidad de "vender partes de su cuerpo para sobrevivir" (Villoro en Gras 2005: 57). El libro ha sido propuesto de hecho como la primera ficción importante acerca de las repercusiones en "el ámbito de la vida cotidiana" de la firma de dicho Tratado y, con esto, del paso de una economía nacional proteccionista, que representaría el espacio de la clínica –un mundo cerrado, autónomo, pero de relaciones todavía personales y con un centro definido–, a otra transnacional, que termina por imponer la lógica del anonimato neocapitalista a la utopía de conocimiento, progreso y filantropía autárquica de Suárez (Ruisánchez 2007).

Por todo lo dicho, resulta claro que el retrato de la realidad urbana que el texto propone no escapa al reflejo de una cierta cuota de extrañeza, a la sospecha de que determinados órdenes incomprensibles, tanto desde el punto de vista político e histórico como desde el ontológico, están organizando las dinámicas del individuo y de la colectividad. Se ha advertido que la novela ofrece "no un calco, sino una interpretación del mundo" (Marco 2006) y que su dibujo no es exactamente el de la realidad, sino el de "trozos de realidad, alucinaciones, sueños, imágenes difusas" (Triviño 1992: 134). Esta característica presentación de lo real, expandido o desfigurado en distintos grados y por procedimientos diversos, constituye un modo de acercamiento al horizonte mexicano nada infrecuente en los últimos años y que ha de interpretarse como una toma de postura ante el devenir del país y las limitaciones de nuestro discernimiento, pero también frente a la tradición de la literatura

---

[2] "Lo invisible se relaciona asimismo con el ejercicio del poder, algo que hemos vivido en México, donde hay lugares inexplicables, de donde surgen decisiones que no se sabe quién las toma ni por qué" ("Entrevista" 1997: 122). En forma semejante se expresa Héctor Aguilar Camín: "Aquí cada seis años llega al poder un desconocido, al que vamos conociendo por sus improvisaciones y luego, cuando sale del poder, por las ruinas que deja a su paso" (Masoliver 1995: 37).

realista que se ha propuesto dar con sus cifras. Así se pronuncian investigadores como Christopher Domínguez Michael (1991) o Augusto Guarino (1999) cuando señalan la aparición en el panorama literario del país durante la década de los noventa de una serie de obras en las que los procedimientos de deformación irónica o grotesca de la realidad o la ambientación distópica no deben ser contemplados como mecanismos de distanciamiento, sino como fenómenos de amplificación polémica o hiperrealista. Ambos llaman la atención sobre un nutrido grupo de textos que, desde 1987, con la aparición de *Cristóbal nonato* de Carlos Fuentes, recurren para su análisis del inminente cambio de milenio a la presentación de experiencias y fenómenos terminales, pródigos en imágenes de destrucción, de descentramiento, de devastación ecológica y cultural, de agonía…, reflejando una acusada sensibilidad ante la cercanía de efemérides como la del Quinto Centenario del Descubrimiento o la llegada del nuevo siglo y procediendo en un buen número de casos a su reevaluación en un sentido político[3]. Es decir, parece haberse dado una tendencia entre los escritores a conectar la noción de fin de ciclo, de milenio, incluso de mundo, con el tema de la transición política nacional, con la expresión del anhelo del fin de la época del monopolio priísta. Si la proximidad del cambio puede sentirse como amenazante, buena parte de esta ficción sitúa el paradigma apocalíptico precisamente en la posibilidad contraria, la que entiende como más catastrófico el proseguimiento de los caminos transitados por México en el siglo XX (Guarino 1999). Asistimos así a una suerte de edad de oro de lo apocalíptico en la narrativa mexicana, circunstancia a la que no es ajena la sensibilidad literaria de otras zonas del continente, como no lo ha sido el conjunto de su tradición, donde la tensión entre la

---

[3] Así *La destrucción de todas las cosas* (1992) de Hugo Hiriart, *Tiempo lunar* (1993) de Mauricio Molina, *La leyenda de los soles* (1993) y *¿En quién piensas cuando haces el amor?* (1996) de Homero Aridjis –quien venía cultivando esta línea desde la década anterior con *Espectáculo del año dos mil* (1981), *El último Adán* (1986) y *El gran teatro del fin del mundo* (1989)–, *El dedo de oro* (1996) de Guillermo Sheridan, *Cielos de la tierra* (1997) de Carmen Boullosa o *La silla del águila* (2003) del propio Fuentes, entre otros. También un discurso tan definido como el de la frontera norte mexicana se ha hecho cargo de esta circunstancia, asimilando los códigos de la ciencia-ficción en un intento de desvelar los encubrimientos oficialistas de la realidad mediante su amplificación hiperbólica en un futuro indeterminado. Se trata de una postura reconocible en parte de la cuentística de autores como Daniel Sada, Gabriel Trujillo, Harry Polkinhorn o Ramón Betancourt y que ha sido estudiada por Juan Carlos Ramírez-Pimienta y Salvador C. Fernández (2005).

utopía y la catástrofe se ha constituido como uno de los ejes vertebradores de su desarrollo[4]. Bien es cierto que en México este interés se beneficia entre otros aspectos de la proximidad simbólica de la cosmovisión azteca, con su creencia en la renovación cíclica, y de la escatología católica[5], así como de la sanción temprana de la Ciudad de México, dado su desbordante y accidentado crecimiento, como una Nueva Babilonia, lo que quizás contribuya a explicar el vigor y la intensidad de su cultivo.

Por su parte, Villoro no construye un mundo alternativo, reflejo oscuro o extremo del actual, pero su tratamiento de lo que le rodea enfatiza la presentación de un espacio al borde del Apocalipsis, incluso recién surgido del mismo (Dés 2005), si bien carente de ese destino de purificación a que en el esquema bíblico habría de conducir la Parusía. Afirmaciones del escritor como la de que sus paisanos parecen "el resultado de una plaga, de una explosión nuclear, de un sismo de diez grados, de alguna situación catastrófica" (Villoro en Havard 2007: 103) sintonizan con lo que Carlos Monsiváis ha percibido como la aparición de un nuevo chovinismo mexicano, "el de la catástrofe y el estallido demográfico", que a los riesgos de la contaminación, la inseguridad y la violencia opondría como mecanismo compensatorio una orgullosa sensación de liderazgo mundial (real o fingido) en el horror (1995).

Si como señalaba, Villoro no llega a abandonar el terreno de la crónica ciudadana de corte realista, frente al proceder de tantos de sus colegas, no es menos cierto que su presentación de la ciudad distorsiona por medio de la focalización intensiva o parcial de ciertos aspectos los rasgos ruinosos y *ecocidas* del contexto, en una línea que, con notables divergencias, vincula no obstante su perspectiva con la de un Fernando Vallejo en Medellín, un Roberto

---

[4] En "La invención literaria del espacio urbano", incluido en su *Del topos al logos. Propuestas de geopoética*, Fernando Aínsa traza una completa panorámica de la representación artística de la ciudad en la literatura hispanoamericana, atendiendo al hilo conductor que vincula el "menosprecio de corte y alabanza de aldea" de testimonios pioneros como el de Bello con la descripción apocalíptica de la ciudad del desarrollismo y el uso reiterado de lo urbano para la concreción distópica en las postrimerías del siglo XX (2006: 145-175).

[5] De forma original, otro texto surgido al calor del cambio de milenio, *El juego del Apocalipsis. Un viaje a Patmos* (2001) de Jorge Volpi, plantea la reflexión apocalíptica en términos agustinianos, esto es, como una revelación de corte espiritual, más que profético. La catástrofe que planea sobre los personajes no es de tipo social ni político, sino íntima, expresión de la lucha individual entre las fuerzas "del Bien" y "del Mal", y la inminencia del fin se cierne no sobre épocas o sistemas, sino sobre el mundo de las relaciones personales.

Bolaño en los contaminados yermos de Santa Teresa o ciertos testimonios del llamado "realismo sucio". La denuncia ecológica constituye uno de los tópicos nucleares de la novela y la crítica ha destacado cómo la corrupción ambiental funge de transunto de una generalizada corrupción moral. Todo lo que rodea al personaje de Balmes es descrito como corrupto y decrépito y él mismo hace gala de una auténtica complacencia en la mención de lo excrementicio y de lo enfermo. Proliferan los vasos comunicantes, la transmisión de las dolencias entre la urbe y sus pobladores, en un retrato minucioso de la consunción orgánica y ambiental que no hace sino aludir a una desintegración del poder político sentida como irreversible pero capaz de arrastrar con ella al conjunto del país. El hospital constituye de nuevo cifra de un estado de cosas más abarcador: supuesto emblema de eficiencia tecnológica, está dirigido por ancianos desfasados y sujeto a una nación donde los cortes de agua y electricidad se suceden constantemente. No en vano, Villoro ha declarado en alguna ocasión que el Distrito Federal le ha producido siempre la sensación de hallarse ante una modernidad insuficiente o mal gestionada, ante "un futuro ya usado, degradado y envejecido" (Havard 2007: 103).

Este tipo de aproximación al entorno, sesgada y atenta a ciertas constantes muy específicas, vincula la estrategia del novelista con esa línea frecuentada por un sector de la literatura hispanoamericana contemporánea que puede sin duda calificarse de perspectiva "oblicua" sobre la realidad (Aínsa 2001), y que en algunos de sus testimonios constituye una nueva y original reformulación del fantástico literario. Lejos de hallarnos ante mundos cronológica o tecnológicamente alternativos o en mitad de una confrontación entre sistemas irreconciliables según los principios de la episteme vigente, lo que caracteriza el tratamiento de lo real de este tipo de ficciones será la constatación de un absurdo generalizado por mecanismos que alteran las certezas cotidianas insinuando lo insólito, exhibiendo acontecimientos no por acostumbrados menos terroríficos y sancionando la ambigüedad. Se ha señalado cómo lo "fantástico" quizás venga desencadenado hoy fundamentalmente por la simple "alteración de lo reconocible" en cualquier sentido, es decir, por la más leve sospecha de la precariedad de nuestra establecida visión del mundo (Fernández 2001: 296). La atracción de Villoro por este tipo de indagaciones resulta lógica considerando el reconocimiento de las deudas de su generación con la narrativa fantástica del Río de la Plata y de su devoción personal por la literatura de Felisberto Hernández, Bioy Casares, Borges o Cortázar. Del autor de *La invención de Morel* habría aprendido "la creación de una realidad virtual a partir del ensueño de los suburbios y de una ficción imantada por las fantasías clínicas" (Castañón en Palou 1999: 52), expediente que, además de *El disparo de argón*, aprovecha ya alguno de sus primeros cuentos. En general, sus incursiones iniciales en la literatura, sobre todo los relatos recogidos en *Albercas* (1985) o *La alcoba dormida* (1992) exhiben la impronta borgiana ("Noticias de Cecilia"), los desvelos de la percepción débil en la que la clarividencia va acompañada de la revelación de algún hecho atroz ("Pegaso de neón"), las coincidencias entre el sueño y la vigilia ("La orilla equivocada") o el juego con espacios cerrados en los que la experimentación científica se alza como reverso negativo de la imaginación humanista ("El cielo inferior").

Quizás esta filiación y esta actitud ante lo real, así como la significación múltiple del relato, expliquen por qué *El disparo de argón* ha sido objeto de adscripciones genéricas muy variadas. Mercedes Monmany habla de una "fábula sociofantástica y psicológica" (en Villoro 2005), mientras que Tim Havard señala que el texto avanza desde su condición de *thriller* a la de "fábula atenta a la descomposición moral del país" (Havard 2001: 102, traducción propia). En cualquier caso, me parece interesante reparar en los múltiples recursos de los que se sirve el escritor para instaurar la extrañeza como uno de los principios rectores de la narración, algunos de los cuales coinciden con los explotados tradicionalmente por la ficción fantástica. Uno de los más ostensibles lo constituye el empleo de un léxico fuertemente connotado. El arranque de la novela es pródigo en este sentido y en él se suceden las valoraciones del tipo:

> ¿Cuánto falta para que nos desplomemos sintiendo una moneda amarga en la boca? Poco, muy poco, según el neumólogo que impartió un curso de terror en la clínica (Villoro 2005:13-14).

> [...] tuve la extraña impresión de que se moría en la calle y se salvaba en un espejo... (15).

> Se comprenderá, entonces, el susto que pasé en El Emanado. Iba por el pasillo hacia la sala de rayos láser cuando llegué a un tramo oscuro; los focos se habían fundido y las paredes de mármol negro creaban una cámara mortuoria (19).

> Las raras visitas del Maestro tenían el peso de la leyenda; lo recibíamos con una admirada estupidez, como si fuera alguien llegado del otro lado del tiempo (42).

> Un aura de misteriosa admiración rodeaba al doctor Antonio Suárez (43).

La hoguera de los veladores producía sombras vacilantes, un batir de alas, como si un pájaro monstruoso quisiera escapar del edificio (34).

Como la clínica Barraquer, deseó que su edificio tuviera una atmósfera secreta, reverencial… (41).

No sólo el nivel del discurso, por medio de una disposición que constantemente niega en el plano semántico la transparencia de nuestra visión del mundo, sugiere la apertura a otros órdenes, sino que la propia imagen de la clínica incide en este tipo de sugestiones. El hospital está organizado como un haz de pasillos diferenciados con el sobrenombre de alguno de los gases nobles. Evidentemente, además de la impronta misteriosa e insinuante que confieren atributos como El Emanado, El Inactivo, El Oculto o El Extranjero, por los que se reconoce a las diferentes áreas del centro, estos calificativos son portadores de una múltiple repercusión simbólica que el relato clarifica de manera parcial. Nos hallamos por ejemplo ante los agentes de los que se sirve la organización del poder en México: toda la trama del comercio de córneas se dispone desde El Extranjero y Suárez se arroga la identificación con el gas de mayor trascendencia conforme al juego metafórico propuesto en el libro, el argón o Inactivo. Tim Havard ha sintetizado bien las repercusiones de esta asimilación:

> El símbolo dominante de la clínica es la O sobre su puerta, significando tanto el ojo de Tezcatlipoca como el gas inerte usado para la constitución del rayo láser y para la iluminación. Esta combinación de inercia y vigilancia proporciona igualmente otra metáfora para la realidad mexicana (104, traducción propia).

También los códices aztecas que revisten las salas del centro contribuyen a la creación de una atmósfera desasosegante, infernal y la alusión al Espejo de Tezcatlipoca "donde el hombre escruta su condición inescapable" (Villoro 2005: 43) corrobora el sentimiento de fatalidad que impregna la visión del medio mexicano de Villoro.

En un plano semejante se sitúan las referencias a la atracción del Maestro por los saberes herméticos. Como afirma uno de los personajes, "sus verdades se sustentan en un secreto profundo, central, al que sólo se penetra por vía indirecta" (42). De esta manera, el paradigma de racionalidad científica de la clínica de ojos se relaciona con una corriente de pensamiento que especula con las relaciones entre el desarrollo de la ciencia moderna y determinados conocimientos ocultos. El sistema metafórico del texto se aviene así al espíritu del pensamiento hermético: el Microcosmos guarda relación con el Macrocosmos y todo se convierte en indicio, con un desplazamiento del nivel de funcionalidad de las acciones que ha sido reconocido además como una de las estrategias habituales de la hermenéutica del fantástico (Bessière 2001).

Toda esta sensación de precariedad cognoscitiva, de incertidumbre y de temor se ve reforzada por el funcionamiento simultáneo del complejo juego de codificaciones metafóricas al que he venido aludiendo. Me he referido ya a la mayoría. La clínica reproduce la sibilina organización y las luchas por el poder en México; su disposición jerárquica en torno a un líder misterioso supone la encarnación de un autoritarismo tan pertinaz en el panorama político del país que parece haberse vuelto atávico. Paradójicamente, o quizás en un intento de ampliar el positivismo asociado al desarrollo tecnológico, Suárez vincula lo racional y lo trascendente, imponiendo su voluntad de hallar significados espirituales en todo lo que abarca la mirada: los signos aztecas como reflejo de una cosmología, la invisibilidad como imagen de un orden de fuerzas, el lenguaje cifrado como recordatorio de la obligación de interpretar. Juan Antonio Masoliver (1995) propone el Misterio como denominador común de varios de los referentes fundamentales del relato: México, el Maestro y Mónica, personaje femenino que desempeñará un papel determinante en la ambigua salvación final de Balmes.

La ambigüedad es otro de los mecanismos de los que se sirve Villoro para imponer la zozobra a su mundo narrativo y que intensifican el comportamiento arbitrario de muchos personajes o la aparente falta de motivación de parte de los hechos. Bien es cierto que la deriva del relato hacia los moldes del género policial en su segunda mitad justificará la motivación postergada de ciertos acontecimientos. El sostenimiento de actividades criminales en el seno de la clínica y la presencia de un asesino explicarían la tensión reinante en el centro y las suspicacias del narrador para cuanto enfrenta, mientras que su anhelo de interpretación del mundo que le rodea se reorienta a la resolución de un caso. Sin embargo, también el tratamiento del policial es abordado por Villoro de forma particular, al jugar repetidamente con la decepción de las reglas fuertemente codificadas del subgénero. La novela no permite en ningún momento una satisfacción total de las incógnitas desplegadas durante su desarrollo y el desenlace regresivo, por lo incompleto, se convierte en un desenlace postergado, a la manera de Kafka. Conforme a la visión de lo mexicano sostenida por el autor, la secular falta de justicia en México negaría una posibilidad de desenlace convencional acorde con las normas del policial clásico: "toda trama policiaca desemboca en una trama de Kafka; toda trama policiaca en México desemboca en la posposición de una posible salida: no hay forma de solucionar el crimen" (Villoro en Havard 2007: 105).

La extrañeza emana así en buena medida del misterio que rodea a la clínica y el tráfico de córneas se vincula sugestivamente con una fuerza superior y desconocida. Con ello, Villoro se adhiere a una tendencia a explotar las proximidades estructurales del fantástico y el policial en boga en la ficción hispanoamericana: la solución racional al enigma, caso de existir, se presenta como insatisfactoria o absolutamente inverosímil. Por eso, *El disparo de argón* descubre las razones del asesinato de uno de los médicos de la clínica de ojos para simultáneamente desvelar la condición meramente aparencial de sus conclusiones:

> Logró una síntesis que nos dejó un olor a pólvora: el crimen a mansalva fue tan excesivo porque era un mensaje para el *otro grupo*. A nosotros ni siquiera nos tomaban en cuenta; la clínica era el simple lugar de los hechos. La argumentación resultaba tan fantástica que me recordó los frisos de nuestras paredes donde se perseguían los dioses enemigos del panteón azteca: la vida era el sitio donde se odiaban esas potencias invisibles (185).

Los detectives villorianos, "semiólogos implacables" que, mordazmente, son también oculistas, no resuelven el caso, no acceden a la verdad del sistema económico y político que les rodea, apenas alcanzan a dar con la clave para comprenderse a ellos mismos ni al mundo. Se asiste, como sostiene Víctor Bravo en relación a un sector de la literatura policial, a un finísimo trabajo de "los recursos narrativos y discursivos, de modo que el enigma adquiere otra significación, menos literal" (Arán 1999:47). El tenor de la metáfora permanece oculto, confusamente sugerido, no rebasa nunca el terreno de la conjetura, insinúa el hecho de que sólo una revelación de orden mayor, acaso trascendente, hará encajar las piezas y que ésta no llegará nunca. Si bien es cierto que la clínica y su derrumbe pueden ser identificadas alegóricamente con esa caída del capitalismo clásico y de la nueva fase político-económica en que se ve inmerso el México de inicios de la década de los noventa, no deja de ser significativo que Villoro deba acudir constantemente a la sugestión de que esa fase, de que ese nuevo orden de fuerzas, esa nueva configuración de la ciudad y del mundo, resultan para el ciudadano incomprensibles, amenazantes, irracionales. Es decir, no me interesa tanto el que el texto maneje el referente identificable de la actual economía internacional como el que un sistema narrativo propio en ciertos aspectos del fantástico sea percibido como el único capaz de dar cuenta del absurdo de esa realidad. Curiosamente, también Roberto Bolaño, que quizás sea quien con mayor audacia ha trabajado cierta veta existencialista del policial, ha recurrido al campo de la mirada para revelar la condición apocalíptica mexicana y, por extensión, latinoamericana, de la que da cuenta Villoro. Es sabido que una de las referencias que clarifican el célebre título de *2666* se halla en las palabras de Auxilio Lacouture, personaje que transita por varias de las obras del chileno. En ellas, la joven uruguaya rememora un momento de su vida en México D. F.:

> empezamos a caminar por la avenida Guerrero, ellos un poco más despacio que antes, yo un poco más deprisa que antes, la Guerrero, a esa hora, se parece sobre todas las cosas a un cementerio, pero no a un cementerio de 1974, ni a un cementerio de 1968, ni a un cementerio de 1975, sino a un cementerio de 2666, un cementerio olvidado debajo de un párpado muerto o nonato, las acuosidades desapasionadas de un ojo que por querer olvidar algo ha terminado por olvidarlo todo (Bolaño 2007: 1124).

La apuesta última de Villoro resulta sin embargo capaz de sobreponerse al desapasionamiento. La decisión final del protagonista, devolver la vista a Suárez pese a las amenazas y escapar con Mónica, parece apelar al amor y a la ética como plataformas desde las que oponerse a la fatalidad y alcanzar la ilusión de sentido. Éste parece ser el significado último del disparo óptico que da título a la novela: la epifanía de la redención individual como vía para la salvación colectiva. Como los héroes de Bioy, Balmes termina corriendo tras de una sombra, Mónica, ignorante de si ella lo ha traicionado o no, pero convencido de que desea correr igualmente.

Amén de su talento como escritor, Juan Villoro ha puesto de manifiesto entonces con *El disparo de argón* la labilidad con que parte de la reciente narrativa hispanoamericana aborda el retrato literario del espacio en torno, máxime cuando lo que se pretende es dar cuenta de un Distrito Federal inabarcable y enloquecido. Los mecanismos empleados para promover este intercambio entre la mímesis realista y la distorsión cuestionadora de nuestra facultad de conocer son numerosos y variados, y comprenden desde la mención de estados de inseguridad y de angustia, el juego con la perspectiva parcial de un narrador en primera persona, la significación múltiple de los hechos y la proliferación de las incertidumbres, al recurso a la alegoría o el uso de los moldes genéricos del policiaco. No obstante, y aquí reside quizás uno de los aspectos más atrayentes de la propuesta del autor, estos dos últimos procedimientos resultan hábilmente resignificados de acuerdo con uno de sus principales intereses: proponer que tanto el enigma humano de la práctica criminal como el sentido traslaticio del universo metafórico desplegado ante el lector, ambos fuertemente imbricados en la actual experiencia histórico-política mexicana, lo que revelan de forma fundamental no es sino la condición caótica e inescrutable de cuanto nos rodea.

BIBLIOGRAFÍA

AÍNSA, Fernando (2001): "La alegoría inconclusa: entre la descolocación y el realismo oblicuo", en *El cuento en red: estudios sobre la ficción breve* 4. Universidad Autónoma Metropolitana/Humboldt State University. 6 marzo 2008, <http:// cuentoen-red.xoc.uam.mx>.

— (2006): *Del topos al logos: propuestas de geopoética*. Madrid/Frankfurt: Iberoamericana/ Vervuert.

ARÁN, Pampa O. (1999): *El fantástico literario. Aportes teóricos*. Madrid: Tauro.

BESSIÈRE, Irène (2001): "El relato fantástico: forma mixta de caso y adivinanza", en David Roas (comp.), *Teorías de lo fantástico*. Madrid: Arco Libros, pp. 83-104.

BOLAÑO, Roberto (2007): *2666*. Barcelona: Anagrama.

DÉS, MIHÁLY (2005): "Juan Villoro. Paisaje del post-apocalipsis", en *Lateral* 122, p. 7.

DOMÍNGUEZ MICHAEL, Christopher (comp.) (1991): *Antología de la narrativa mexicana del siglo XX. Vol. II*. México: Fondo de Cultura Económica.

ECHEVARRÍA, Ignacio (2000): "La realidad no tiene obligación de parecer verosímil. Entrevista", en *El País*, 2 de junio, <http://www.sololiteratura.com/vill/villoro-miscelanea.htm> (10.03.08).

"Entrevista con Juan Villoro" (1997). *Cuadernos Hispanoamericanos* 561, pp. 119-126.

FERNÁNDEZ, Teodosio (2001): "Lo real maravilloso de América y la literatura fantástica", en David Roas (comp.), *Teorías de lo fantástico*. Madrid: Arco Libros, pp. 283-297.

GARCÍA CANCLINI, Néstor (1990): *Culturas híbridas: estrategias para entrar y salir de la modernidad*. México: Grijalbo.

GRAS, Dunia (2005): "Entrevista a Juan Villoro", en *Quimera* 253, pp. 55-62.

GUARINO, Augusto (1999): "L'imminente catastrofe: distruzione, disfacimento, destrutturazione nella narrativa messicana di fine millennio", en *Fine secolo e scrittura: dal medioevo ai nostri giorni. Atti del XVIII Convegno dell'Associazione Ispanisti Italiani*. Roma: Bulzoni.

HAVARD, Tim (2007): *"El disparo de argón* by Juan Villoro: a Symbolic Vision of Power, corruption and lies", en *Hipertexto* 6, pp. 99-108.

JAY, Martin (1993): *Downcast Eyes. The Denigration of Vision in Twentieth-Century French Thought*. Berkeley: University of California Press.

MARCO, Joaquín (2006): "*El disparo de argón*", en *El Cultural,* 19 de enero, <http://www.elcultural.es/Historico_articulo.asp?c=16344> (10.03.08).

MARTÍN-BARBERO, Jesús (2004): "Medios y culturas en el espacio iberoamericano", en *Pensar Iberoamérica*, enero-abril, <http://www.oei.es/pensariberoamerica/ric05a01.htm#> (10.11.07).

MASOLIVER RÓDENAS, Juan Antonio (1995): "Narrativa mexicana actual. Desintegración del poder y conquista de la libertad", en *Anales de Literatura Hispanoamericana* 24, pp. 35-46.

MONSIVÁIS, Carlos (1995): *Los rituales del caos*. México: Era.

PALOU, Pedro Ángel (1999): "El doble rostro de Jano: Pitol y Villoro escriben cuentos", en *La palabra y el hombre. Revista de la Universidad Veracruzana* 109, pp. 47-54.

PUNZANO, Israel (2005): "Juan Villoro novela el poder de la mirada en *El disparo de Argón*", en *El País*, 4 de noviembre, <http://www.elpais.com/articulo/cultura/Juan/Villoro/novela/poder/mirada/disparo/Argon/elpepicul/20051104elpepicul_5/Tes> (10.03.08).

RAMÍREZ-PIMIENTA, Juan Carlos/FERNÁNDEZ, Salvador C. (comps.) (2005): *El norte y su frontera en la narrativa policiaca mexicana*. México/Los Angeles: Plaza y Valdés/Occidental College.

RAMOS, Elisa (coord.) (2001): *Certidumbre del extravío: entrevista con Juan Villoro*. Colima: Universidad de Colima.

ROAS, David (comp.) (2001): *Teorías de lo fantástico*. Madrid: Arco Libros.

RUISÁNCHEZ SERRA, José Ramón (2007): *Historias que regresan: topología y renarración en la segunda mitad del siglo XX mexicano. (Dissertation)*. Maryland: University of Maryland.

TRIVIÑO, Consuelo (1992): "*El disparo de argón*", en *Cuadernos Hispanoamericanos* 504, pp. 132-134.

VILLORO, Juan (2001): *Efectos personales*. Barcelona: Anagrama.

— (2002): "El cielo artificial", en *Letras Libres*, agosto. <http://www.letraslibres.com/index.php?art=7719> (10.02.08).

— (2005): *El disparo de argón*. Barcelona: Anagrama.

EL ESCALOFRÍO EN LA ÚLTIMA MINIFICCIÓN HISPÁNICA: *AJUAR FUNERARIO*, DE FERNANDO IWASAKI

Francisca Noguerol
Universidad de Salamanca

> Si tu casa es un laberinto y en tu habitación Algo te espera, si cobran vida los garabatos que dibujaste (tan mal) con tiza en la pared de tu pieza, y en el *living* la cabeza de tu hermana ensucia de sangre la pana del sillón verde; si hay Cosas jugando con tus animales de plástico en la bañadera, no te preocupes, hijita, son solamente pesadillas infantiles, ya vas a crecer, y después vas a envejecer y después no vas a tener más sueños feos, ni te vas a volver a despertar con angustia, no vas a tener más sueños, hijita, ni te vas a volver a despertar ("Sueños de niños", Shua 2004: 99).

Un encuentro de título tan sugerente como "Miradas oblicuas en la narrativa latinoamericana: fronteras de lo real, límites de lo fantástico" me ha parecido especialmente adecuado para analizar la importancia del terror en la más reciente minificción hispánica.

En las siguientes páginas me acercaré a este fenómeno repasando las principales claves de la literatura gótica, destacando su relevancia en la narrativa reciente y atendiendo a un título maestro en la provocación del escalofrío: *Ajuar funerario* (2004), conjunto de 89 microrrelatos firmado por el escritor peruano Fernando Iwasaki que ha obtenido tanto éxito editorial —ya va por la cuarta edición en Páginas de Espuma— como cibernético —se encuentra citado una y otra vez en la Red— y crítico: otros autores han homenajeado el volumen en sus recientes minificciones[1] mientras los comentarios sobre el mismo se suceden a gran velocidad. Así, en el periodo transcurrido entre el momento en que expuse este trabajo —abril de

---

[1] Es el caso de José Antonio Francés, que inicia *Miedo me da (78 relatos de humor y espanto)* (2007) con una cita de *Ajuar funerario*, mientras Andrés Neuman dedica a Iwasaki su estupendo microrrelato "Novela de terror", con un contenido tan escueto como perturbador: "Me desperté recién afeitado" (Neuman 2006: 111).

2008– y cuando redacto estas páginas, 13 de noviembre del mismo año, he podido escuchar ya tres excelentes ponencias que analizaron el volumen mientras ha aparecido un nuevo artículo sobre el mismo en la Red[2].

EL MIEDO EN LA LITERATURA

¿Qué es el miedo? La pregunta queda contestada en el significativo epígrafe de Lovecraft elegido por Iwasaki para encabezar *Ajuar funerario*: "La emoción más antigua y más intensa de la humanidad es el miedo, y el más antiguo y más intenso de los miedos es el miedo a lo desconocido" (*Ajuar funerario*: 9). Asociado a términos como *no familiar, ajeno, extraño, siniestro* u *ominoso* –sinónimos del famoso *Unheimlich* freudiano–, el temor surge ante una experiencia que desestabiliza nuestra cotidianidad y nos hace sentir inseguros.

De ahí que se asocie frecuentemente a la fantasía –descrita por Todorov en su clásica *Introducción a la literatura fantástica* como "vacilación experimentada por un ser que no conoce sino las leyes naturales y se enfrenta, de pronto, con un acontecimiento de apariencia sobrenatural" (Todorov 1987: 26)"– y al misterio, del que Cortázar apuntó que "no se escribe con mayúscula como lo imaginan tantos narradores, sino que está siempre *entre,* intersticialmente" (Cortázar 1980: 260). Queda pues claro que, para conjurar el miedo, sólo queda una salida: buscar el orden y la protección, asociada en el caso de los niños a la familia y, en el de los adultos, a la estable y equilibrada realidad.

La literatura gótica, definida acertadamente por Mario Praz como "an anxiety with no possibility of escape" (Praz 1968: 12)[3], se muestra especialmente interesada por subrayar los procesos mentales de sus personajes. En sus mejores títulos crea espacios numinosos y secretos, en los que es posible

---

[2] "¡La muerte le sienta tan bien!", de la profesora Ángeles Mateo del Pino, ponencia presentada en las *Jornadas Internacionales de Literatura y crítica MINIFICCIÓN LITERARIA* (Las Palmas, 22-24 de mayo de 2008); "El arte de la forma breve: los microcuentos de Fernando Iwasaki", de Marie-José Hanaï, y "Sobre *Ajuar Funerario*", de Efraín Cristal, trabajos leídos en el *Coloquio Internacional "La nouvelle hispano-américaine contemporaine"* (París, 25-26 de junio de 2008). Finalmente, destaco la aparición del artículo de José María Areta "Claves de *Ajuar funerario*" (2008).

[3] Coincido con Anne Williams en su definición del *gótico* como un arte atemporal (Williams 1995), aunque soy consciente de la importancia de los años finales del siglo XVIII en la acuñación del término y en la creación de una estética que ha sobrevivido hasta nuestros días.

experimentar tanto el terror (exterior y súbito) como el horror (interior y permanente), emociones entre las que se debate el lector en todo momento. Entre el *shock* y el suspense, el texto de miedo debe construirse con la precisión de un mecanismo de relojería, apoyándose en una estructura de tensión *in crescendo*, una focalización insólita —a través de la que descubrimos nuevas posibilidades de lo real— y un escenario que, si bien en los primeros momentos se ubicó en parajes lejanos y exóticos, provoca tanto más ansiedad cuanto más cercano se muestra a nuestra realidad.

Como el propio Iwasaki señala, relatos de fantasmas han existido siempre:

> Los hombres de todos los tiempos han sentido fascinación por el terror, aunque lo que ha variado es la distancia y la relación con el mismo; los atenienses que se aterraban con los mitos que describían la cólera de los dioses no pueden compararse con los ingleses que se reunían para divertirse contando historias de miedo; recordemos que el *Frankenstein* de Mary Shelley y *El Vampiro* de Polidori surgieron de una velada de fantasmas con Lord Byron (Trazegnies 2004: s. p.).

No está de más recordar que, ya en el siglo I de nuestra era, Plinio el Joven contaba en la carta vigésimo séptima del libro VII de sus epístolas la historia de una casa poseída por un fantasma, maldición que acabó cuando el filósofo Athenodoro descubrió que su cadáver estaba enterrado en el patio sin las debidas honras fúnebres. Pero serán los maestros anglosajones quienes establezcan las bases del género. Así, Frederick Frank habla en *The First Gothics: A Critical Guide to the English Gothic Novels*, de nueve características tenidas muy en cuenta en *Ajuar funerario*:

1. Contención claustrofóbica.
2. Persecución subterránea.
3. Invasión sobrenatural.
4. Arquitectura y objetos de arte que cobran vida.
5. "Posiciones extraordinarias" y situaciones letales.
6. Ausencia de racionalidad.
7. Posible victoria del mal.
8. Artilugios sobrenaturales, artefactos, maquinaria y aparatos demoníacos.
9. Un constante devenir de interesantes pasiones (Frank 1987: 437).

Paso ahora a comentar un tópico tan extendido como peligroso: el del escaso valor de la literatura de terror en español. Si bien esta afirmación podría sostenerse –con brillantes excepciones– en relación a los siglos XVIII y XIX, resulta absolutamente alejada de la realidad en nuestros días, como ha demostrado recientemente Jaume Pont en *Brujas, demonios y fantasmas en la literatura fantástica hispánica* (1999). Cortázar ya atendió a este hecho en sus célebres "Notas sobre lo gótico en el Río de la Plata", donde subrayó la importancia del género de terror en su escritura[4] y en la de otros autores conosureños, ante lo que puntualiza: "Pienso que recibimos la influencia gótica sin caer en la ingenuidad de imitarla exteriormente; en última instancia, ése es nuestro mejor homenaje a tantos viejos y queridos maestros" (Cortázar 1994: 87).

Iwasaki destaca asimismo la relevancia de la tradición gótica hispánica y revela sus lecturas de adolescencia:

> Siempre han existido estupendos autores de literatura de horror en español, desde Bécquer hasta Borges, pasando por el peruano Clemente Palma, el uruguayo Quiroga o la española Pilar Pedraza (Trazegnies 2004: s. p.).

> Sobre los doce descubrí a Poe y Lovecraft, de quienes recuerdo el desasosiego que me produjeron "La caída de la casa Usher" y "Los perros tíndalos", respectivamente. Cuando tenía catorce o quince años, quien me deslumbró de manera fulminante fue Julio Cortázar con "Casa tomada" [...]. Ya en la universidad –con dieciséis años– leí "El espejo y la máscara" y los demás cuentos de *El libro de arena* de Borges. Desde entonces he leído muchísimos cuentos maravillosos, aunque ya ninguno me ha desvelado y conmovido tanto como los que he tratado de recordar aquí (Muñoz 2007: s. p.)[5].

En los pasados años ochenta siglo se produjo una revitalización internacional del género con la aparición de tribus urbanas como los nuevos románticos, neogóticos o siniestros. Con sus indumentarias oscuras, su fascinación por ciertos conjuntos musicales y films satánicos y con un nivel cultural muy supe-

---

[4] "La huella de escritores como Edgar Allan Poe –que prolonga genialmente lo gótico en plena mitad del siglo pasado– es innegable en el plano más hondo de muchos de mis relatos; creo que sin *Ligeia*, sin *La caída de la casa Usher*, no se hubiera dado en mí esa disponibilidad a lo fantástico que me asalta en los momentos más inesperados y que me lleva a escribir como única manera posible de atravesar ciertos límites, de instalarme en el terreno de lo otro" (Cortázar 1994: 82-83).

[5] Su fascinación por Poe lo llevó a escribir "Noche de brujas en Baltimore" (Iwasaki 1998: 56-58), así como a preparar junto a Jorge Volpi la edición de los cuentos completos del norteamericano, que verá la luz en 2009.

rior al de otros grupos juveniles, estos chicos hicieron proliferar muy pronto en la Red –otra de sus pasiones confesas– las páginas dedicadas al terror.

Todo ello explicaría la publicación en las literaturas hispánicas de los últimos treinta años de novelas, cuentos y antologías tan interesantes como *Las joyas de la serpiente* (1984), *Necrópolis* (1985), *Mater Tenebrarum* (1987), *Arcano 13, cuentos crueles* (2000) y *Fantástico interior: antología de relatos sobre muebles y aposentos* (2001), de Pilar Pedraza; *Mejor desaparece* (1987) y *Antes* (1989), de Carmen Boullosa; *El mal menor* (1996), de Charlie Feiling (sin duda una de las mejores novelas de las últimas décadas); *Técnicamente humanos* (1996), *Invenciones enfermas* (1997) y *Registro de Imposibles*, de Cecilia Eudave; *Ciudad espejo, ciudad niebla* (1997), *Sombras sin tiempo* (1999) y *Aquí y en el más allá* (2005), de Gerardo Horacio Porcayo; *Inquieta compañía* (2004), de Carlos Fuentes (quien ya iniciara su trayectoria literaria con extraordinarios cuentos fantásticos); *El huésped* (2006) de Guadalupe Nettel, o *Cuentos de la abadía de Carfax. Historias contemporáneas de horror y fantasía* (2006), de Nomi Pendzik[6].

MINIFICCIÓN Y ESCALOFRÍO

La argentina Ana María Shua, maestra indiscutible en el manejo de la brevedad y autora del texto escogido para iniciar la presente reflexión, señala en su introducción a *Temporada de fantasmas* un hecho incuestionable "Las minificciones tienden en su mayor parte al género fantástico, en parte porque se les exige provocar algún tipo de sorpresa estética, temática o de contenido, ya que el sutil desarrollo de climas o personajes es casi imposible" (Shua 2004: 8).

Así se explica la importancia de lo sobrenatural en *Cuentos breves y extraordinarios* (1957) de Jorge Luis Borges y Adolfo Bioy Casares, y en *El libro de la Imaginación* (1976) de Edmundo Valadés, antologías que sirvieron de piedra de toque para potenciar la práctica de y la atención sobre el género, y que han sido continuadas en títulos recientes como *Grandes minicuentos fantásticos* (2004), de Benito Arias.

---

[6] Las escritoras, que han hecho correr ríos de tinta por su especial afición al género, siguen teniendo una gran importancia en el mismo por su capacidad para reflejar tanto el desamparo como los complejos procesos psicológicos de sus personajes.

Y es que el miedo siempre ha estado en la base de los mejores microrrelatos, sea con toques humorísticos –como en "Aquella muerta", de Ramón Gómez de la Serna (1935)[7]– o para producir un súbito desasosiego. Así se aprecia en el clásico "Sola y su alma", de Thomas Bailey Aldrich, compilado por Borges, Bioy Casares y Ocampo en su *Antología de literatura fantástica* (1940) y uno de los títulos más glosados en la historia de la literatura: "Una mujer está sentada sola en una casa. Sabe que no hay nadie más en el mundo: todos los otros seres han muerto. Golpean a la puerta" (Borges 1989: 36).

En el mundo hispánico sobresale el clásico de minificción *Los niños tontos* (1956), de Ana María Matute, donde la crueldad infantil es presentada en toda su crudeza. Así ocurre, por ejemplo, en "El niño que no sabía jugar":

> Había un niño que no sabía jugar. La madre le miraba desde la ventana ir y venir por los caminillos de tierra, con las manos quietas, como caídas a los dos lados del cuerpo. Al niño, los juguetes de colores chillones, la pelota, tan redonda, y los camiones, con sus ruedecillas, no le gustaban. Los miraba, los tocaba y luego se iba al jardín, a la tierra sin techo, con sus manitas, pálidas y no muy limpias, pendientes junto al cuerpo como dos extrañas campanillas mudas. La madre miraba inquieta al niño, que iba y venia con una sombra ante los ojos. "Si al niño le gustara jugar yo no tendría frío mirándole ir y venir". Pero el padre decía, con alegría: "No sabe jugar, no es un niño corriente. Es un niño que piensa".
>
> Un día la madre se abrigó y siguió al niño, bajo la lluvia, escondiéndose entre los árboles. Cuando el niño llegó al borde del estanque, se agachó, buscó grillitos, gusanos, crías de rana y lombrices. Iba metiéndolos en una caja. Luego, se sentó en el suelo, y uno a uno los sacaba. Con sus uñitas sucias, casi negras, hacia un leve ruidito: ¡Crac!, y les segaba la cabeza (Matute 1994: 47).

La indiferencia con que enfrentan el dolor o la muerte ajenos personajes pretendidamente inocentes se encuentra, asimismo, en la base de los microrrelatos reunidos por la chilena Pía Barros en la serie *Ropa usada* (2000), de la que ofrecemos un ejemplo:

---

[7] "–Aquella muerta me dijo:
–¿No me conoces?... Pues me debías conocer.
Has besado mi pelo en la trenza postiza de la otra" (en Arias 2004: 91).

Ropa usada I.

(A Ana Madre)

Un hombre entra a la tienda. La chaqueta de cuero, gastada, sucia, atrapa su mirada de inmediato. La dependienta musita un precio ridículo, como si quisiera regalársela. Sólo porque tiene un orificio justo en el corazón. Sólo porque tras el cuero, el chiporro blanco tiene una mancha rojiza que ningún detergente ha podido sacar. El hombre sale feliz a la calle.

A pocos pasos, unos enmascarados disparan desde un callejón. Una bala hace un giro en ciento ochenta grados de su destino original. Se diría que la bala tiene memoria. Se desvía y avanza, gozosa, hasta la chaqueta. Ingresa, conocedora, en el orificio. El hombre congela la sonrisa ante el impacto.

La dependienta, corre a desvestirlo y a colgar nuevamente la chaqueta en el perchero.

Lima sus uñas distraída, aguardando (Barros 2000: 13).

Del mismo modo, Espido Freire juega a subvertir el orden establecido en sus brevísimos *Cuentos malvados* (2003). En ellos los ángeles pueden ser en realidad vampiros o las sirenas olvidar su labor samaritana, como se aprecia en esta malsana y divertida recreación de "La sirenita": "Medio ahogado, vio cómo una sirena nadaba hacia él y tendió sus manos hacia ella. La sirena no se acercó más. Con su hermoso rostro sereno contempló cómo el príncipe se hundía lentamente. Cuando dejó de respirar, ella se aburrió, y abandonó el lugar envuelta en un remolino de espuma" (Freire 2003: 27).

En otro orden de cosas, el maestro Cortázar demostró que era posible atrapar el tono gótico en una página –"Instrucciones-ejemplos sobre la forma de tener miedo" y "Propiedades de un sillón", incluidos en *Historias de cronopios y de famas* (1962)–, y descubrió las múltiples posibilidades de la focalización y el lenguaje telegráfico en "Cortísimo metraje":

Automovilista en vacaciones recorre las montañas del centro de Francia, se aburre lejos de la ciudad y de la vida nocturna. Muchacha le hace el gesto usual del auto-stop, tímidamente pregunta si dirección Beaune o Tournus. En la carretera unas palabras, hermoso perfil moreno que pocas veces pleno rostro, lacónicamente a las preguntas del que ahora, mirando los muslos desnudos contra el asiento rojo. Al término de un viraje el auto sale de la carretera y se pierde en lo más espeso. De reojo sintiendo cómo cruza las manos sobre la minifalda mientras el terror poco a poco. Bajo los árboles una profunda gruta vegetal donde se podrá, salta del auto, la otra portezuela y brutalmente por los hombros. La muchacha lo mira como si no, se deja bajar del auto sabiendo que en la soledad del bosque. Cuando la mano por la cintura para arrastrarla entre los árboles, pistola del bolso y a la sien. Después billetera, verifica bien llena, de paso roba el auto que abandonará algunos kilómetros más lejos sin dejar la menor impresión digital porque en ese oficio no hay que descuidarse (Cortázar 1980: 136)[8].

Basten estos ejemplos para dejar constancia de que el escalofrío goza de buena salud en el microrrelato hispánico. No quiero sin embargo dejar de destacar la importancia de las pesadillas en tres textos recientemente publicados: *Cuentos del libro de la noche* (2005), de José María Merino –impagables en este sentido sus minificciones "Ojos" y "Huellas"–; *Horrores cotidianos* (2007), de David Roas –mucho más cercano al espíritu del absurdo que al del terror puro, pero igualmente valioso–; y, finalmente, *Miedo me da* (2007), de José Antonio Francés, estrechamente vinculado a los temas y técnicas del "taller Iwasaki".

AJUAR FUNERARIO O CÓMO LOGRAR SONRISAS ESTREMECIDAS

Paratexto y claves genéricas

Desde su título, *Ajuar funerario* conjuga el homenaje a la literatura gótica con el recuerdo de ciertas tradiciones peruanas, aproximando lo cotidiano a lo sepulcral en una apuesta por confundir ámbitos tradicionalmente separados. Como el mismo autor explica con su habitual ironía: "Los antiguos peruanos creían que en el otro mundo sus seres queridos echarían en falta los últimos adelantos de la vida precolombina, y por ello les enterraban en gruesos fardos que contenían vestidos, alimentos, vajillas, joyas, mantones y algún garrote, por si acaso. Los arqueólogos, esos aguafiestas del eterno descanso, bautizaron como *ajuar funerario* aquel melancólico menaje" (*Ajuar funerario*: 11).

Tras una portada muy en consonancia con el espíritu macabramente lúdico de la obra, en la que se representa un grotesco cadáver ataviado con sus mejores galas, se establece un claro paralelismo entre los objetos mate-

---

[8] Esta interesante línea de trabajo es seguida por Luis Mateo Díez en "El sueño", perteneciente al memorable volumen *Los males menores* (2002): "Soñé que un niño me comía. Desperté sobresaltado. Mi madre me estaba lamiendo. El rabo todavía me tembló durante un rato" (Díez 2002: 135).

riales del ajuar y los textuales que integran el volumen: "Las historias que siguen a continuación quieren tener la brevedad de un escalofrío y la iniquidad de una gema perversa. Perlas turbias, malignos anillos, arras emputecidas..., un ajuar funerario de negras y lóbregas bagatelas que brillan oscuras sobre los desechos que roen los gusanos de la imaginación" (*Ajuar funerario*: 12).

Los epígrafes que encabezan la obra, pertenecientes a Lovecraft, Poe y Borges, descubren la filiación gótica del libro, mientras la dedicatoria humorística –"A Marle, que está de miedo" (*Ajuar funerario*: 7)– y la línea que inicia la serie de microrrelatos –"'Y ahora, abra la boca': El dentista" (*Ajuar funerario*: 10)– revelan la comodidad con la que Iwasaki pasa de un registro culto a otro más cercano al plano doméstico[9].

Ya en su presentación en la Feria del Libro de Madrid, *Ajuar funerario* fue definido por Antonio Muñoz Molina como "libro excelente, original, muy divertido y escalofriante de leer". Configurado como un conjunto de pesadillas contadas con enorme laconismo, se inscribe tanto en la tradición del relato de horror como en la de la brevedad lo que, como sostiene humorísticamente su autor para demostrar una vez más su alergia a las clasificaciones, le vendría más del interés por los haikus –debido a su linaje medio japonés– que a la propia tradición del microrrelato (Tellería 2007). Este hecho no impide que, en otras ocasiones, demuestre su respeto por el género: "Cuando he escrito un microrrelato sé que me he comprometido igual que cuando he escrito una novela. Por lo tanto, no creo que los escritores los percibamos como algo menor. Lo que pasa es que todavía ninguna *top-model* ha declarado que flipe con los microrrelatos, pero en cuanto Hipólito G. Navarro acabe el de templarios que está escribiendo, todo va a cambiar" ("Fernando Iwasaki en pocas palabras")[10].

Así, confiesa la difícil ejecución de estos textos: "Terminar *Ajuar funerario* me llevó más de cinco años de escritura pero por razones estrictamente operativas, ya que los microrrelatos hay que escribirlos una vez a las quinientas. Al

---

[9] Marle es la esposa de Iwasaki, a la que éste dedica todas sus obras y que hace justo honor a las palabras del escritor, mientras el miedo al dentista resulta una de las principales fobias de éste, en la base temática de la novela *Neguijón* (2005) y de "La silla eléctrica" (*Ajuar funerario*: 56), pesadilla de ejecución resuelta finalmente como rutinaria visita al odontólogo.

[10] En el año 2005 publicó en Lima un texto que da idea desde su título de su interés por el género: *Cuentos pigmeos. Antología de la minificción latinoamericana.*

ser un libro de microcuentos de terror, siempre estuve a la caza de historias, sueños, pesadillas y obsesiones, que anotaba en una libreta y más tarde transcribía en la computadora" (Tellería 2007: s. p.), y descubre la estrecha relación existente entre microrrelato, terror y oralidad[11] en diferentes entrevistas:

> Creo que el microrrelato supone primero la oralidad, un contador de historias. El escritor interviene al final para miniar, limar y pulir esas miniaturas orales. Éstos son mis primeros microrrelatos, pero no son mis primeras historias orales (García 2007: s. p.).

> Con este libro ha tratado de darle dignidad literaria a una serie de historias que escuché desde niño y que me desvelaron durante años; [...] Elegí el terror porque quería darle dignidad a esa tradición de historia oral que tenemos en América latina y que en la literatura americana siempre había estado en segundo plano (Chiappe 2008: s. p.).

> Poe está muy bien, pero en español, desde Bécquer hasta Borges, pasando por Horacio Quiroga o el peruano Clemente Palma, existe también una importante tradición de literatura de horror que es muy devota de la oralidad, de esas típicas historias que se cuentan y mi libro se nutre de estas historias orales (J. A. 2004: s. p.).

> *Ajuar funerario* es un homenaje a la literatura de terror tanto oral como escrita, pues mi libro le debe tanto a Lovecraft como a la Casa Matusita [...] Tengo que admitir que he reciclado leyendas urbanas e historias que me han contado algunos ateridos informantes (Trazegnies 2004: s. p.)[12].

La relación con la oralidad no acaba aquí. Como de nuevo señala a Chiappe, "el libro surge de estas historias que yo he ido escuchando desde pequeño

---

[11] Destacada por críticos como Jackson y Hoffman en sus conocidos trabajos *Fantasy: The Literature of Subversion* (1981) y "The Fantastic in Fiction: Its Reality Status, Its Historical Development and its Transformation in Postmodern Narration" (1982).

[12] La limeña Casa Matusita, que probablemente se encuentre en el origen del microrrelato "La casa embrujada" (*Ajuar funerario*: 68-69), tuvo como primera propietaria a Parvaneh Dervaspa, condenada por bruja en 1753. Desde entonces ha alimentado un sinfín de habladurías, según las cuales allí vivió un hombre asesinado por sus sirvientes, perdió la razón un sacerdote e incluso habría afectado al conocido presentador de televisión Humberto Vílchez Vera. Fue una de las más conocidas leyendas urbanas de la Lima de los ochenta, por lo que Iwasaki se vería indefectiblemente tocado por su halo maldito.

en casa y en la calle y que fui escribiendo precisamente para leerlas a los alumnos en esas charlas organizadas por el Centro Andaluz de las Letras" (Ibíd.). Este público adolescente, especialmente aficionado a las historias de terror, agradeció sin duda la intuición de Iwasaki: "Pensé que para ellos, los chavales, sería más fácil aficionarles a la lectura con esos pequeños relatos salidos de la imaginación y de esas historias que uno ha escuchado que dando alguna clase teórica" (J. A. 2003: s. p.). De ahí la presencia de historias tan conocidas como las de la autoestopista fantasma que, señala, "se repite con distintas variantes en cada país" (Chiappe 2008: s. p.).

El volumen descubre asimismo el interés de su autor por la colección de textos integrados –ya presente en títulos como *Inquisiciones peruanas*, *Helarte de amar* o *El libro de mal amor*– y por la experimentación con diversos géneros. Aficionado a *cuentarlo* todo[13], Iwasaki recurre a las leyendas urbanas –"El pasajero", las tres versiones de "La chica del auto stop"–, el documento inquisitorial –"*Animus, finibus*"–, las parábolas –"Bienaventurados los pobres de espíritu", "Del apócrifo Evangelio de san Pedro (IV, 1-3)"–, las entradas de diccionario –"Del *Diccionario Infernal* del padre Plancy"–, las reseñas –"El libro prohibido"–, los testimonios pseudo-históricos –"Kruszwicy, 834 D. C."– y, sobre todo, a la narración de pesadillas para cambiar de tonalidad en su escritura.

En cuanto a su motivación para practicar el género, es tan clara –"Asumo el riesgo de experimentar; por eso estos microrrelatos" (Chiappe 2008: s. p.)– como compleja resultó la génesis del volumen:

> El título y el prólogo sí son del año 98, cuando Lengua de Trapo me solicitó un cuento de diez páginas para la antología *Líneas Aéreas* y se me ocurrió mandar diez de aquellas miniaturas siniestras. Los diez microrrelatos que aparecieron en *Líneas Aéreas* comenzaron a circular por Internet de una manera sorprendente, y cuando Andrés Neuman me pidió cuentos inéditos para *Pequeñas resistencias* y le

---

[13] Rasgo clave de su poética, confesado en "Mi primera experiencia textual": "Uno está persuadido de que las poéticas y los manifiestos sólo sirven para que filólogos y concejales se cuelen de matute donde no les llaman, y así prefiero ser poéticamente correcto y amenazar con *cuentarlo* todo. Es decir, *cuentar* columnas, *cuentar* ensayos, *cuentar* artículos, *cuentar* pregones, *cuentar* prólogos, *cuentar* presentaciones y –por supuesto- *cuentar* novelas" (Iwasaki 2006: 81). Este hecho resulta especialmente apreciable en *Cuando dejamos de ser realistas*, su más reciente publicación, encuadrada en el género ensayístico por la libertad de expresión que ofrece el llamado por Alfonso Reyes "centauro de los géneros".

pasé algunos inéditos de *Ajuar funerario*, me exhortó a publicarlos sin demora. Doy fe que Juan Casamayor no se *corrió* (García 2007: s. p.).

Más adelante insiste en este hecho: "Las primeras imágenes me vinieron a la mente a comienzos de los noventa, después de advertir que en muy pocas líneas era posible producir desasosiego y escalofrío" (Ibíd.)[14], e incluso revela a Chiappe la diferencia entre la concepción de *Ajuar funerario* y otras obras suyas: "[Iwasaki] reconoce que para enfrentarse a textos de aliento más largo no toma notas, pues no cree que las novelas se construyan con *fogonazos* ni compilando *chispazos*" (Chiappe 2008: s. p.).

Por último, destaca las claves de su escritura –"Un microrrelato de terror no puede aspirar al misterio y la creación de atmósferas, sino a provocar sensaciones fulminantes como el escalofrío, la náusea o el sobresalto" (Trazegnies 2004: s. p.)–, atendiendo a que los textos sean necesariamente narrativos –"El terror me obligaba a poner una distancia con los aforismos y los poemas en prosa, géneros que algunas veces pasan por minificción" (Ibíd.)– y al placer que le provocó este nuevo experimento: "fue un ejercicio muy exigente, pero al mismo tiempo bastante divertido" (Ibíd.).

El autor en la obra

En *Ajuar funerario* aparecen reflejadas las principales obsesiones literarias de Iwasaki. Ya *Tres noches de corbata* (1987), su primera publicación, presentaba una fantasía gótica en la portada –con búho y casa negra incluidos–, descubriendo su interés por las múltiples apariencias de lo real, los sueños, los mitos y la magia. Así se aprecia en cuentos como "El ritual" y "Tres noches de corbata", cuyos argumentos se ven repetidos con algunas variaciones en "Ya no quiero a mi hermano" (*Ajuar funerario*: 30) y "La muchacha nueva" (*Ajuar funerario*: 54-55). Igualmente, los relatos de *A Troya, Helena* (1993)

---

[14] Iwasaki parece hacerse eco de la idea de que al terror le va bien la brevedad y de que la economía de palabras supone un disparador del miedo, hecho demostrado por autores como Dickens o Hawthorne, que escogieron la narración breve como vehículo para provocar miedo. Si Julia Briggs señala que "a horror that is effective for thirty pages can seldom be sustained for three hundred" (Briggs 1977: 13), podríamos reducir la cantidad de páginas a una en el caso de las minificciones objeto del presente análisis.

"Pesadilla en Chacarilla" y "Erde" encuentran una nueva versión en "Cosas que se mueven solas" (*Ajuar funerario*: 112) y "Gorgona" (*Ajuar funerario*: 66). Por su parte, el mundo contrarreformista y pícaro de confesores, anales eclesiásticos y beatas retratado en *Inquisiciones peruanas* (1994) y *Neguijón* encuentra una nueva versión en "*Animus, finibus*" (*Ajuar funerario*: 20) y "Los visitantes" (*Ajuar funerario*: 38).

Uno de los aspectos más interesantes de *Ajuar funerario* viene dado por su extraordinaria utilización de la perspectiva infantil a la hora de narrar las pesadillas. Los mejores textos se encuentran protagonizados por niños desamparados, que sienten el abandono de aquellos en quienes confiaban y que debieron protegerlos. Y es que, como señala Víctor Bravo, "si el miedo se encuentra en la raíz de la condición humana, lo es porque el primer reconocimiento de toda conciencia es el desamparo" (2005: 13).

Ya lo señalaba Cortázar en "Lo gótico en el Río de la Plata": "Salvo que una educación implacable se le cruce en el camino, todo niño es en principio gótico" (Cortázar 1994: 83).[15] Iwasaki insiste en este hecho en numerosas entrevistas:

> En cuanto a los niños, estoy persuadido de que la literatura de terror supone la infancia, pues si no hubiéramos sido niños sólo le tendríamos miedo a Hacienda y a los dentistas. Por lo tanto, la infancia nos preparó para ser aprensivos a la oscuridad, lo desconocido, la muerte, la soledad, lo sobrenatural, las pesadillas y sobre todo a las viejas, cuando están majaras y despeinadas (Muñoz 2007: s. p.).

> En otras historias he querido crear la sensación de desasosiego, sobre todo en las protagonizadas por niños [...] La literatura de horror se nutre de los miedos infantiles, de los niños que fuimos o del que tenemos dentro (Chiappe 2008: s. p.).

> La infancia es la edad de todos los terrores primordiales y el niño siempre es sujeto de terror. O el niño que fuimos o los niños que engendramos. "Peter Pan" y "La cueva" tienen como elemento común esa infancia terrorífica o aterradora, y me interesa explorar esos territorios. La literatura de terror nace de las pesadillas completas de un niño en coma (García 2007: s. p.).

---

[15] Este hecho ha sido destacado por David Punter en *The Romantic Unconscious. A Study in Narcissism and Patriarchy*, donde el autor sigue las aportaciones realizadas por la psicoanalista Melanie Klein en *The Psychoanalisis of Children* (Punter 1990).

El sentimiento de desamparo se hace especialmente patente en microrrelatos como el citado por el autor en último lugar, donde un niño se pierde mientras juega bajo la colcha de la cama paterna: "¡Qué grande era la cama de mis papás! Una vez cogí la linterna de la mesa de noche y les dije a mis hermanas que me iba a explorar el fondo de la cueva. Al principio se reían, después se pusieron nerviosas y terminaron llamándome a gritos. [...] La cueva era enorme y cuando se gastaron las pilas ya fue imposible volver" (*Ajuar funerario*: 23)

Resulta pues evidente que el terror se encuentra estrechamente asociado a los recuerdos de infancia de Iwasaki[16], quien ha revelado incluso el origen real de "Tres noches de corbata" y "La muchacha nueva":

> [Iwasaki] recuerda que nunca ha experimentado más miedo que cuando se marchaban sus padres y se quedaban al cuidado de Josefina, que tenía 14 años. «Era tan niña como nosotros, recuerda, pero nos transmitía unos cuentos terribles, alucinantes. El mundo del niño lo absorbe todo... Si fuéramos adultos desde el momento de nacer, sólo tendríamos miedo a Hacienda (Echeverría 2004: s. p.).

Así, si en "Tres noches de corbata" la criada se convierte al final en el personaje de su propio cuento –el demonio "Chullachaqui", que mata a los niños–, en "La muchacha nueva" son los chicos quienes "hacen desaparecer" a sus sucesivas cuidadoras gracias a su pacto con el diablo[17].

Y es que los chicos asustan más cuando se convierten en victimarios, como ocurre con los caníbales protagonistas de "Las manos de la fundadora" –"ellas creen que vomité de susto, pero tenía que impedir que me pegara. La mano izquierda sabía mejor" (*Ajuar funerario*: 97)– y "Hambre", el extraño niño que pega la hostia en el álbum de Primera Comunión –tan cercano a los

---

[16] "Cuando era niño, la madre de Fernando Iwasaki le repetía que había que tenerle más miedo a los vivos que a los muertos, porque los muertos le ayudaban: las ánimas del purgatorio, los espíritus de seres queridos, los santos; todos echaban una mano en caso de necesidad. Desde entonces, Iwasaki tuvo la impresión de estar rodeado de muertos que veían lo que él hacía a todas horas. Ese miedo y otras angustias, como el terror infantil al fallecimiento de los padres, le rondaron como fantasmas hasta que comenzó a apuntarlos como si se trataran de pequeñas historias terroríficas" (Chiappe 2008: s. p.).

[17] El tema de la criada que se venga de sus señores a través de la magia es abordado por Carlos Fuentes en "La gata de mi madre", donde la indígena Guadalupe acaba con su vieja y despótica ama cuando se revela como reencarnación de una bruja sacrificada siglos atrás (Fuentes 2004: 36-47).

personajes de Matute–, los brujos de "Dulce compañía" y "La muchacha nueva" o el vampiro infantil de "El balberito".

En otro orden de cosas, la mitología producida por los modernos medios de comunicación –cine, literatura, música popular, televisión– es utilizada con profusión en *Ajuar funerario*, hecho que nos remite a otros títulos de su autor como *El descubrimiento de España* (1996), *La caja de pan duro* (2000), *Libro de mal amor* (2001) o *Helarte de amar* (2006).

Así lo señala el mismo Iwasaki a Chiappe –"también le han influido las películas de cine y las series de televisión, como *La familia Adams* o *Los Monsters*" (Chiappe 2008: s. p.)– y así se aprecia en "Peter Pan", uno de los pocos microrrelatos realistas del conjunto en el que el despiadado protagonista, decepcionado porque cree ver en los padres de sus amigos al Hombre Lobo, Batman o Tarzán, inventa una naturaleza *heroica* para su progenitor: "Entonces corrí a la cocina y saqué el hacha de cortar la carne. Por la ventana entraban la luz de la luna y los aullidos del papá de Mendoza, pero mi padre ya grita más fuerte y parece un pirata de verdad. Que se cuiden Merino, Salazar y Gómez, porque ahora soy el hijo del Capitán Garfio" (*Ajuar funerario*: 28)[18].

Otras aficiones de Iwasaki se hacen patentes en el libro. Es el caso de la música de los Beatles –"A Mail in the Life" remite a "A Day in the Life", penúltima canción del lado B del *Sergeant Pepper's Lonely Hearts Club*–, también homenajeados en el cuento de *A Troya, Helena* "Rock in the Andes", dedicado a John Lennon; en el *Libro de mal amor* –con un epígrafe tomado de la canción *I Will*–, y en *Helarte de amar*, que contiene dos relatos donde las canciones del grupo británico propician sendas aventuras eróticas.

---

[18] La mezcla de crueldad e inocencia del narrador recuerda la de los chicos oligofrénicos en "La gallina degollada" de Horacio Quiroga –*Cuentos de amor, de locura y de muerte* (1917)–, inolvidable en su escena final, cuando la hermana pequeña aparece muerta a manos de quienes la creyeron "una gallina". Así ocurre también con el protagonista de "27 de abril", incluido por Edmundo Paz Soldán en *Las máscaras de la nada* (1990): "Era el cumpleaños de Pablo Andrés y decidí obsequiarle la cabeza de Daniel, perfumada y envuelta con elegancia en lustroso papel café. Supuse que le agradaría porque, como casi todo buen hermano menor, odiaba a Daniel y no soportaba ni sus ínfulas ni sus cotidianos reproches. Sin embargo, apenas tuvo entre sus manos mi regalo, Pablo Andrés se sobresaltó, comenzó a temblar y a sollozar preso de un ataque de histeria. La fiesta se suspendió, los invitados nos quedamos sin probar la torta, alguien dijo son cosas de niños, y yo pasé la tarde encerrado en mi dormitorio, castigado y sintiéndome incomprendido" (Paz Soldán 2004: 25).

Por su parte, el reconocido amor a los libros del autor se pone de manifiesto en "El bibliófilo" (*Ajuar funerario:* 39-40) y "Los yernos" (*Ajuar funerario:* 83-84) –títulos que revelan el temor a perder sus libros de todo poseedor de una buena biblioteca–, y en "El libro prohibido" (*Ajuar funerario*: 35-36), del que señala: "¿Qué puedo decir de los bibliófilos, libreros y bibliotecarios en general? En uno de los microrrelatos de *Ajuar funerario* sugiero que el 'libro de arena' era en realidad el apócrifo *Necronomicón*. No encontré mejor homenaje al libro como 'arte facto' de terror" (Muñoz 2007: s. p.).

La formación humanística de Iwasaki, que consiguió el grado de bachiller con la tesis *Simbolismos religiosos en la metalurgia prehispánica* (1983), impartió clases en la universidad sobre religiones comparadas y escribió eruditos artículos en torno al tema, refleja un interés por libros prohibidos, ritos secretos y exorcismos que lo llevó, por ejemplo, a entablar amistad con monseñor Corrado Balducci, el exorcista del Vaticano[19]. Así se aprecia en el argumento de "El antropólogo" (*Ajuar funerario*: 71) y en la mención de libros como *El diccionario infernal del Padre Plancy* en el casi homónimo microrrelato (*Ajuar funerario*: 119), divertido homenaje a la tradición alemana del *Schauerroman* –donde eran frecuentes las relaciones sexuales con demonios–, que convierte al diabólico Gomory en una *call girl* con tarifa estipulada por minuto de conversación.

La alusión a la *hot line* me permite comentar otro rasgo novedoso de *Ajuar funerario:* su utilización de las nuevas tecnologías de comunicación –vídeos, mensajes SMS, correos electrónicos, *chats*– para provocar el miedo, situándose en la línea de filmes japoneses de culto como *The Call* (2000) o *The Ring* (2002). Si algunos de los microrrelatos aluden a los métodos tradicionales de comunicación con los espíritus –"La ouija", "Ya no quiero a mi hermano", "Última voluntad"–, la actualización del género queda clara en títulos como "666"[20] y, especialmente, en "El dominio", donde el creador de la URL

---

[19] El autor contestó con su habitual ironía a la pregunta de si esta relación le había ayudado a escribir el volumen que comentamos: "A sus 83 años Balducci es la máxima autoridad de la Iglesia en demonología, pero también un gran conocedor del rock; la mayor parte del tiempo que estuvo en Sevilla hablamos de rock y más bien poco de Satanás, que según Balducci es un pobre diablo, lo que me hizo pensar que el demonio está más cerca de *El día de la Bestia* que de *La Profecía*" (Trazegnies 2004: s. p.).

[20] El narrador recibe una sobrecogedora llamada a su móvil desde el Infierno: "En la pantalla parpadeaba un número inverosímil. No me he atrevido a coger el teléfono, pero han dejado un mensaje en el buzón de voz" (*Ajuar funerario*: 90).

www.infierno.com descubre, tras hacerse rico con su invento, que éste le ha hecho esclavo del diablo[21].

Terrores del ajuar…

Llego así a la última parte de mi exposición, en la que repasaré los temas de *Ajuar funerario* atendiendo a cuatro temores fundamentales: la claustrofobia, el miedo al abandono, al castigo y a la pérdida de identidad.

1) Claustrofobia

Las localizaciones características de la primera época de la literatura gótica –castillos y conventos del sur de Europa– fueron pronto sustituidas por espacios más cercanos a los lectores –de clase media– que devoraban estos textos: la casona de campo o urbana, bien provista, eso sí, de salones, sótanos y áticos por explorar. Este hecho explica que uno de los temas más tratados por Iwasaki en *Ajuar funerario* sea el del espacio hostil, presente en "W. C." –demostración fehaciente de la originalidad del autor, que sitúa el encuentro con el monstruo en el retrete de una gasolinera– y, en un tono mucho más respetuoso con la tradición, en "La habitación maldita", "La casa embrujada", "No hay como el baño de casa", "La casa de muñecas", "Hay que bendecir la casa" o "Cosas que se mueven solas".

Ya Chris Baldick señaló la naturaleza claustrofóbica de los espacios que provocan miedo:

> Gothic texts comprise a fearful sense of inheritance in time with a claustrophobic sense of enclosure in space, these two dimensions reinforcing one another to produce an impression of sickening descent into disintegration. The Gothic text often flourishes in spaces that imprison or restrict efforts to move or exist comfortably and the combination of both circumstances creates the feeling of disintegration or fragmentation (Baldick 1992: XIII).

---

[21] José Antonio Francés, que reconoce las deudas del interesante *Miedo me da* con *Ajuar funerario*, explota asimismo las posibilidades de las nuevas tecnologías para provocar el horror en "Canal 666", "Perdida" –el narrador llora ante la tumba de su hermana y de repente le llega una llamada perdida desde la lápida– o "Envía alma" –un chico recibe la fecha de su muerte a través de un juego incluido en la página web www.estasmuerto.com, y para alargar su vida debe enviar continuamente SMS al número estipulado–.

Iwasaki, buen conocedor de la tradición gótica, logra reflejar con unas cuantas pinceladas el terror que desprenden estos lugares. Así ocurre en "La habitación maldita" –"Las paredes estaban llenas de crucifijos y los espejos apenas reflejaban mis movimientos. Recién cuando me eché en la cama reparé en la pintura del techo: un Cristo viejo y enfermo que me miraba sobrecogido. Me dormí con la inexplicable sensación de sentirme amortajado" (*Ajuar funerario*: 14)–; en "La casa embrujada" – "la casa no tenía espejos y a todos los personajes de las pinturas les habían borrado los ojos. Los relojes marcaban a destiempo la misma hora" (*Ajuar funerario*: 68)– o, finalmente, en "El salón antiguo" –"todo oscuro, todo grande, [...]. En uno hay una señora que te mira molesta, en otro se ve a una niña que parece un fantasma y encima hay un Cristo que da miedo" (*Ajuar funerario*: 76)–. Todos estos lugares poseen un rasgo común: quienes los han hollado nunca lograrán salir de ellos –habitación, tumba y cama se hacen sinónimos–, remitiendo así a una de las fobias más generalizadas entre los seres humanos: la tapefobia o miedo a ser enterrado vivo, reflejada asimismo en otros títulos del volumen como "Réquiem por el ave madrugadora" y "El milagro maldito"[22].

2) El miedo al abandono y al castigo

Es conocido el papel que puede desempeñar la familia como elemento provocador de ansiedad en nuestras vidas. De hecho, William Day sostiene que la emoción central del gótico es el miedo, y "the source of that fear is anxiety and terror over the experiences of the family" (1985: 5).

---

[22] Felipe Benítez ha escrito uno de los mejores microrrelatos sobre el tema: "Que griten. Yo, como si fuese sordo. Que arañen sus elegantes forros de seda. A mí sólo me pagan para que vigile esto, no para que cuide de ellos ni para que me quiten el sueño con sus gritos. ¿Que bebo demasiado? No sé qué harían ustedes en mi lugar. Aquí las noches son muy largas… Digo yo que deberían tener más cuidado con ellos, no traerlos aquí para que luego estén todo el tiempo gritando, como lobos, créanme. Ahora bien, que griten. Yo, como su fuese sordo. Pero si a alguno se le ocurre aparecer por aquí, lo desbarato y lo mando al infierno de una vez, para que le grite al Demonio… Pero a mí que me dejen. Toda la noche, como les digo. Y tengo que beber para coger el sueño, ya me dirán. Si ellos están sufriendo, si están desesperados, que se aguanten un poco, ¿verdad? Nadie es feliz. Además, lo que les decía: tengan ustedes más cuidado. Porque luego me caen a mí, y ustedes no me pagan para eso, sino para cuidar los jardines y para ahuyentar a los gamberros, ¿no? ¿Qué culpa tengo yo de que los entierren vivos? Y claro, ellos gritan" (Benítez 1994: 79).

Como ya hemos señalado, la mayoría de los relatos de *Ajuar funerario* cuentan con protagonistas infantiles, que temen a partes iguales el abandono y el castigo de quienes deben protegerlos. La casa y la escuela se convierten, así, en espacios donde experimentan una enorme soledad, siempre a la espera de la recriminación o el azote por parte de madres, abuelas y monjas, las mujeres de las que se podría esperar más cariño. Así ocurre con la progenitora en "Juicio final", convertida en un verdadero "ángel vengador" (*Ajuar funerario*: 98), o con la monstruosa protagonista de "Abuelita está en el cielo", presentada por la madre del narrador "rodeada de ángeles y santos", pero cuya verdadera identidad es revelada por el chico al final del cuento: "viene de noche a mi cuarto, llorando y toda despeinada, arrastrando a un bebito encadenado. [...] Seguro que tiene hambre porque a veces lo muerde" (*Ajuar funerario*: 85). Las abuelas contribuyen, asimismo, a angustiar a sus nietos con fantasías de culpa, como en el caso de "Longino".

Pero, entre todas las mujeres malvadas que pueblan *Ajuar funerario* sobresale, sin duda, la "monja monstruo", que el mismo Iwasaki describe como "su modesta contribución a la literatura de terror" (Trazegnies 2004: s. p.) y ya rastreable en sus recuerdos de infancia:

> Cuando era niño estudié en un colegio de monjitas españolas y descubrí que las monjas eran como los policías. Es decir, que había monjas buenas y monjas malas. Las monjitas buenas eran buenísimas y ya me ocupé de ellas en un libro anterior –*El Descubrimiento de España* (1996)–, pero las monjas malas eran unas hijas de su purísima madre y por eso están todas en este libro. Especialmente una: la que me torturaba sumando quebrados y dividiendo con decimales (Muñoz 2007: s. p.)[23].

No olvidamos, sin embargo, que la literatura gótica, de marcado carácter anticatólico en sus orígenes, ha contado con bastantes mojas terroríficas –Juan Montalvo y Juana Manuela Gorriti ofrecen buenos ejemplos de este hecho en las literaturas hispánicas–, que, tras haber sido emparedadas en sus celdas, vuelven a la vida sedientas de venganza.

Así, en "La casa de reposo" la madre superiora se descubre como una fría asesina; "Las reliquias" acaba con un acto de canibalismo colectivo –análogo al de la niña protagonista de "Las manos de la fundadora"– y "De incorrup-

---

[23] Sin duda, esta última es un trasunto de la Madre Dolores, protagonista de la pesadilla "El cuarto oscuro".

tis" presenta una monstruosa monja zombi. Entre todos ellos, destacamos
por su humor "Dulces de convento", donde las monjas acaban metamorfose-
adas en sus perros guardianes, provocando el siguiente comentario del narrador: "no descansaré hasta acabar con esas alimañas. Especialmente con la más
gorda, la que se santiguaba mientras comía" (*Ajuar funerario*: 33).

3) La pérdida de identidad

Uno de los terrores más extendidos en los seres humanos se encuentra rela-
cionado con la pérdida de la propia identidad. De ahí la catoptrofobia
–miedo a mirarse en los espejos–, la automatonofobia –miedo a las estatuas–
o la amnesifobia –miedo a perder la memoria–. Estatuas, retratos, ojos sin
vida y espejos abundan en los espacios representados en *Ajuar funerario*, provocando el desasosiego de unos personajes que ven cómo pierden progresivamente la noción de sí mismos. Así ocurre en los salones cerrados y así se repite a través de los monstruosos dobles presentes en el volumen: el hermano
zombi de "Ya no quiero a mi hermano", el marido *alien* de "El extraño" o el
mellizo enquistado en la espalda del protagonista en "El parásito". En la
misma línea, aunque compartiendo una sola naturaleza, se encontrarían el
trasnochador que, en "Monsieur le revenant" se convierte en vampiro por
visionar "uno de esos canales por cable que sólo pasan películas de terror de
bajo presupuesto" (*Ajuar funerario*: 32); el juerguista metamorfoseado en
hombre lobo a causa de una máscara en "Halloween", "El monstruo de la
laguna verde", producto de un acné mal curado" o, finalmente, la devoradora
sexual convertida en "Gorgona" en el cuento homónimo.

La incertidumbre atormenta asimismo a personajes que no saben si están
vivos o muertos, como los niños protagonistas de "Día de difuntos", "La
soledad", "Aire de familia" y, especialmente, la fantasma de "No hay que
hablar con extraños", condenada a vivir en el interregno entre la vida y la
muerte por aceptar los caramelos de Agustín, rodeada en su inocencia de
"muchas cosas que cortan y queman y pinchan" (*Ajuar funerario*: 46).

CONCLUSIÓN

Llego así al final de mi camino. En él espero haber demostrado tanto la buena
salud del microrrelato de terror como la incuestionable calidad de *Ajuar fune-*

rario, paradigma de la renovación actual del género y prueba fehaciente de las múltiples y gratas sorpresas que la minificción seguirá deparándonos en los próximos años. Ahora, abran de nuevo el libro de Iwasaki y gocen de nuevo de una literatura que sabe provocarnos escalofríos de placer.

BIBLIOGRAFÍA CITADA

ARETA, José María (2008): "Claves de Ajuar funerario", en http://sincronia.cucsh. udg.mx/Aretasummer08.htm (12/7/208).

ARIAS GARCÍA, Benito (comp.) (2004): *Grandes minicuentos fantásticos*. Madrid: Alfaguara.

BALDICK, Chris (ed.) (1992): *The Oxford Book Of Gothic Tales*. Oxford: Oxford University Press.

BARROS, Pía (2000): *Ropa usada*. Santiago de Chile: Asterión.

BENÍTEZ REYES, Felipe (1994): *Un mundo peligros (relatos 1982-1994)*. Valencia: Pre-Textos.

BORGES, Jorge Luis/BIOY CASARES, Adolfo (1957): *Cuentos breves y extraordinarios*. Buenos Aires: Losada.

BORGES, Jorge Luis/BIOY CASARES, Adolfo/Ocampo, Silvina (1989 [1940]): *Antología de la literatura fantástica*. Barcelona: Edhasa.

BRAVO, Víctor (2005): "El miedo y la literatura", en *Anales de Literatura Hispanoamericana* nº 34, pp. 13-17.

BRIGGS, Julia (1977): *Night Visitors: The Rise and Fall of the English Ghost Story*. London: Faber.

CORTÁZAR, Julio (1980 [1969]): "La muñeca rota", en Íd., *Último round*. México: Siglo XXI, 248-271.

— (1994 [1975]): "Notas sobre lo gótico en el Río de la Plata", en *Obra crítica 3*. Saúl Yurkievich (ed.). Madrid: Alfaguara, pp. 79-87.

CHIAPPE, Doménico (2008): "Fernando Iwasaki: El terror infantil que perfora los cuentos", en *TalCual*, 30 de mayo, <http://www.letralia.com/ciudad/chiappe/16.htm> (15/3/2008).

DAY, William (1985): *In the Circles of Fear and Desire: A Study of Gothic Fantasy*. Chicago: University of Chicago Press.

DÍEZ, Luis Mateo (2002): *Los males menores*. Fernando Valls, intr. Madrid: Espasa Calpe.

ECHEVERRÍA, Rosa María (2004): "Iwasaki transforma el terror en arte en *Ajuar funerario*", en *ABC*, 1 de junio, <http://www.abc.es/hemeroteca/historico-01-06-2004/abc/Cultura/iwasaki-transforma-el-terror-en-arte-en-su-obra-ajuar-funerario_9621798546196.html> (15/3/2008).

"Fernando Iwasaki en pocas palabras" (2007), *blog* de *Diario sin nombre*, 8 de diciembre, <http:/ /eldiariosinnombre.blogspot.com/2007/12/fernando-iwasaki-en-pocas-palabras.html> (15/03/2008).

FUENTES, Carlos (2004): *Inquieta compañía*. Madrid: Alfaguara.

FRANCÉS, José Antonio (2007): *Miedo me da (78 relatos de humor y espanto)*. Sevilla: Algaida.

FRANK, Frederick (1987): *The* First Gothics: *A Critical Guide to the English* Gothic *Novel*. New York: Garland Publishing.

FREIRE, Espido (2003): *Cuentos malvados*. Madrid: Punto de Lectura.

GARCÍA, Luis (2007): "Fernando Iwasaki", en *Fábula. Revista literaria* nº 14, pp. 58-62. Accesible en <http://www.unirioja.es/servicios/sp/ej/fabula/textos/fab014058.shtml> (15/3/2008).

HOFFMAN, Gerald (1982): "The Fantastic in Fiction: Its Reality Status, Its Historical Development and its Transformation in Postmodern Narration", en *Real* nº 1, pp. 267-364.

IWASAKI, Fernando (1993): *A Troya, Helena*. Bilbao: Los Libros de Hermes.

— (1994 [1987]): *Tres noches de corbata*. Huelva: Diputación Provincial de Huelva.

— (1998): "Noche de brujas en Baltimore", en *Clarín* nº 16, pp. 56-58.

— (2004): *Ajuar funerario*. Madrid: Páginas de Espuma.

— (2005): *Neguijón*. Madrid: Alfaguara.

— (2006): "Mi primera experiencia textual", en *El arquero inmóvil. Nuevas poéticas sobre el cuento*. Eduardo Becerra, ed. Madrid: Páginas de Espuma, pp. 79-81.

— (2007 [1994]): *Inquisiciones peruanas*. Madrid: Páginas de Espuma.

J. A. (2004): "Iwasaki publica 'Ajuar funerario': 'Desde Bécquer a Borges hay una gran tradición de terror en español'", en *ABC*, 23 de mayo, <http://www.abc.es/hemeroteca/historico-23-05-2004/sevilla/Sevilla/iwasaki-publica-ajuar-funerario-desde-becquer-a-borges-hay-una-gran-tradicion-de-terror-en-espa%C3%B1ol_9621652444422.html> (15/3/2008).

JACKSON, Rosemary (1981): *Fantasy: the Literature of Subversion*. London: Routledge.

MATUTE, Ana María (1994 [1956]): *Los niños tontos*. Barcelona: Destino..

MERINO, José María (2005): *Cuentos del libro de la noche*. Madrid: Alfaguara.

MUÑOZ, Miguel Ángel (2007): "El síndrome de Chéjov". Entrevista a Fernando Iwasaki, <http://elsindromechejov.blogspot.com/2007/11/fernando-iwasaki-quiero-que-mis-cuentos.html> (17/3/2008).

NEUMAN, Andrés (2006): *Alumbramiento*. Madrid: Páginas de Espuma.

PAZ SOLDÁN, Edmundo (2004 [1990]): "Las máscaras de la nada", en *Desencuentros*. Madrid: Alfaguara.

PLINIO EL JOVEN (2005): *Cartas*. Madrid: Gredos.

PONT, Jaume (ed.) (1999): *Brujas, demonios y fantasmas en la literatura fantástica hispánica*. Lleida: Edicions Universitat de Lleida.

PRAZ, Mario (1968): "Introductory Essay", en *Three Gothic Novels*. New York: Penguin.

PUNTER, David (1990): *The Romantic Unconscious: A Study in Narcissim and Patriarchy*. New York: New York University Press.

ROAS, David (2007): *Horrores cotidianos*. Palencia: Menoscuarto.

SHUA, Ana María (2004): *Temporada de fantasmas*. Madrid: Páginas de Espuma.

TELLERÍA, Alejandro (2007): "Si folláramos más, escribiríamos menos", en *The Barcelona Review: Revista Internacional de Narrativa Breve Contemporánea* nº 45, noviembre-diciembre, <http://www.barcelonareview.com/45/s_fi.htm> (15/3/2008).

TRAZEGNIES, Leopoldo de (2004): *Ajuar funerario*, en Biblioteca virtual de literatura, 24 de julio, <http://www.trazegnies. arrakis.es/iwasaki3.html> (15/3/2008).

TODOROV, Tzvetan (1987 [1970]): *Introducción a la literatura fantástica*. México: Premiá.

VALADÉS, Edmundo (ed.) (1976): *El libro de la imaginación*. México: Fondo de Cultura Económica.

WILLIAMS, Anne (1995): *Art of Darkness: A Poetics of Gothic*. Chicago: University of Chicago Press.

OTRAS MIRADAS

AVATARES DE LA NARRATIVA CUBANA MÁS RECIENTE*

Rogelio Rodríguez Coronel

Cuando tengo que hablar sobre lo "más reciente" en literatura, cierto escalofrío me recorre por la espina dorsal: lo empírico es tan vasto, es tanto lo publicado dentro y fuera de la isla en los últimos años, que resulta del todo imposible conocer las dimensiones de ese caudal. Quizás a esto se refieran los críticos cuando se cobijan en la falta de una distancia estética. Así, declaro que asumo ese escudo y, tratando de evitar mostrarles a ustedes una especie de guía telefónica o web de Google, procuraré diseñar los avatares –cambios y vicisitudes– de la narrativa cubana a partir de la década del noventa, no sin mostrar algunos ejemplos. En realidad, sólo aspiro a ofrecerles algunas noticias y algunas muestras de la publicado, sobre todo en España por estar un poco más al alcance de ustedes.

PRIMER AVATAR

En una mesa redonda sobre la narrativa en el inicio del nuevo siglo, manifesté: "Yo creo que una literatura, para que sea literatura, tiene, por supuesto, que estar bien escrita, bien construida; pero lo que hace que sea trascendente es, precisamente, los valores que debate en su seno". En este sentido no me queda ningún tipo de preocupación en cuanto a la nueva narrativa, o como se le quiera llamar a la que se está produciendo ahora en Cuba, porque, aun en su aparente amoralidad, es profundamente ética. Eso es un signo que caracteriza a esa literatura. [...] Ese signo ético profundo –que a veces se niega, se trata de ocultar de alguna manera, de que no sea visible– está, sin embargo, presente en ese discurso (RRC 2001).

La narrativa cubana de los últimos años ha continuado pulsando diversas aristas de la realidad y también del discurso literario, se ha visto a sí misma

---

* Texto leído en el Seminario Internacional sobre Narrativa Hispanoamericana Contemporánea, ofrecido del 20 al 30 de abril de 2008 en la Universidad de Granada, España.

como documento testimonial de zonas generalmente silenciadas en otros medios y también como manera de explorar y descubrir nuevos ámbitos, ha refrendado y debatido las tensiones y contradicciones del mundo en que vivimos, y en esa confrontación, ha ido adquiriendo conciencia de que su reino es eminentemente estético, pero ha preservado, como esencia, su dimensión ética.

A pesar de que es posible percibir determinadas señas peculiares en la escritura de los últimos años, lo cierto es que un nuevo estadio se estaba iniciando en la última década del siglo XX. Parece que la narrativa, alimentada de contradicciones, florece en épocas de crisis.

En 1993, como asonada inaugural de una nueva época, Salvador Redonet –estudioso y animador de la cuentística de los entonces "novísimos"– publicó su ya clásica antología *Los últimos serán los primeros*, en cuyo prólogo calificaba a los autores como "iconoclastas", "rebeldes", "transgresores", "revolucionarios", "contestatarios", "indagadores", "polémicos", "inquietos", "conflictivos", en una serie que denota el desconcierto de los autores ante un mundo que comenzaba a desintegrarse sin que se visualizara su restitución, o mejor, reclamando –en última instancia– su reintegración más auténtica, sin mitificaciones, sin enmascaramientos. Es la época del *heavy metal* caribeño, de los *friekies* tropicales, del rap y el *hip hop* antillanos.

La nueva realidad emergente, basada en la sobrevivencia, trajo como resultado el desasosiego ante la quiebra de una utopía cuyas fracturas comenzaban a insinuarse a finales de los años ochenta. Hoy, la paulatina superación de aquellas circunstancias ha hecho aflorar contusiones que se exhiben impúdicamente.

Así, por vías tan propias, la literatura cubana comenzó a resonar con los nuevos aires llamados posmodernos: el tratamiento de asuntos tabúes o soslayados con anterioridad, tales como la discriminación de la mujer (tratado con madurez literaria en *Ofelias* [2006], de Aida Bahr), el erotismo (una propuesta sumamente interesante es "Anna Lidia Vega Serova lee un cuento erótico en un patio colonial" (2001), de Mariela Varona Roque, o la incidencia en las zonas más escabrosas de la sexualidad en *Mi mujer manchada de rojo* [2005], de Rogelio Riverón), especialmente el homoerotismo (como en *Cuentos frígidos [maneras de obrar en 1830]* [2000], de Pedro de Jesús, y en *Legión de sombras miserables* [2004], de Anna Lidia Vega Serova), la corrupción y pérdida de valores (escalofriante en "No te acuestes" [2004], de Gustavo Sabás del Pino), el exilio (visto desde otra perspectiva en "Cuban American Beauty" [2005], de Orlando Luis Pardo), la penetración en ambientes sórdidos y marginales de la sociedad (con humor se recrea en "Composición con introducción, nudo y desenlace" [2003], de Ernesto Pérez Castillo), y, conjuntamente, la inmersión en la angustia del ser (sustancia misma de *Estadíos del ser* [2005], de Susana Haug Morales), sus desdoblamientos y búsquedas del otro, paralelamente con la exhibición de los nexos literarios intertextuales, una intensa experimentación del discurso narrativo con propósitos transgenéricos y la propia reflexión metadiscursiva en torno al género y los meandros de la escritura.

El cuestionamiento de los entramados sociales trae consigo que se interroguen los límites del género literario, la desacralización de los códigos adquiridos va aparejada con la necesidad de una reinvención de la escritura. Bien mirado, se trata de un problema de lenguaje.

Si el lenguaje es el soporte principal para configurar con perspectivas de futuro un mundo idílico, y en el fragor de sus propósitos no escatima redundancias, construcciones retóricas, clisés, ni fórmulas edulcorantes, surge la necesidad entonces de reinventar el lenguaje para deconstruir lo inauténtico y así, de modo explícito o implícito, colaborar en la reconfiguración de alternativas. Para ello es preciso un espacio que posibilite la transgresión, y no existe uno más propicio que los límites que la tradición le ha impuesto al género, de ahí la pulsión que siente el lector entre la escritura y su sentido, ya no con las frecuentes y lúdicras intertextualidades, sino con las abundantes interdiscursividades, los préstamos literarios (significativamente, son abundantes del ensayo, como en *Ámbito de Hipermestra* [2006], de Mercedes Melo), la ostentación de la textualidad (véase *Historias de seda* [2003], de Ernesto Pérez Chang) y sus indeterminaciones genéricas.

Esta narrativa posee, como tradición, unos treinta años de creación literaria marcada por el cambio social que se produce en Cuba a partir de 1959, cuando se abren nuevas expectativas al escritor cubano y a toda la sociedad. El proyecto renovador implicaba la transformación de la realidad socioeconómica, política y cultural del país, y también del individuo. En esos treinta años se gestó un conjunto narrativo que constituyó la respuesta artística de escritores cubanos ante la repercusión que tuvo en sus conciencias el proceso transformador de diversas instancias de la realidad social y humana de nuestro país.

Esos treinta años no diseñan un proceso lineal, exento de tensiones y contradicciones, algunas propias de la creación artísticas y sus búsquedas incesantes de renovación, otras de las relaciones siempre conflictivas entre ideología, política y arte, como es de esperar en una sociedad que intenta estrenar nuevas maneras de relaciones. El momento más álgido se produjo durante el primer quinquenio de la década del setenta; sin embargo, el antecedente inmediato pudiera fijarse una década después, particularmente hacia la segunda mitad de los ochenta.

La narrativa cubana de entonces muestra tal diversidad de pulsaciones que es posible establecer un cierto paralelismo con las incitaciones artísticas de la década del sesenta. La vocación social y humana unida a la reactivación de las formas constituyó la base de este proceso. Por esta vía, el discurso narrativo comenzó a reclamar su propio espacio en el mundo de la cultura y de la sociedad en general, desde el cual pudiera incidir activamente, críticamente, en la conciencia del lector y en su realidad. Ésta fue la mayor apertura que promovieron novelas como *Un tema para el griego* (1987), de Jorge Luis Hernández, y *Las iniciales de la tierra* (1987), de Jesús Díaz, obra polémica aun en sus relaciones intertextuales con una zona de la narrativa anterior, preludio del cambio de signo estético por venir.

Si el tratamiento del presente revolucionario en los primeros textos de la década del setenta, y en particular en la obra de Cofiño López, ponía énfasis en las condicionantes contextuales que fraguaban las conductas éticas y políticas para diseñar "personajes típicos", en *Las iniciales de la tierra*, por ejemplo, se recupera sustantivamente la característica antropocéntrica del género y se debate la trayectoria existencial, las caídas y resurrecciones de un hombre cuya vida está íntimamente vinculada al quehacer revolucionario. La experiencia de una generación, la mirada interna a la historia, la recreación de estratos socioculturales y lingüísticos de una realidad compleja, tamizada por las entretelas psíquicas del personaje, sus apetencias y limitaciones, conforman una madeja novelesca capaz de movilizar la conciencia del lector y ofrecerle una lectura desautomatizada del entorno, una revisión de sí mismo, avalada por un alto nivel de facturación artística.

Hasta ese instante, el discurso novelesco conformado dentro de Cuba (con notables excepciones) ilustraba o estaba en sintonía, en buena medida y casi siempre noblemente, con formulaciones elaboradas en el discurso social y político hegemónico. Esa indagación crítica, alejada de todo aliento épico, empeñada en la recuperación de una dimensión relativamente autónoma para la narrativa, es el reclamo que propicia la aparición de *Las iniciales de la tierra* y *Un tema para el griego*, reiterado posteriormente por novelas como *Árbol de la vida* (1990), de Lisandro Otero.

Esta nueva fase de la producción narrativa, por supuesto, no se produce al margen del desenvolvimiento general de la cultura cubana en los años ochenta. Neutralizadas las tendencias más conservadoras en el campo cultural –aquellas que surgieron del giro socioeconómico de finales de la década del sesenta y que produjeron lo que se ha dado en llamar "el quinquenio gris" (1970-1975)–, los ochenta pretendieron un cierto "renacimiento" del clima creador, lo cual coincidió con la presencia enfática de nuevos escritores más atentos a la renovación del discurso literario que al tratamiento de asuntos emergentes. Tampoco hay que soslayar –consecuencia y causa a la par– el impacto que produce el reencuentro con textos como *Paradiso*, de José Lezama Lima, estimulado por la dimensión que alcanza en otras latitudes, o las simpatías que despierta en las más jóvenes promociones de escritores la narrativa de Virgilio Piñera, y aun la transgresora curiosidad hacia obras silenciadas en la década anterior, sobre todo de aquellos cubanos residentes fuera del país, como Guillermo Cabrera Infante, Severo Sarduy o Reinaldo Arenas. El texto, sus cualidades y maneras oblicuas hacia el referente, el carácter lúdico de la escritura, el juego intertextual afín a la novelística del llamado *posboom* –o de lo que se ha denominado "la posmodernidad"–, forman parte de las inquietudes literarias que, a partir de la década del ochenta, comparten las distintas promociones de autores.

Sin embargo, durante la década del noventa –después de la desaparición del campo socialista– la sociedad cubana comenzó a sufrir lo que se dio en llamar "Período Especial", eufemismo que denominó la crisis más intensa por la que hemos transitado después del triunfo de la Revolución, la cual se agravó con la aprobación de la Ley Helms-Burton por el gobierno de los Estados Unidos y se recrudeció bajo el gobierno de Bush. Esta crisis ha tenido y sigue teniendo repercusiones en la producción y la difusión de la narrativa cubana, en sus alternativas temáticas, estructurales y pragmáticas.

La novela fue el género que sufrió más la carencia de papel y la reorientación económica del mundo editorial cubano. Lo cierto es que, desde 1990, se deprimió sensiblemente su publicación en Cuba, y los títulos que aparecían pasaban a ser de inmediato comercializadas en divisa, con lo cual se enajenaban con respecto al público lector que debía ser su destinatario natural. Las editoriales extranjeras, por su parte, generalmente responden a las demandas del mercado y priorizan los títulos de autores ya consagrados o de otros que satisfacen esas demandas. Los escritores más jóvenes –los principales afectados por estas circunstancias– tenían que acudir a las posibilidades que ofrecen los concursos literarios, sobre todo extranjeros, y no son pocos los premios obtenidos por cubanos en estas plazas, sobre todo en España.

Segundo avatar

De un modo u otro, esta coyuntura produce una mutación de la calidad del potencial público lector, lo cual repercute en las expectativas del escritor y en la "construcción" de su lector modelo, del lector implícito de su escritura. No obstante, no es un cambio dramático, sino un acento, pues la cultura cubana –y, por ende, la literatura– desde sus orígenes se ha visto a sí misma como un sistema abierto; sus tendencias más renovadoras, en su lucha por la modernidad, se han conformado en diálogo con las propuestas más estimulantes de otras latitudes; su permeabilidad selectiva y reacondicionadora está en la base de su vitalidad. Siempre lo mejor de la narrativa cubana ha intercambiado señas con un lector más universal.

Si tuviéramos que diseñar los horizontes actuales de la narrativa cubana, tomando como base lo que ya aparece en algunas novelas pero, sobre todo, en el cuento, se hace notorio que ha quedado atrás la confrontación entre el pasado prerrevolucionario y el presente y sus proyecciones programáticas para dar paso a las resonancias de las propias tensiones y contradicciones que se generan en el seno de una sociedad en pugna por su supervivencia.

La última década del siglo XX promovió y aún incita no pocas reflexiones, dudas, frustraciones, interrogantes; se han relativizado los puntos de vista, se han desvanecido espejismos y calcinados dogmas. Si para un gran sector de los estudiosos sociales y humanísticos la desintegración del campo socialista –y lo que ello significa para el pensamiento contemporáneo– tiene repercusiones epistemológicas, en el ámbito artístico parece más bien que estas circunstancias tienen resonancias éticas y axiológicas. En lo que concierne a Cuba, la actualidad abre compuertas a contradicciones inéditas, a tensiones insospechadas unos pocos años atrás, pero también al abandono de esquemas inoperantes; por lo pronto, desde el punto de vista artístico-literario, existe una mayor conciencia estética generalizada en el tratamiento de esos asuntos emergentes.

Una serie de circunstancias y acontecimientos particularmente amargos pueden influir en la perspectiva del escritor, aun cuando no exista un referente social explícito en el mundo creado: políticas desacertadas en el campo cultural, la asunción del modelo soviético en los setenta y la rectificación de los errores cometidos en los ochenta, la guerra en Angola (cuyo asunto es la base de *Cañón de retrocarga* [2000], de Alejandro Álvarez Bernal), el éxodo por el *Mariel* en 1981, con sus marchas de repudio a "la escoria", y el de los balseros en 1993, el retorno de los otrora "gusanos" y "vendepatrias" ahora convertidos en "mariposas" y "hermanos de la comunidad cubana en el exterior", sin olvidar la generalización de una doble moral y, ya en los noventa, las incertidumbres que provoca la desaparición del campo socialista y la esquizofrenia que resulta del establecimiento de dos sistemas económicos, cada cual generando nuevas contradicciones, como la supremacía del dólar y la vida en pesos, motivo de deformaciones que laceran las bases del propio proyecto revolucionario, la aparición de la droga en determinados círculos y la expansión del sida. Todos estos acontecimientos generan asuntos presentes en la narrativa de la etapa.

El derecho al pataleo de los ahorcados (Premio de Cuento Casa de las Américas 1997), de Ronaldo Menéndez, es una muestra que compendia todos estos asuntos, de manera directa o indirecta, con una admirable calidad literaria que explora distintas maneras del discurso narrativo en los límites del realismo y lo neofantástico, de la dialéctica y la metafísica.

En la novela, la tetralogía de Leonardo Padura *Las cuatro estaciones* [*Pasado perfecto* (1991), *Vientos de Cuaresma* (1994), *Máscaras* (1997) y *Paisaje de otoño* (1998)], o *Tuyo es el reino* (1997), de Abilio Estévez –de admirada aceptación–, han sido concebidos con esas proyecciones. De manera más oblicua también está esa marca en muchas otras novelas, como *El pájaro: papel y tinta china* (1998), de Ena Lucía Portela, publicada por Ediciones Casiopea en España en 1999; igualmente apareció en este país *La sombra del caminante* en 2006, por Editorial Kailas (antes, en 2001, lo hizo en Ediciones Unión, de Cuba). Su *Cien botellas en una pared* obtuvo en 2002 el Premio Jaén de Novela que otorga la Caja de Ahorros de Granada. Ese mismo año fue publicada por Debate, España; en 2003, por Ediciones Unión, Cuba, y por Éditions du Seuil, Francia, y obtuvo el premio Dos Océanos-Grinzane Cavour que otorga la crítica francesa a la mejor novela latinoamericana publicada en Francia en un período de dos años. Su última novela, *Djuna y Daniel* apareció recientemente bajo el sello Random House Mondadori, España.

La narrativa de Portela ciertamente es más elusiva en su referencialidad epocal y exhibe sin disimulo su literaturidad; sin embargo, por la índole de su temática desinhibida de todo tabú sexual y transgresora de convenciones sociales posee la impronta de esta nueva etapa de la narrativa cubana. Es una obra que reclama una mayor intelección por parte del lector. Hoy Ena Lucía Portela está considerada como una de las voces más sobresalientes de la literatura latinoamericana y es, probablemente, la más conocida del conjunto de las nuevas escritoras que comienzan a publicar desde los noventa.

La emergencia de estas voces femeninas, desenfadas en la asunción de asuntos propios de su mundo, de la sexualidad y de su cuerpo, resulta un rasgo sobresaliente de la narrativa cubana actual. A los nombres de escritoras ya consagradas, como Mirta Yáñez y Marilyn Bobes –ya poseedoras de una plena madurez literaria– se suman Aida Bahr, Ana Lidia Vega Serova, Ana Luz García Calzada, Mariela Varona, Lourdes González, Mylene Fernández Pintado, Gina Picard, entre otras. Son escritoras de orientaciones estéticas disímiles y de distintas generaciones, algunas de las cuales han transitado de la poesía a la narrativa.

Sin embargo, creo que la obra que ha tenido una considerable demanda ha sido la de Leonardo Padura. Esta narrativa es bien conocida en España por formar parte del catálogo de Tusquets. Uno de los elementos principales para su difusión reside en el amplio registro de lectura que promueve al apelar a la estructura de la novela negra, pero desborda sus límites para trazar un mural de la realidad social urbana en la Cuba de los noventa y la situación del individuo dentro en ella. Su tetralogía probablemente sea la muestra más elocuente de las vicisitudes de La Habana de los noventa. Por esta vívida crítica social, sin miramientos, la narrativa de Padura se coloca en las antípodas de la narrativa de los veinte primeros años posteriores a 1959.

También como consecuencia de las circunstancias y contradicciones de esos años, se hace visible una tendencia narrativa llamada por algunos críticos "realismo sucio" o "hiperrealismo" por otros, cuya muestra más notoria es, sin dudas, *Trilogía sucia de La Habana* (1998), de Pedro Juan Gutiérrez, publicada en España por Anagrama. Gutiérrez, llamado el Bukowski habanero, construye los ambientes más sórdidos en una ciudad corroída, desbordante de sexo y violencia. Entre 1998 y 2003 escribió el Ciclo de Centro Habana; dentro del mismo, *Animal tropical* alcanzó el premio español Alfonso García-Ramos de Novela 2000, y *Carne de perro*, el premio italiano Narrativa Sur del Mundo de 2003. Especie de rescoldo de cierto neonaturalismo, la obra de Gutiérrez posee un estimable valor documental.

Algún crítico ha valorado las obras de Gutiérrez como portadoras del escepticismo de la picaresca, lo cual resulta ciertamente significativo. Las circunstancias referidas por el mundo novelesco establecen naturalmente esos nexos.

Lo picaresco ha estado presente en todo el proceso de la narrativa hispanoamericana desde sus albores. Dentro de la narrativa cubana inmediata anterior, Gustavo Eguren, con *Aventuras de Gaspar Pérez de Muela Quieta* (1982), reactualiza esta modalidad, experiencia que continúa Luis Felipe Bernaza con *Buscavidas* (1985). Sin embargo, el mayor incentivo literario lo ofrece la narrativa de Alejo Carpentier al focalizar la dimensión picaresca de un asunto histórico, y otorgarle por esta vía una potencialidad alegórica. Este aliciente provoca una novela como *Al cielo sometidos*, de Reynaldo González, Premio cubano Italo Calvino 2000, publicada un año más tarde por Alianza Editorial de Madrid, y también Premio de la Academia Cubana de la Lengua por las excelencias de su escritura y el suculento mundo creado. El siglo XXI no podía tener mejor pórtico.

La novela reconstruye, ficcionalmente, la vida de dos pícaros, Antonio el de Ávila y Antonio el de Extremadura –alusión homenaje a los dos Juanes carpenterianos–, en un burdel de las afueras de Palos en espera de la empresa colombina, pero lo que esencialmente debate la novela, a través de episodios carnavalescos e hilarantes, es la contradicción entre la libertad y el dogma, así como las siempre tensas relaciones entre la realidad, el poder, la ideología y la política.

Adentrándonos en el siglo XXI, no quiero dejar de hacer una referencia a la labor de Alberto Garrandés, notable ensayista y narrador, cuya obra muestra una especial querencia por el manejo de la palabra. El Premio Plaza Mayor 2005 fue otorgado a su novela *La travesía*, y ya antes el autor había publicado *Capricho habanero* (1998) y *Fake* (2003, Premio "La Llama Doble" 2002 de novela erótica), así como los libros de relatos *Artificios* (1993), *Salmos paganos* (1996) y *Cibersade* (2001).

Homoerotismo, revelación de los entresijos del alma, deseo de posesión del otro, el protagonismo del cuerpo, son elementos que integran el mundo narrativo de Garrandés, más cercano a revelaciones del subsuelo que al escrutinio de sordideces, y todo ello conformado con una prosa cuidada, mimada, a ratos esplendorosa.

Aquí y allá me he referido a la presencia del homoerotismo como un asunto emergente en la narrativa de esta etapa. La publicación de "El lobo, el bosque y el hombre nuevo" (1990), de Senel Paz, llevado al cine en *Fresa y chocolate*, por Tomás Gutiérrez Alea, incentivó el tratamiento de una temática silenciada en la sociedad cubana; es más, las opciones homosexuales habían sido reprimidas y condenadas con particular severidad durante las dos primeras décadas después de 1959, de manera que la aparición de este campo temático de manera tan profusa –referido tanto a las relaciones masculinas como a las femeninas– constituyó una insurgencia moral. Dos años antes, en 1988, Roberto Uría recibió un premio en un concurso literario de la Universidad de La Habana con *¿Por qué llora Leslie Caron?*, de poca circulación pero con mucha resonancia en el medio literario por abordar estos asuntos.

TERCER AVATAR

Desde el punto de vista de la circulación de los textos y la atención a los jóvenes cuentistas, el siglo XXI se abrió con nuevas perspectivas.

La crisis de los noventa afectó al mundo editorial por la falta de insumos (papel, tinta), el cual se fue recuperando paulatinamente a partir de la segunda mitad de la década, aunque probablemente fuera la publicación de relatos (y también de poesía) lo menos deprimido debido a la extensión propia del género. En aquellas circunstancias tuvieron un énfasis modos alternativos de difusión a través de la lectura en tertulias, círculos, y otros espacios culturales, pues durante las décadas anteriores se habían fomentado los talleres literarios en toda la isla que, si bien no dependía directamente de ellos la aparición de escritores con talento, sí conformaban un ambiente de estímulo para el intercambio entre los escritores más noveles y los lectores. En el nuevo siglo, además de la recuperación del mundo editorial y del sistema de promoción y premiaciones, creo que no deben soslayarse al menos dos agentes culturales que inciden con fortuna en el desarrollo de la cuentística cubana: la consolidación del Premio de *La Gaceta de Cuba* y la creación del Centro de Formación Literaria "Onelio Jorge Cardoso".

En medio de la crisis referida, en 1993 el Consejo Editorial de *La Gaceta de Cuba*, revista de la Unión de Escritores y Artistas de Cuba, convocó a un concurso nacional de cuentos que se ha convertido en uno de los más prestigiosos del país. A pesar de la existencia de un sistema de concursos literarios que va desde el municipio hasta la nación, este certamen fue un oasis para los más jóvenes escritores, pues no sólo premiaba el mejor texto sino que también ofrecía la Beca de Creación "Onelio Jorge Cardoso" para autores inéditos, ahora otorgada por el Centro de Formación Literaria del mismo nombre. Desde entonces, el cuentista galardonado, además de recibir un estímulo monetario, es invitado a la Feria Internacional del Libro en Guadalajara, México. A partir de 2003, Ediciones Callejón, de Puerto Rico, ofrece también un Accésit. A la primera edición del premio de *La Gaceta...* concurrieron 642 participantes de las más diversas tendencias y edades. Con los premios, finalista y aquellos textos que por su calidad lo merecían, fue conformada una primera antología: *Dorado mundo y otros cuentos* (1994), prologado por Arturo Arango. Más recientemente fueron recogidos en otro volumen, *Maneras de narrar*, los 32 textos premiados entre 1993 y 2005, con un excelente prólogo de Haydée Arango, el cual diseña, no sin previsiones, los derroteros del cuento cubano. La estudiosa nos dice:

> En su mayoría estas historias se distinguen por testimoniar las contingencias cotidianas y los conflictos generados en el espacio social, si bien esta tendencia coexiste y/o dialoga con una etapa de enriquecimiento subjetivo e imaginativo, donde emergen otros conflictos relacionados con lo íntimo y lo erótico y, por otra parte, con el protagonismo que asume la textualidad gracias a los experimentos con la estructura narrativa, a la inclusión de elementos "extraños" al género, al diálogo con otros textos, y a la autoconciencia con que se asume el propio texto literario (Arango 2006: 13).

Otro estímulo visible a la creación cuentística del país ha sido la fundación del Centro de Formación Literaria "Onelio Jorge Cardoso", que tuvo su antecedente en un Taller Literario de igual nombre, creado en 1998, bajo la dirección del escritor Eduardo Heras León, quien, por cierto, inauguró, en 2001, los cursos televisivos de Universidad para Todos con uno sobre "Las técnicas narrativas".

Como suele suceder con lo novedoso, el centro generó –y aún concita– polémicas en torno a la orientación estética que sustentaría, toda vez que su fundador es un notable cuentista cuya obra se desenvuelve dentro del ámbito realista; también sobre la utilidad de sus cursos formativos, etc., pero estas suspicacias comenzaron a difuminarse cuando se conocieron los primeros resultados: egresados suyos han sido distinguidos en certámenes tan prestigiosos y diversos como el Premio Casa de las Américas (2000: *El muro de las lamentaciones*, de Alberto Garrido; y 2006: *Dichosos los que lloran*, de Ángel Santiesteban Prats), el Premio Iberoamericano de Cuento Julio Cortázar (2000: "Figuras", de Raúl Aguiar), ambos de carácter internacional, y en otros de gran relevancia nacional como el Premio Alejo Carpentier (2001: *Los hijos que nadie quiso*, de Ángel Santiesteban Prats), Premio de Cuento David, de la Unión de Escritores y Artistas de Cuba para jóvenes cuentistas

(2000: "Los moros de la perla", de Souleen Dell' Amici; 2002: "Cable a tierra", de Mariela Varona Roque; 2004: "Inventario", de Ahmel Echevarría Peré; 2005: "Náufragos", de Luis A. Vaillant; 2006: "Minuciosas puertas estrechas", de Osdany Morales Caballero; y 2007: "Cuerpo público", de Mairely Ramón Delgado), y también en el Premio de cuento *La Gaceta de Cuba* (2001: "Anna Lidia Vega Serova lee un cuento erótico en el patio de un museo colonial", de Mariela Varona Roque; 2002: "Elogio de la escafandra", de Herbert Toranzo Falcón; 2003: "Composición con Introducción, Nudo y Desenlace", de Ernesto Pérez Castillo; 2006: "Cuban american beauty", de Orlando Luis Pardo Lazo; y 2007: "17 extractos de una agenda", de Polina Martínez Shvietsova).

El Centro convoca a diversos concursos y desde 2006 publica *El cuentero*, revista especializada que continúa la tradición de las desaparecidas *El Cuento*, de México, y *Puro Cuento*, de Argentina.

Lamentablemente, no he podido evitar la nómina, pero posee el propósito de brindar una información de utilidad para quien decida sumergirse en este piélago.

CUARTO AVATAR

Otro de los avatares es el estudio mismo sobre la narrativa cubana, y de la literatura toda. Hoy esta indagación demanda una nueva perspectiva que se ha venido diseñando desde el reencuentro de la isla con su diáspora en los años ochenta.

Los debates en torno a "nación, nacionalidad y cultura nacional", tomando en cuenta a la comunidad cubana en el exterior y la agresividad de la política norteamericana (en concordancia con la extrema derecha de esa comunidad) hacia el modelo social propuesto por la Revolución, han barrido prejuicios y desautorizado posiciones que escindían de manera radical, a ambos lados del Atlántico, a nuestra sociedad.

Como manifesté en el encuentro "Cultura e identidad nacional", celebrado en La Habana entre el 23 y el 24 de junio de 1995, la historia de la literatura cubana de los últimos treinta años se ha caracterizado por ser una historia de exclusiones y, por supuesto, las instancias ideológicas y políticas han sido protagonistas en ello. Así, se ha promovido una bifurcación que remite a la existencia de dos literaturas cubanas en pugna: una dentro del país y otra en el extranjero, una comprometida con la Revolución y otra en contra del proyecto revolucionario. En esta historia de las exclusiones hemos participado todos.

Dentro de Cuba no siempre se tiene acceso a lo publicado por autores cubanos residentes en el extranjero, e incluso a novelas de quienes escriben en la isla pero que se editan en otro país. La información sobre lo aparecido la obtenemos con grandes dificultades, y muchas veces lo logramos a través de centros difusores foráneos, generalmente españoles, que nos muestran el impacto que tuvo en su momento, digamos, la traducción de *Los reyes del mambo tocan canciones de amor* (1990), la novela de Óscar Hijuelos, o la publicación de *Soñar en cubano* (1993), de Cristina García. Pero estos textos no circulan abiertamente en nuestro medio.

Fuera de Cuba, la difusión de los escritores residentes dentro de la isla ha sido escasa. Y, por otra parte, no siempre la calidad intrínseca de los textos producidos en el exterior ha sido la causa para una mayor promoción y reconocimiento. Pareciera que, en ocasiones, una buena dosis de anticastrismo y escatología sexual son suficientes para ello, sin que se considere la calidad literaria del texto, como ocurre con la novelística de Zoe Valdés.

Por lo tanto, los estudios sobre la literatura cubana afrontan la tarea de restituir la unidad esencial de ese proceso que ha estado marcado por no pocas incomprensiones o manipulaciones. La tesis más frecuente, esgrimida fuera del país, que acentúa ese divorcio consiste en declarar que nada de lo que se escribe dentro de Cuba posee una verdadera calidad artística, mientras que los que escriben y publican en el extranjero realizan una obra espléndida gracias al ambiente de democracia que respiran. Sobre este esquema manipulador, desmentido por la realidad literaria misma, no se puede concebir un proceso desde su índole estética, desde sus meandros particulares.

Así, se abre un nuevo campo de indagación: la reconstrucción de una literatura –y de la cultura toda– tomando en cuenta las propuestas del "otro" durante las últimas décadas. En lo que respecta a la narrativa, este "reconocimiento" implica la focalización de los siguientes aspectos:

- El diálogo que sostiene la narrativa escrita y publicada fuera de Cuba con la literatura de la isla anterior y posterior a la década del sesenta. La función del "espacio ausente".
- Su diálogo con el contexto cultural genésico y con su literatura; la problemática estética específica dentro de estas condicionantes.

- Las modalidades de interlocutores, de acuerdo con los horizontes de recepción dentro y fuera de Cuba, y sus determinaciones en el acto de la escritura.

Todo ello, por otra parte, lleva a la consideración de los factores de identidad prevalecientes en el concepto de "literatura nacional", sobre todo a raíz de la aparición de novelas escritas en inglés por cubano-americanos (como Óscar Hijuelos y Cristina García), pero cuyos asuntos y afectividad remiten a Cuba. Por lo pronto, se puede considerar que estas obras pertenecen a la "periferia" de la narrativa norteamericana contemporánea, aquella que también asume la de muchos escritores de origen caribeño pero que, nacidos o radicados y desarrollados en los Estados Unidos, están plenamente integrados a la multiculturalidad de aquel país. Una de ellas muestra un ejemplo muy elocuente y simpático sobre la funcionalidad en el uso del idioma, elemento constante en las consideraciones en torno a la identidad, sobre todo literaria.

Soñar en cubano, de Cristina García, escrita originariamente en inglés, fue traducida al español por una puertorriqueña evidentemente muy vinculada a España, pues algunos de sus enunciados remiten más a determinadas modalidades del habla española que de la cubana. Citaré solamente un fragmento: "Iban los personajes por una carretera y uno de ellos recuerda haber visto un anuncio lumínico al que le faltaban letras, y dice: 'Aunque juro que mi favorito es uno que vi en Carolina del Norte, donde se anuncia el producto POLLAS... acompañado por un martini eléctrico sin la aceituna'". Para un cubano que no haya entrado en contacto con el habla española, la expresión no significa nada; un cubano residente dentro o fuera de la isla hubiera utilizado otro vocablo quizás más sonoro.

Ratifico lo dicho en 2001. Ciertamente, la historia tiene sus propias prerrogativas, a veces indiscernibles, pero la narrativa cubana de hoy, con un mayor estímulo para su creación y difusión que una década atrás, nos da noticias de las pulsaciones de hoy, ondas que llegarán al futuro.

BIBLIOGRAFÍA

ARANGO, Haydée (2006): "Antologar un premio", en *Maneras de narrar*. La Habana: Ediciones Unión.

RODRÍGUEZ CORONEL, Rogelio (2001): "Venturas y desventuras de la narrativa cubana actual", en *Temas* nº 24-25, pp. 177-78.

REDONET COOK, Salvador (1993): *Los últimos serán los primeros.* La Habana: Letras Cubanas.

El lobo, el campo literario y el hombre nuevo

Ronaldo Menéndez

Cuando los griegos se hacían grandes preguntas, del tipo "¿Qué es la belleza?", o "¿Es inmortal el alma?", solían situarse ante dos alternativas. La primera producía libros de curiosa y elevada condición, como fue el caso de Platón con el *Fedro* o con el *Fedón.* O sea, el camino de la dialéctica los llevaba a construir una metafísica. La segunda alternativa era todo lo contrario. Cuando Platón –para seguir con un solo ejemplo– se preguntaba cuál era la condición de los poetas, la respuesta lo llevaba a elaborar ya no una metafísica, sino una teoría que proponía expulsar a los poetas fuera de las fronteras de la República, por lo demás, antecedente de tantas diásporas y exilios de todos los tiempos. Desde entonces las grandes preguntas pueden llevarnos a complejos y abstractos problemas, o pueden situarnos ante las cosas más pedestres y duramente humanas.

He querido iniciar así esta ponencia, por dos motivos: voy a reflexionar acerca de cuestiones concretas y casi cotidianas desde preguntas elevadas, voy a tratar sobre la diáspora cubana referida a los escritores. Más exactamente, quiero ocuparme del mercado literario internacional –en su sentido más amplio– referido a los escritores cubanos, más de dentro de la isla que de fuera. La enorme pregunta que llevo haciéndome desde hace aproximadamente cuatro años pertenece a la extirpe del tipo de interrogantes que le formulan a los escritores los lectores ignorantes o los periodistas incautos (que no son lo mismo, pero es igual), y que nadie que conozca las leyes de Murphy se atrevería a responder en público. (Según la ley, no discuta en público con un imbécil porque el público puede no notar la diferencia.)

Me he preguntado cuál es el destino de la literatura en los tiempos que corren. Y los detritos de dicha pregunta son del tipo: ¿ha cambiado radicalmente el canon literario (narrativo)? ¿Pertenecemos a la última generación de lectores letrados, antes de hundirnos en el panorama fangoso de la narrativa para entretener en el metro? ¿La gran novela todavía existe? ¿Puede una obra hoy en día darse el lujo de no ser entretenida, ser lenta, plagarse de digresiones? Borges decía que el castellano era un idioma cuyo mejor destino era el tango y cuyo peor era el bolero; estaba hecho para cantar en la ducha. La metafísica alrededor de mis grandes interrogantes me la reservo para pensar en la ducha, pero me resulta inevitable pasar de los universales destinos de la literatura a ese panorama singular donde prueban suerte y destino los escritores que permanecen dentro de Cuba.

Primera hipótesis. El escritor que permanece dentro de Cuba mantiene una relación difusa con los mecanismos de funcionamiento del campo literario internacional.

Acotación a la hipótesis. Hay diferentes maneras de estar dentro de Cuba: el *entrisale* (tan común a los escritores-funcionarios), y el aislamiento introspectivo (muchos no suelen ser invitados a ferias, congresillos, conferencias, conciliábulos y demás opciones que se quedan en la red de los primeros). Entre unos y otros hay toda una gama de estadios intermedios. Cada toma de posición concreta define la relación del escritor con la hipótesis antes planteada.

Pseudo-tesis a partir de la primera hipótesis. Antes afirmaba que el escritor que permanece dentro de Cuba mantiene una relación difusa con los mecanismos de funcionamiento del campo literario.

El campo literario es un concepto que inventó el sociólogo francés Pierre Bordieu para aprehender ese estado de cosas donde se ve sumergido todo 'escribidor' desde el momento en que asume probar una de estas alternativas: a) ganar concursos, b) ser aceptado por alguna editorial, c) que su obra compita en el circuito de compra-venta, d) conceder entrevistas, e) todas estas alternativas simultáneamente, f) otras alternativas que no estén contempladas en esta clasificación y que tengan que ver con salir de casa, legajo en ristre, buscando un editor.

El campo literario se parece al campo gravitatorio: tiene núcleos de fuerza según la masa de los cuerpos que lo integran (es más importante el suplemento "Babelia" del diario *El País*, en España, que "El dominical" de *El Comercio* de Lima, o la Editorial Anagrama que Pre-textos, por consiguiente, cualquier escritor que ingrese en los primeros tendrá más alcance inmediato que en los segundos), según este peso-masa se ejercen estados de atracción-repulsión. Además, el campo literario colinda en el ámbito social con otros campos que ejercen (y perciben) su influencia: campo de poderes económicos y políticos, campo periodístico, campo intelectual, campo religioso. Tiene una estructura que involucra el ámbito de otros subcampos profesionales, y que llegan a ser como sus órganos internos: crítica especializada, circuitos de distribución y publicidad de la obra, agendas académicas, publicaciones seriadas, centros culturales, eventos, ferias. Por último, dentro del campo literario existe eso que Bordieu llama *habitus* autorales, es decir, la vida, tribulaciones y avatares de cada escritor, que a su vez define sus tomas de posición dentro del campo: vanguardia, liderazgo, marginalidad, modelo de éxito, y así sucesivamente.

Anclemos todo esto en la condición del escritor cubano, según la hipótesis antes planteada. Resulta que ese destino único de la isla de Cuba, esa condición operativa e insular al margen de tantos mecanismos globales (en todos los ámbitos), también se traslada a las posibilidades prácticas que tiene el escritor de dentro de la isla de acceder a los mecanismos de legitimación internacional, y la propia percepción que tiene el escritor acerca de estos mecanismos.

No sé si lamentablemente, pero la tendencia global del campo literario, con respecto a las editoriales, es establecer grandes núcleos de fusión y espacios de poder cuya diversificación es ilusoria. Por poner un caso de los más poderosos, y sólo mencionaré parte de sus participaciones dentro de España: el Grupo Prisa, a través de la Fundación Santillana, abarca los sellos editoriales Alfaguara, Altea, Aguilar, Taurus, El País-Aguilar, Santillana Educación, Suma de Letras; además de periódicos como *El País, As. Cinco Días, El Correo de Andalucía, Diario de Jaén* entre otros; revistas como *Cinemanía, Dominical, Rolling Stone, Gentleman*; además de 423 emisoras de radio y los medios televisivos Digital+, CNN+, Canal+, Documanía, y otros cien canales locales bajo la marca de Localia. En el caso de los sellos editoriales, estos espacios se ramifican en las casas de Santillana en toda América Latina (no en Cuba, desde luego). Otro tanto sucede con el Grupo Planeta, tan monstruoso como el anterior, y que no enumeraré aquí para no alargar demasiado una lista ya conocida.

Dentro de este estado de cosas, ¿qué ocurre con las editoriales independientes? Deben sobrevivir ante la hegemonía de las editoriales industriales, para ello articulan colecciones y nichos de mercado que, aunque muchas veces no constituyen espacios rentables, sí suelen abrir brecha hacia los medios de comunicación y trazar una línea de 'prestigio' que a la larga termina ganándoles lectores. Véase, por ejemplo, las colecciones de 'Otras lenguas' o 'Rescatados', de Lengua de Trapo, en España, o la hoy agonizante 'Colección latinoamericana' de la misma editorial. Incluso en España, desde hace unos años, va despuntando la editorial Páginas de Espuma, única especializada en el cuento, y por lo mismo logra sobrevivir y fortalecerse lentamente.

Por un lado, los grandes grupos editoriales toman lo que está a mano. No necesitan salir navegando hacia el oeste para pisar la tierra más hermosa que ojos humanos hayan visto en otros tiempos, además de las dificultades de comunicación e información que entrañaría dicha búsqueda. Para construir su plataforma, estos grupos tienen sucursales en cada país latinoamericano, que ponen a prueba a los autores en el ámbito local y de paso adquieren sus derechos mediante avaros contratos.

Por otro lado, las editoriales independientes con significativos espacios de legitimación no son capaces de solventar a mediano plazo la poca rentabilidad que representa dar a conocer escritores cubanos, prácticamente desconocidos en el ámbito español y con escasas posibilidades de giras de promoción y autofinanciamiento de viajes. El resultado, por simple ley de la entropía, es mirar hacia los espacios que ofrecen una mayor maniobrabilidad con dichos autores: México, Argentina, Colombia, Chile e incluso Perú.

Podríamos alzar un muro de las lamentaciones con las dificultades de inserción del escritor cubano con respecto a estos mecanismos, pero la tarea se parecería a una inútil muralla china, un colosal y árido monumento del aislamiento. Imaginemos, solamente, que este estado de cosas involucra espacios como las agendas académicas, los periódicos y revistas (para los que suelen ser muy importantes las fotografías del autor y su presencia entrevistada), el acceso a Internet, y el trabajo constante y cercano con la muy necesaria figura del agente literario.

Pero el problema ofrece otra dimensión aun más curiosa: la percepción distorsionada que llega a tener el autor cubano ante estos mecanismos. Surgen así algunos mitos que fomentan los autores dentro de Cuba, cuya breve enumeración expongo:

1) El mito del príncipe azul-concurso internacional: Muchos escritores creen que es posible ganar de un día para otro un concurso internacional por encima de 10.000 euros, capaz de arreglarle la vida insular con el golpe de un solo cheque. Es una verdad tan dura como una piedra el hecho de que estos premios no se deciden en el ámbito del azar y de la cualidad limpiamente literaria, sino en una acción conjunta –y además antihigiénica– entre las editoriales, los agentes, el *marketing* y los dueños del cotarro.

2) El mito del editor-hada madrina: Ser descubierto e instalado en el parnaso por algún editor o jurado internacional que pasa por la isla a algún evento, feria del libro o cosa por el estilo. Como todo mito, tiene sus raíces en la realidad:

hay quien ha tenido la suerte de ser descubierto. Pero el mercado literario internacional es tan complejo y competitivo que los resultados a corto y mediano plazo dependen mucho más de la presencia del autor conjunta a la gestión del agente y del editor, que al golpe de una novela o un premio insular. Piénsese cuántos han pasado de bosques, lobos y hombres nuevos, a disolverse en la cotidiana nada editorial. Sería una especie de efecto Warhol: no más de 15 minutos (o meses) de suerte, si ésta no se ancla en la constancia de la gestión.

3) El mito de la búsqueda del templo perdido: mandar a ciegas a una editorial, peregrinar al estilo del joven Hemingway o de Salinger de casa en casa, hasta que algún editor con visión de futuro apueste por uno. Baste el siguiente dato: una editorial pequeña como Lengua de Trapo (comparada con las industriales) no da abasto para leer más de 5 páginas por manuscrito en una primera criba con un mínimo de seis meses de atraso, y sobre esa base se toma la decisión en una primera instancia. Como sabemos, en editoriales grandes, mandar a ciegas, sencillamente, significa no ser visto. Las grandes editoriales suelen utilizar la figura del agente como filtro, no leen manuscritos que no vengan de las agencias.

4) El mito-enajenación de que el mercado corrompe la literatura y la gran obra se hace en recalcitrante soledad por uno y para uno y viva Kafka: se tiende a pensar que toda gran obra tarde o temprano va a ser descubierta y a triunfar. Quizá eso ocurría mucho en otros tiempos (aunque no estoy tan seguro, puesto que de lo no rescatado nada se sabe por definición). Siendo optimistas, no creo que muchos quieran hoy ser descubiertos demasiado tarde, a lo Compay Segundo. Además, suponer que una gran obra es, por naturaleza, sólo para minorías y reacia al mercado, es como pensar que, porque existe un sujeto que además de ser inteligente es tartamudo, para poseer una auténtica inteligencia es necesario tartamudear.

Finalmente, lo grave de fomentar estos mitos durante mucho tiempo es que se trasladan incluso al *habitus* del escritor que entra en el ámbito del exilio. Las causas son múltiples: un *modus operandi* socialista que implica cierto sesgo en saber medir el alcance de las relaciones públicas, ignorar la eficacia del *lobby* acumulativo, la singular condición ideológica de todo emigrante cubano, un cierto provincianismo sectario en muchos casos, combinado con su triste aliado, el egocentrismo según el cual en Cuba se hace la mejor literatura, suele llevarme a plantear una segunda hipótesis, materia de otro ensayo. No obstante, la dejo con toda la malicia y limitaciones del caso.

Segunda hipótesis. La dilatada convivencia con 'singulares' reglas del juego dentro de un campo literario limitado como es el ámbito insular, ha inducido en una gran mayoría de los escritores del exilio cierta incapacidad congénita para establecer un vínculo pleno y eficaz con el mercado internacional. *Acotación a la hipótesis.* No me refiero a los más accesibles espacios de legitimación propios o simpáticos al exilio cubano (léase la propia revista *Encuentro*, editoriales como Colibrí o Aduana Vieja), sino a la inserción en circuitos de legitimación de habla hispana y peso internacional, que estaban antes y seguirán estando después de todas nuestras diásporas. Por supuesto, hay muchísimas excepciones, pero nunca tantas como para inhabilitar la regla.

Nada de lo afirmado anteriormente implica un menoscabo en las calidades de obras dentro y fuera de Cuba. Para ir terminando, dentro de la isla se escribe bien, se tiene mucho tiempo libre, se accede al circuito editorial sin pasar por los aberrantes filtros del mercado, y a ningún escritor le preocupa cuántos libros vende. Esto, como ya se ha apuntado, tiene sus innegables peligros, pero también contribuye al fomento, protección y promoción de buenas obras literarias.

No sé si el autor del verso tenía razón con aquello de que la poesía es un arma cargada de futuro, pero en cuanto a la narrativa, vale la pena intentar armarse de presente, pues es lamentable que ciertos iconos de literatura porno-política a lo Zoe Valdés sostengan la imagen cubana en el mercado internacional. De espaldas a su presente campo literario, el escritor tiende a afantasmarse. Y no me refiero a la falta de éxito, sino al derecho de tener un panorama claro en el ámbito de las tomas de posición y en la interpretación que cada cual pueda hacer del mercado. El escritor *outsider* vive una existencia literaria difusa e inédita fuera de las fronteras de la isla, mientras no aparezca un médium que lo traslade al reino de este mundo: que además de primero y tercer mundo, es también la república de las letras. Esa ciudad ideal y justa donde los poetas de Platón tengan el pleno derecho de seguir llamando las cosas por su nombre.

UNA MIRADA OBLICUA
A LA ÚLTIMA NARRATIVA PUERTORRIQUEÑA

María Caballero Wangüemert
Universidad de Sevilla

> La experiencia caribeña con la máscara y el travestimiento
> devela el peligro de las categorías. La categoría nombra y deja
> afuera [...]. Por eso proponemos conocer desde un lugar
> alterno a las categorías. Proponemos conocer desde lo obli-
> cuo, es decir, desde el disfraz opaco que se ríe de la claridad
> de la Razón (Santos-Febres 2005a: 132).

LA PREHISTORIA FORZOSA

Les acabo de leer una frase de "Caribe y travestismo", uno de los ensayos
recogidos en *Sobre piel y papel* (2005), libro en el que Mayra Santos-Febres
recoge colaboraciones en prensa; no es un ensayo sistemático pero define
muy bien el lugar que ocupa esta narradora de los noventa, tal vez icono del
joven Puerto Rico con su propuesta de "conocer desde lo oblicuo" que me
parecía ni pintiparada en el marco de un congreso rotulado como "miradas
desde lo oblicuo". Volveré a ella en unos momentos, pero antes quisiera con-
textualizar esa última narrativa puertorriqueña.

Voy a tratar de ser breve. Además éste es un texto provisional, a pesar (o
quizá por eso) de que Puerto Rico ha sido uno de mis amores tras la tesis
doctoral dedicada a René Marqués, cabeza y guía de la generación del cincuenta, rupturista y modernizante respecto al regionalismo secular cuyos
hitos pueden situarse en Zeno Gandía y Laguerre. Así que me tocó ocuparme del tema en el reciente tomo III dedicado a la literatura del siglo XX y
editado en la colección de manuales de Cátedra. Como suele ser habitual,
trabajas más de lo que te luce, el supermedido número de páginas y los condicionantes propios de ese formato te obligan a desechar mucho de lo inves-
tigado. Ahí estoy, tratando de terminar un manual sobre cuento y novela
portorriqueños a lo largo del XX (en realidad, casi toda su narrativa porque,

como es bien sabido, surge tardíamente de la mano del romanticismo español y soporta un nuevo colapso en el fin de siglo, con las secuelas del 98). No conviene olvidar que Puerto Rico tiene un status muy especial (el de Estado Libre Asociado), nunca dejó de ser colonia, "Provincia española de Ultramar", a pesar de esporádicos alzamientos independentistas como el Grito de Lares (1863) que nutren la ficción literaria en el siglo siguiente. Abolicionismo, búsqueda de independencia para una patria que todavía no lo es, y anhelo de una confederación antillana, que medie entre la América sureña y los Estados Unidos constituyen el telón de fondo de intelectuales como Betances u Hostos. La intervención americana de 1898 certifica el cambio de soberanía y el punto de partida del anexionismo. Se abre una nueva época, signada por cambios socioeconómicos y políticos: el azúcar y el café se desmoronan por la nueva situación de los mercados, y los dos huracanes de 1899 y 1928 arruinan a los pequeños hacendados. No es extraño entonces que la imagen del puertorriqueño en la novela (Bauchamp 1976) sea pesimista, insatisfecha con su mundo; concepción patológica que arranca de Zeno Gandía, se centra en el jíbaro caracterizado por su abulia, ociosidad, alcoholismo... y alcanza al solitario y desnortado hombre urbano de la narrativa actual.

El 98 pesa mucho, impide que el modernismo brote pujante, e incluso desplaza los efímeros movimientos de vanguardia... Pero no es sólo eso: tiene vigencia un siglo después en la denominada generación de los setenta a la que, por cronología y moda literaria, le tocará abordarlo desde el revisionismo en la última década del XX. Porque estamos hablando de una isla "ocupada": así entenderemos que la búsqueda de identidad sea el hilo conductor de su narrativa en los últimos cien años, si bien con diversos matices e inflexiones (López-Baralt 2004). Estalla explícitamente en la generación del treinta: Laguerre y la novela de la tierra tratan de acudir al reto que se concreta en la encuesta de la revista *Índice* en torno a las famosas preguntas: "¿qué somos?, ¿cómo somos?"; y ya no abandona la narrativa. Una narrativa condicionada en gran medida por los problemas plasmados en el ensayo, que gira en torno al colonialismo y sus secuelas de cuya enfermedad habrá que curar al país (Gelpí 1993). Esta es la tesis de *Insularismo* (1934), de Pedreira que, lo largo del siglo, se reescribirá de modos diversos: denunciar la docilidad de Puerto Rico en *El puertorriqueño dócil* (1962), de Marqués; poner el dedo en la llaga de su desarticulación e incapacidad de asumir la base negra, en *El país de los cuatro pisos* (1980), de González; o asistir al espectáculo carnavalesco de *La guagua aérea* (1994) con que Vico Sánchez (el autor de *La guaracha del Macho Camacho*) alude a la ininterrumpida emigración que escinde a un pueblo entre la isla y Estados Unidos. Emigración presente en múltiples narradores (Zeno, De Diego Padró, Laguerre, Cotto Thorner, González, Soto, Díaz Valcárcel...) y que genera hoy una fecunda literatura de frontera, la de los *nuyorican*, cuyo estatuto e instrumento lingüístico –inglés o *spanglish*– es objeto de múltiples debates, entre otras cosas porque cuestiona la habitual nomenclatura "letras hispanoamericanas". Cuajar la identidad uniendo la dispersión nacional es el propósito, en los últimos cuarenta años, de una narrativa (Sánchez, Rodríguez Juliá, Ferré...) que reescribe de forma más o menos inconsciente la afortunada metáfora de Pedreira: el país es una "nave al garete".

Está a la vista entonces: la historia contemporánea nutre la ficción puertorriqueña del siglo XX, enriqueciéndola con registros diversos, desde la denuncia que bordea lo panfletario o retórico en la primera mitad del siglo; hasta la desmitificación de valores y la crítica indirecta apuntalada en el humor, la sátira, los intertextos musicales y el lenguaje coloquial en los últimos treinta años. Y es que son muy distintas las perspectivas de las dos generaciones canónicas (la del cincuenta y la del setenta): maniqueismo y militancia agresiva en la primera (liderada por René Marqués y en la que se encuadran nombres como Pedro Juan Soto, José Luis Gonzáles, Vivas Maldonado, Emilio Díaz Valcárcel y otros), una generación de cuentistas paralela a la creación del Estado Libre Asociado de la mano de Muñoz Marín y que da el salto de calidad al incorporar monólogo interior, *flashback* y otras técnicas que consiguen arrancarla del prepotente y trasnochado realismo decimonónico. El tema favorito es la isla: una isla ocupada por los americanos (así lo denuncian los textos, estableciendo distancias con "esa falacia falsamente democrática", el Estado Libre Asociado. Una isla en plena industrialización con sus alarmantes consecuencias: éxodo del campo a la ciudad (estamos ante una narrativa urbana); exilio a Nueva York (y en adelante la "guagua aérea", en palabras de Luis Rafael Sánchez, será una presencia constante en el cielo caribeño y en los textos de Puerto Rico). En consecuencia, seres humanos desquiciados ante la reformulación de los roles masculino/femenino y la revolución de creencias sociológicas y religiosas (llegan las sectas protestantes). La denuncia es explícita en un cuento de Marqués que se titula "En una ciudad llamada San Juan". El protagonista, un puertorriqueño que vive en Nueva York, pasea por la isla durante unas breves vacaciones, mientras le da vueltas a la cabeza: "Volvió a pensar en términos geográficos. Imaginó, como en una vista aérea, la isleta de San Juan. Y entendió por vez primera algo que jamás se le había ocurrido. Fue como el chispazo de una revelación. Su ciudad estaba sitiada: La Puntilla, Isla Grande, La Aduana, Casa Blanca, El Morro, San Cristóbal..." (Marqués 1983: 205).

Es evidente el desgarramiento y el patetismo con que se elabora el texto, a tono con las décadas de la poesía social y la denuncia subsiguiente a la revolución cubana del 59.

Frente al trasnochado maniqueismo, la generación del setenta afronta los mismos problemas sin tremendismos, con la mirada escéptica de quien es capaz de superar las desgracias con la risa. Un humor inteligente e irónico, que permite al narrador desdramatizar la terrible realidad cotidiana. Un humor utilizado por todos, pero excepcional en Ana Lydia Vega que abre sus textos al Caribe. Porque los problemas de Puerto Rico son los de la zona: la isla se inunda de dominicanos que llegan en avalanchas para escapar al hambre. O de cubanos, balseros ininterrumpidos hacia Miami en busca de libertad que a veces recalan en el supuesto paraíso puertorriqueño haciendo rápida fortuna, con el consiguiente recelo de los locales. *Encancaranublado*, de Ana Lydia Vega, borda desde el relato estas situaciones:

> El dúo alzó la vista hacia las olas y divisó la cabeza encrespada del cubano detrás del tradicional (ojo al adjetivo) tronco de náufrago [...].
> No obstante la urgencia de la situación, el cubano tuvo la prudencia de preguntar:
> —¿Van pa Miami, tú? (Vega 1994: 15).

Ficción que goza de una excelente salud en el cuento y que se plasma también en la novela histórica, el policial, memorias, autobiografía y testimonio tan cercano a la oralidad. Por lo que se refiere al cuento, las antologías articulan su desarrollo en tres momentos bien diferenciados: la generación del cincuenta (Marqués 1959 y Meléndez 1961), la generación del setenta (Barradas 1983 y Vega 1983) y los nuevos narradores del noventa, nucleados en torno a *Mal(h)ab(l)ar* (Santos-Febres 1997) y *Los nuevos caníbales* (Boves y otros 2000). En el medio, la antología de Acevedo (1991) marca la incorporación de la mujer a la literatura, cuyo punto álgido es la generación del setenta.

PASIÓN DE HISTORIA E HISTORIAS DE PASIÓN

Pasión de historia...

Éste es, *grosso modo*, el contexto literario puertorriqueño, el hilo conductor de todo un siglo. Hace tiempo ya, tratando de sintetizarlo escribí una nota titulada *Pasión de historia e historias de pasión en la narrativa de Puerto Rico*, parafraseando el título del libro de relatos del 87 publicado por Ana Lydia Vega, una de las más brillantes y cáusticas narradoras del Puerto Rico contemporáneo. Estamos ante dos *Leitmotiv* vigentes en todo un siglo de narrativa: la historia y el folletín. Porque "Pasión de historia" significa eso: pasión *por* la historia, por un lado; e historias de pasión, folletines truculentos que los narradores festonean de ironía para consumo del gran público y sonrisas de los iniciados, únicos capaces de captar los guiños de un narrador que entrevera intertextualmente sus ficciones. Y en este campo la mujer parece haber encontrado su lugar como escritora en las cuatro últimas décadas. Ambos *Leitmotiv* —como es obvio— vienen de atrás, pero estallan con virulencia en la generación del setenta, esa generación ya canónica, brillante y productiva todavía en la isla; aunque los escritores del noventa tienen más que deseos de instalarse en el canon. Temáticamente, vale casi todo: por ejemplo, el impacto del 98 (ya lo adelanté), la sustitución de la soberanía española por la norteamericana y las consecuencias del hecho en la sociedad puertorriqueña del siglo XX. Algunos títulos: *La llegada. Crónica con ficción* (1980), de José Luis González; *Seva. Historia de la primera invasión norteamericana de la Isla de Puerto Rico ocurrida en mayo de 1898* (1983), de Luis López Nieves; *Puertorriqueños. Álbum de la Sagrada Familia Puertorriqueña* (1984), de Edgardo Rodríguez Juliá; *El cruce de la bahía de Guánica* (1989), del mismo Edgardo; y *La casa de la laguna* (1995), de Rosario Ferré...

Desde su militancia marxista González enjuicia la realidad nacional como un todo fragmentado en clases sociales, en grupos que reaccionan de forma previsible. Está claro que no hay resistencia alguna... la vieja épica, el honor hispano del Barroco no aparecen ni por asomo en este relato posmoderno en el que las fuerzas vivas han perdido las ilusiones años atrás, si alguna vez las tuvieron. Los personajes de *La llegada* son tipos, meros portavoces de las propuestas políticas que —según él— se sucedieron en el 98: Benítez es el liberal autonomista, para quien "entre ser colonia de España y estado de la Unión americana" (González 1997: 122) no existe demasiada diferencia. Por lo que se refiere a la óptica americana, el narrador se apoya siempre en la ironía desacralizadora que le permite acusar no sólo a los gringos, sino también a tantos puertorriqueños que jugaron bazas no muy limpias:

> porque era la primera plaza en la que entraba como jefe de los conquistadores. No, no, *conquistadores* no, enmendó enseguida su pensamiento: *libertadores* era la palabra apropiada. He ahí, se dijo, en qué consistía el arte de la política: saber expresar algo con una palabra que significa exactamente lo contrario de lo que se tiene en mente... (140).

González ha querido poner de relieve el entreguismo de los suyos glosando la pacífica y vergonzosa ocupación americana a fines del XIX. Desde luego *La llegada* debería leerse junto a su correlato, el popular ensayo *El país de cuatro pisos* (1980), en el que se reafirma en sus tesis.

Muchos otros escritores del setenta[1] (recuerden que González pertenece a la generación anterior, estamos ante un texto tardío que se solapa con los de la siguiente) abordan este asunto en sus textos. Ferré lo hace concretamente en el capítulo segundo de su novela *La casa de la laguna*[2], en que llega a la isla el español Buenaventura, creador de la futura saga familiar de los Mendizábal. Pero me gustaría señalar que es Rodríguez Juliá quien hereda y culmina el proceso de seguimiento al "hombre en la calle", mediante la crónica de la vida cotidiana (Caballero Wangüemert 1992: 367-378). Seguimiento que abarca desde el patricio Muñoz Marín, cuya gestión se enjuicia a raíz del multitudinario entierro en *Las tribulaciones de Jonás* (1981), hasta el músico combero del barrio Providencia, en *El entierro de Cortijo* del 83, espectacular repaso a la gente de este nivel que diseca con habilidad. Lo visual, lo coloquial, el estrato popular y su habla, plasmadas con una retorcida exageración en los textos, vuelven a aparecer en *El cruce de la bahía de Guánica*[3]... Por fin,

---

[1] Una primera redacción de esta parte del trabajo ha sido publicada en *Cuadernos Hispanoamericanos* (Madrid, agosto, 1998, nº 577-578, pp. 293-298), bajo el título "*¡Llegaron los americanos!* El 98 en la narrativa puertorriqueña".

[2] La edición castellana (Barcelona, Emecé, 1996) siguió a la primera, en inglés (1995). La polémica está abierta ya que Rosario comienza a convertir en habitual este procedimiento y el tema de la lengua es caballo de batalla en Puerto Rico.

[3] *El cruce de la bahía de Guánica (Cinco crónicas playeras y un ensayo).* Río Piedras: Cultural, 1989. A efectos de lo que se estudia aquí interesa la primera, única que trata el 98 además de dar nombre a la recolección.

Puertorriqueños. Álbum de la Sagrada Familia Puertorriqueña del 84, inicialmente crónicas en *El reportero,* de San Juan, es un repaso a todo un siglo histórico, de 98 a 98, apuntalado en la descripción irónica de los tipos humanos. La recreación que hiciera Rosario Ferré de la famosa parada de 4 de julio del 17 reescribe intertextualmente el capítulo IV de *Puertorriqueños...* que se titula *¡Llegaron los americanos!* (pp. 19-33), por supuesto más amplio y teñido de ironía, como es habitual en sus textos. El capítulo se abre así: "Y mientras tanto ¿qué pasó con Puerto Rico? ¿Cómo cambió el *paisito* en ese salto de la hacienda Maricao al estilo californiano Miramar? Pues, entre otras cosas, ¡llegaron los americanos!" (Rodríguez Juliá, 1988: 19).

El diminutivo apunta a uno de los signos del escritor, la ternura con la que contrarresta su ácida ironía, utilizada para diseccionar a sus compatriotas. Aquí desde esa ironía, que se manifiesta en el distanciamiento lingüístico del narrador, contrapone las dos versiones del 98: el trauma a la "oportunidad de modernizar y democratizar a Porto Rico bajo el protectorado de ese gigante del Norte, modelo de Progreso, Democracia, Sanidad y Orden" (19). En la ficción, eso se realiza a partir del comentario de un supuesto álbum fotográfico de antepasados y amigos; con la subsiguiente indagación psicosociológica de esos "tristes trópicos" (121) de los que hablaran tanto Lévi-Strauss como Clara Lair. Escritura voluntaria y obsesivamente intertextual, que se inserta en la tradición puertorriqueña de este siglo preocupada por encontrar una identidad a la isla.

Es lógico que durante años el puertorriqueño medio haya sentido la necesidad de borrar la mancha, de cambiar radicalmente el rumbo de la historia. Eso es lo que hizo Luis López Nieves con su *Seva: historia de la primera invasión norteamericana de la Isla de Puerto Rico ocurrida en Mayo de 1898* (López Nieves, 1995)[4], cuyo impacto llegó hasta Washington. Y es que se consideró un texto científico y "real", que obligaba a modificar la historia del desem-

---

[4] San Juan de Puerto Rico, Cordillera, 1995. Originariamente se publicó en el suplemento del periódico *Claridad* que lleva por título "En Rojo", del 23 al 29 de diciembre de 1983. Como es bien sabido "generó una serie de reacciones en cadena sin precedentes en la historia literaria de Puerto Rico" (Ramos, Josean. *Crónica: Seva, un sueño que hizo historia,* en *Seva...*: 59). ¿Las causas? El texto se consideró real, se abrieron investigaciones porque de alguna manera –dijo a posteriori López Nieves– respondía a los deseos ocultos de muchos puertorriqueños. José Manuel Torres Santiago –quien llegó a escribir poemas sobre la gesta de *Seva* (Apéndice I: 91-100)– lo define como "el cuento más creíble de la literatura puertorriqueña" (76), ya que su autor consiguió convertirse en *vox populi* con una pieza literaria...

barco americano en la isla durante el 98. Un texto híbrido, de apenas cuarenta páginas en su edición en libro. Tres niveles, tres tiempos y tres espacios expanden desde dentro una escritura que aprovecha viejos recursos narrativos: el manuscrito encontrado, precedido de la carta del autor al director del periódico (15 de octubre de 1983), acompañada de ocho cartas escritas por su colega y amigo Víctor Cabanas durante los tres años (14 de octubre del 78-14 de agosto del 81) dedicados a buscar, en Puerto Rico, Washington y España, la confirmación documental de una sospecha: existió una invasión anterior a Guánica (25 de julio del 98) rechazada con violencia. Fecha: mayo del 98; lugar: Seva, pequeña aldea de nueva creación que habría opuesto "una resistencia feroz, organizada y heroica, digna de nuestra guerra de independencia contra los británicos y a la altura de un Cid o un Wellington. Ni siquiera en Woundad Knee vi yo tantos actos heroicos como he visto en Seva" (López Nieves 1995: 30-31) –dirá el general americano en cuyo diario se consigna el hecho[5]–. ¿Consecuencia? Habrá que destruir la peligrosa aldea. Así se hará, no sin completar la faena con una nueva alevosía: el viejo pueblo será enterrado bajo una base militar norteamericana; y se construirá en los alrededores un nuevo poblado cuyo nombre (Ceiba, el árbol tutelar indígena) engañará a quienes indaguen en el futuro: nunca existió Seva; siempre fue Ceiba. Es el texto el que crea el referente y no al revés.

Es obvia la distancia que separa el texto de González (realismo social, denuncia más o menos agresiva), de la generación del setenta (humor, óptica irónica y relativismo de la posmodernidad). El clima de fin de siglo tiñe la sociedad isleña por lo que, un texto como el de López Nieves que presume de forjar una épica para dar sentido a la colectividad, puede y debe considerarse también un mero divertimento literario.

...E historias de pasión

Vuelvo atrás: "pasión de historia e historias de pasión" –decía–. Parece que lo segundo está relacionado con la "presencia femenina y conciencia feminista" que, según Barradas caracteriza a los escritores del setenta. Por fin y no en

---

[5] Podría realizarse una doble lectura del párrafo: mitificación épica de los naturales –el lector la deduce del texto– que, a priori, fueron tratados como indios objeto de exterminio dentro del marco de la cruzada civilizadora contra la barbarie...

vano *Aquí cuentan las mujeres* (Sola 1990), en el doble sentido del término. Mujeres como Rosario Ferré en *Papeles de Pandora* (1976), revolucionaron escandalosamente escritura y sociedad al dejar al descubierto el talón de Aquiles de la alta burguesía. O Magali García Ramis hace lo mismo con la pequeña en *Felices días tío Sergio* (1986), que vendió más de 35.000 ejemplares. Así lo demuestra *Zona de carga y descarga*, la revista coeditada por Ferré y Olga Nolla. Y en esa misma línea se moverán los éxitos del momento entre los que habría que señalar *Vírgenes y mártires* (1981), colección de trece cuentos firmada por Ana Lydia Vega y Carmen Lugo Filippi. La nota final de ambas escritoras, enmascaradas humorísticamente bajo seudónimos, dice así:

> *Vírgenes y mártires* reúne seis cuentos de Scaldada, seis de Talía Cuervo y uno escrito en colaboración. El libro explora universos femeninos situados dentro del contexto de una sociedad colonial. Salones de belleza y moteles, excursiones turísticas, bodas y divorcios, telenovela y salsa enmarcan estos relatos de la casa y la calle donde hombres y mujeres atrapados dan vueltas buscando salidas. La parodia y la sátira orientan este comentario irónico en torno a una realidad desagradable y dolorosa (Filippi/Vega 1981: 139).

Pasión de historia, intrahistoria cotidiana definida por las revueltas feministas que trajo aparejado el 68. Ese primer feminismo ha ido despojándose de los consabidos tópicos, aunque la mujer ya nunca más se deja encorsetar en patrones tradicionales. Su crítica será más sutil. La excelente antología *Del silencio al estallido. Narrativa femenina puertorriqueña* es buen ejemplo. Las "tretas del débil" de ciertas feministas canalizan "en forma oblicua su discurso antipatriarcal y sutilmente agresor. La gracia, el humor, el lenguaje poético, la ambivalencia, la introspección, el ingenio, la ironía y la fantasía resultan, en este sentido, rasgos muy significativos de esta escritura femenina" (Acevedo 1991: 11). Recursos que se irán intensificando en años posteriores, mientras decrece la obsesión reivindicativa. La fuerte presencia femenina en la literatura de la isla hace innecesarias las manifestaciones de antaño.

Y paralelamente llegaron los folletines, las "historias de pasión" divertidas por lo excéntricas, tantas veces reales. En la del noventa, escritores consagrados y jóvenes veinteañeros confluyen en torno a este subgénero y lo abordan de formas diversas, por ejemplo, las sagas familiares, reflejo de *La casa de los espíritus* de Allende. La novela más difundida en este sentido es *La casa de la laguna* (1995), de Rosario Ferré, dramón que tiene otros valores: plantear el clásico dilema historia/ficción ligado a la alternancia de focos narrativos que cuestiona la existencia de una verdad. El intertexto puertorriqueño irrumpe bajo la metáfora "familia = nación", retornando a la indagación sobre pasado, presente y porvenir isleño que sigue inquietando.

Más populares, porque son estos estratos los protagonistas, *Sambirón* de Tita Casanova (1998), con tres ediciones en un año, es la historia de la familia Dos Santos en un barrio popular que chupa a su gente y se convierte en un microcosmos malsano. O *Con valor y a como de lugar*, de Carmen Luisa Justiniano (1994, también reimpreso en el 96 y 99), ya desde el título avanza el estrato popular, en este caso campesino, de estas falsas memorias o falsa autobiografía de una mujer que se hace a sí misma y cuya vida es un auténtico folletín. Claro que, como sucede en todo el mundo a veces se trata de subliteratura, *bestseller* de digestión populachera, dignificados en la isla por Esmeralda Santiago: *Cuando era puertorriqueña* (1994) ya desde el título adelanta el conflicto de los educados en Nueva York a caballo entre las dos culturas. Su autora, profesora y periodista, lo pone de manifiesto al publicar sus novelas primero en inglés, lo mismo que Ferré y, por cierto, con gran escándalo de los independentistas isleños.

No son excepciones: abundan las crónicas, libros de viaje, diarios y autobiografías como *Bolitas de mármol. Autobiografía rimada* (Marigloria Palma, 1989), *Memorias de Rosa Collazo* (1993), o *Isolina. Narraciones de una visión* (1993), en los que aflora la cotidianeidad y se privilegia el lenguaje de las emociones. No sólo proletarias negras, también intelectuales como Edna Coll en *Instantes en el tiempo. Mis memorias* (s/f), o Antonia Sáez en *Caminos del recuerdo* (1967) se han adentrado en un género que tiene ya toda una tradición (Guzmán Merced 2000) y exponentes de altura, como *La piel de la memoria* (1991), de Antonio Martorell.

Pero además, el testimonio, al hilo de su triunfo en otros países de Hispanoamérica, aflora en los relatos en contra del colonialismo norteamericano escritos por nacionalistas como Blanca Canales, Isabel Rosado o Dominga Cruz. Lo definidor de sus recuentos vitales es la participación de las protagonistas en las luchas colectivas. *La constitución es la revolución* (1997), apuntes autobiográficos de Blanca Canales (1906-1996) publicados póstumamente, comenzó a escribirse en la cárcel durante la década del sesenta y su eje es la insurrección nacionalista del cincuenta. Pretende denunciar las condiciones carcelarias de Arecibo y Vega y es a la vez un alegato en pro de los derechos humanos, que enjuicia con ironía el machismo de los nacionalistas. Más personal, *Mis testimonios* (1982) de Rosado, recoge incluso las reacciones anímicas –angustia, enfermedad y dolor– del cuerpo. En cuanto a *La historia de Dominga. El pueblo no es sólo testigo* (1979), de Cruz, se construye desde la intertextualidad y presenta un enfoque de género por parte de una mujer negra y pobre, cuyas historias brotan de conversaciones con sus editoras (Schmidt 2003).

Folletines, memorias y testimonios, novela histórica, el policial... Dentro del último pueden citarse las aportaciones de Wilfredo Matos Cintrón en *Desamores*, José Curet con su *Crimen en la calle Tetuán*, Rafael Acevedo en *Exquisito cadáver* y Arturo Echavarría en *Como el aire de abril*. Echavarría (Aguadilla 1939), profesor de la Universidad de Puerto Rico en Río Piedras y especialista en Borges –sobre el que ha publicado múltiples artículos y dos libros, *Lengua y literatura de Borges* (2006) y *El arte de la jardinería china en Borges y otros estudios* (2006)–, incursiona en la novela con una narración compleja e inteligente, estructurada en dos tiempos y espacios –el mundo de Colón y el Puerto Rico actual–, donde la ciudad es tan esquiva como la memoria.

No es el único profesor universitario que tienta la creación narrativa. Pueden citarse al menos Iris M. Zavala con *Kiliagonía* (1980), una novela corta y de gran complejidad que ha sido seguida por cuatro más (Umpierre 1983); y Eliseo Colón Zayas, catedrático de Comunicación en la Universidad de Puerto Rico, recinto de Río Piedras, quien publicó en 2000 *Archivo Catalina. Memorias online*. Se trata de un melodrama cibernético cuya protagonista es una computadora, con nombre femenino y algo histérica, que empieza a emitir mensajes provenientes de tiempos y espacios distintos desde una buhardilla de Zurich. La novela se abre con una explosión que nos instala en el reino sucio de la historia –no en el aséptico de Internet–. Con ella se abre también el espacio: desde la sacarocracia isleña a la guerra alemana o el Bagdad medieval. En el fondo y como hilo conductor, la apasionada correspondencia y relación de dos gays, que termina degradándose. Estamos ante un folletín con visos informáticos de posmodernidad; en el fondo, las pasiones de siempre.

LA POSMODERNIDAD FINISECULAR: ¿EXISTE UNA GENERACIÓN DEL NOVENTA?

Hasta ahora hice un rápido e insatisfactorio recorrido por la narrativa de la isla hasta la generación del setenta. Muchos de los textos citados son coetáneos, pero ¿hay algo más?, ¿qué se escribe hoy?, ¿qué nombres suenan?, ¿existe un relevo generacional compacto, definido?

La pregunta fue lanzada como reto por Mayra Montero desde su columna en *El Nuevo Día* de San Juan. La polémica subsiguiente sirvió para definir y aglutinar nuevos círculos, revistas y escritores a comienzos de esta década en un Puerto Rico abigarrado, entre moderno y posmoderno, migratorio e isleño, colonial y plebiscitario, metropolitano y caribeño, blanco y negro. Surgen nuevas revistas: *En jaque*, (Barranquitas), *En la mirilla* (1992-1993), *Praxis o Taller literario* que se mueven en el ámbito universitario de Río Piedras, donde también se reedita *Contornos*. Se promueven certámenes literarios en la propia universidad, el Ateneo y el periódico *El Nuevo Día* que alientan el quehacer literario; como asimismo lo impulsan los críticos en revistas como *Nómada*, *Cupey*, *Postdata*, *Piso Trece*... Daniel Torres y Mayra Santos-Febres obtienen el premio Letras de Oro (Miami) por una novela, *Morirás si da una primavera* (1992) y la colección de cuentos, *Pez de vidrio* (1994), respectivamente. Incluso la editorial universitaria abre una nueva colección –"Aquí y ahora"– para publicar a consagrados –Sanabria Santaliz, Rodríguez Juliá o Josean Ramos– junto a otros menos conocidos como Ramón Luis Acevedo, Myrna Nieves, Matilde Albert Robatto o Mairym Cruz-Bernal.

Mal(h)ab(l)ar es el título de la antología que en el 97 publicó Mayra Santos-Febres, como memoria colectiva de lo que se estaba haciendo desde la marginalidad editorial. Son dieciocho poetas y nueve cuentistas: Edgardo Nieves Mieles, Bruno Soreno, Juan Carlos Quiñones, Rafa Franco, Max Resto, Juan López Bauzá, José (Pepe) Liboy, Maribel Ferrer y la propia Mayra. Los tres primeros parten de los clásicos para jugar intertextualmente con las tradiciones y desacralizarlas; los otros tratan el absurdo o desembocan en él. Hay una ruptura con lo anterior, un lenguaje más literario, una referencialidad menos "puertorriqueña". Según Santos-Febres, la literatura actual ni define nada ni pretende forjar la conciencia nacional, se libera de esa herencia de siglos para describir y ejercitar otro dominio de la libertad, la imaginación.

Ejemplo de ello es la propia Mayra, natural de Carolina (1966), un pueblo puertorriqueño mayoritariamente negro, lo que pudiera haber influido en su interés por la mujer de esta raza. Estudió en Estados Unidos, donde ha sido profesora invitada en Cornell y Harvard, y trabaja en la Universidad de Puerto Rico, recinto de Río Piedras. Ha publicado tres poemarios: *El orden escapado* (1991), *Anamú y manigua* (1991) y *Tercer mundo* (2000). Y como cuentista, dos libros de cuentos –*Pez de vidrio* (1994) y *El cuerpo correcto* (1998)– y tres novelas: *Sirena Selena vestida de pena* (2000, ya traducida a varios idiomas y finalista del premio Rómulo Gallegos de Novela de 2001), *Cualquier miércoles soy tuya* (2002) y *Nuestra Señora de la noche* (2006, finalista premio Primavera de novela en España).

En sus cuentos, breves y concisos, las mujeres son el centro, solitarias y atrapadas, objeto de deseo y de las ideologías que determinan cómo deben actuar. Espacio urbano y tema social, en unos relatos más abiertos, con tendencia al ensayo y que, partiendo de la oralidad, se deciden por un lenguaje más literario, con puntos tangenciales con el realismo mágico.

Sirena... aborda el travestismo a través de la historia de Leocadio, un joven sanjuanero que se mueve en el mundo sórdido de la prostitución y será recogido por una mujer, Martha Divine. Ella descubre su voz cautivadora y, siendo su manager, lo transforma en Sirena, la travesti más codiciada de San Juan y el Caribe en el marco del mundo del bolero. Su escritura tiene una plasticidad y sensualidad perturbadoras. La trayectoria de Sirena simboliza –según su autora– el itinerario histórico del Caribe que es como un travesti: un travesti "que se sabe de antemano negado, y se disfraza para borrar, cancelar y a la vez exagerar con un disfraz otro disfraz" (Santos-Febres 2005a: 133). Travestismo complejo en que se integran dos ejes: género y raza, para "hacer pasar gato negro por liebre blanca, ese enmascarado racial que tanto determina el imaginario de las sociedades pigmentocratizadas [...]; el cuerpo oscuro se traviste de blanco, no para parodiarlo, sino para intentar una metamorfosis" (Ibíd.: 135).

Lo curioso es que ni siquiera "los blancos caribeños nunca pueden pasar por europeos" (Ibíd.: 135), de ahí su eterna insatisfacción que ponen de manifiesto otros narradores como Rodríguez Juliá en *Caribeños* (2002). Tradicionalmente eso llevaba aparejado un problema de lengua que Mayra enfoca con sabrosa ironía:

> Tremenda burundanga tratar el tema del español en estas sínsoras saladas donde habitamos, nosotros que somos un poquito bantús y otro chispitín gallegos, sin contar con los otros chines de catalanes, yorubas, igbo, ciboneyes, taínos, aztecas, galos, tanos, ewés, congos, carabalíes, gringos etc., etc., etc. Entonces nos da la vaina de ponernos a hablar, a escribir también, por más que los negreros a latigazo limpio trataron de impedirlo. Mira tú ahora, ¿por dónde andamos? (Santos-Febres 2005b: 190).

Dejamos a un lado, por el momento, a Mayra... En el rebrote de la narración ha sido definitivo el impulso de editoriales nuevas, como Isla Negra. A ella se deben dos interesantes antologías: *El rostro y la máscara. Antología alterna de cuentistas puertorriqueños contemporáneos* realizada por José Ángel Rosado, en coedición con la Universidad de Puerto Rico; y *Los nuevos caníbales. Antología de la más reciente cuentística del Caribe hispano* cuyos antólogos (Bobes, Valdez y Gómez Beras) coeditan con Unión y Búho. Son dieciséis cuentistas nacidos a partir del cincuenta, con al menos un libro publicado: Luis López Nieves, Mayra Santos-Febres, Martha Aponte Alsina, José Liboy, Eduardo Lalo, Carlos Roberto Gómez Beras, Georgiana Pietri, Daniel Nina, Max Resto, Daniel Torres, Jorge Luis Castillo, Ángela López Borrero, Pepo Costa, Juan López Bauzá, Giannina Braschi y Pedro Cabiya. En cuanto a los temas:

> la intertextualidad y parodia en el diálogo con la mejor literatura latinoamericana y europea; el replanteamiento de lo antillano; la reflexión sobre una nueva emigración puertorriqueña hacia los Estados Unidos (y al mundo), a través del discurso contaminado y polifónico; el rescate de (y desde) la marginalidad de otros discursos; la existencia de otro canon alternativo; la teoría y la práctica de la metaliteratura; la irreverencia como postura ante los valores tradicionales; y el virtuosismo plástico e iconográfico en el uso persistente (y resistente) de nuestra lengua (Boves y otros 2000: 194-195).

La hipérbole rabelaisiana, al estilo de *Cien años de soledad*, en el relato de López Nieves que juega con el encierro y las posibilidades de un mundo cuasi virtual; la narración en inglés de Nina, la homosexualidad en Torres, o la intertextualidad grecolatina trasladada al Caribe en Cabiya (1971), quien vive en Santo Domingo y es uno de los más prometedores a juzgar por sus libros de cuentos, *Historias tremendas* (1999, premiado por el Pen Club y el Instituto de Literatura Puertorriqueña) e *Historias atroces* (2003); así como la novela gráfica *Ánima sola*. Su manejo brillante de la lengua corre paralelo a la renovación de los modos de narrar, en la estela borgiana y de la literatura fantástica, sin ceñirse a los viejos tópicos del referente puertorriqueño. En otros autores, asuntos en apariencia más tradicionales, como la iniciación sexual del boricua, un texto desmitificador y bien llevado por Pepo Costa, o la emigración con el problema identitario del transterrado en Eduardo Lalo, se tratan desde una óptica distinta y con mayor creatividad lingüística. En cuanto a las cinco mujeres, ya no obsesiona el feminismo, aunque permanecen algunas herencias como la intertextualidad bíblica en tono blasfemo de Ángela

López Borrero. No obstante, la higiene matutina a cámara lenta que nos ofrece Braschi, o la complejidad escritural y mitológica de Pietri, o la magia negra de Aponte Alsina -autora de un libro interesante, *El cuarto rey mago* (1996) radicado en el mundo fantástico de los santos y que sobrepasa el folklore con su lenguaje lleno de humor, ternura y hallazgos formales- demuestran que nos hallamos ante algo nuevo, a años luz del criollismo secular.

Todavía no existe perspectiva suficiente para estructurar y juzgar esta literatura. Sólo cabe apuntar aportaciones. Pero es cierto, ha habido un giro de 180 grados en la narrativa. Y vuelvo a utilizar palabras de Mayra para contarlo:

> Es más, casi cada uno de los cuentos de los noventa pueden ocurrir en cualquier parte... No se grafía la patria, ni sus espacios urbanos ni sus (escasos y en peligro de extinción) espacios rurales. Y la identidad es vista como otro simulacro, como un juego de identidades, como un campo definitorio múltiple y cambiante, como un disfraz que se puede cambiar a mansalva, de acuerdo con lo que sea que se quiera tomar como causa o excusa del día (Santos-Febres 2005c: 223).

PARTES DE UN TODO.
LA LITERATURA PUERTORRIQUEÑA EN LOS ESTADOS UNIDOS

Hasta aquí, se ha venido reseñando una literatura isleña escrita en lengua española. No obstante, al conseguir la ciudadanía norteamericana algunos boricuas dieron el salto a la nueva metrópoli en busca de trabajo y publicaron allí. Como ejemplo, Manuel Martínez Maldonado que nació en Yauco (1937), ejerció su profesión de nefrólogo en los Estados Unidos y es autor de tres poemarios: *La voz sostenida* (1984), *Palm Beach Blues* (1986) y *Por amor al arte* (1989); y una novela, *Isla verde (El Chevy Azul)* (1999). En la década del noventa, se produjo el fenómeno inverso: puertorriqueños como Rosario Ferré que, de vuelta a la isla tras vivir en los Estados Unidos, deciden publicar en inglés por motivos de difusión, generando toda una polémica.

En un nivel distinto al de estos boricuas pertenecientes a la burguesía, la constante emigración hacia el continente americano desde los años treinta-cuarenta produjo una nueva cultura y un término —*neorrican* o *nuyorican*— inventado en los años setenta para designar, tanto a los puertorriqueños nacidos o criados en Nueva York, como a su producción literaria en *spanglish* —ese cruce de español e inglés en que se escriben muchos– o inglés. Críticos como Barradas (1998) proponen no sin polémica considerarla como parte de un todo. Puerto Rico ya no es sólo una isla, la identidad –un acto voluntario– depende de la historia y no de la lengua –dirá–. Ya hace años, María Teresa Babín en su antología *Borinquen* enmarcó a los *nuyorrican* dentro de la tradición literaria de la isla.

La cuestión es compleja. En la década del cincuenta y debido a la industrialización de la isla, el proletariado agrícola emigra masivamente a Nueva York, para terminar hacinados en "El Barrio" –Harlem– entre la miseria y la criminalidad. Los escritores isleños lo reflejaron desde lejos y en su lengua literaria; pero surgió paralelamente una visión "desde dentro", cuyos exponentes son *Trópico en Manhattam* –la novela de Guillermo Cotto-Thorner salpicada de neologismos bilingües–, *A Puerto Rican in New York*, testimonio de Jesús Colón, o las más conocidas *Memorias* de Bernardo Vega. Escritas a fines de los cuarenta y editadas por Andreu Iglesias en el 77, recogen su odisea de emigrante en Nueva York desde 1916; la odisea de alguien que vino para quedarse, si bien la primera generación mantiene las tradiciones y la lengua materna. Son escritos testimoniales, generalmente en primera persona, empeñados en describir los cambios abruptos y los ajustes de cosmovisión que debe realizar el recién llegado, en el que pervive una cultura básicamente oral, una religiosidad sincrética –católica y negra– y el amor a la música isleña –bolero, plena, bomba...– enriquecida con la aportación de quienes como Rafael Hernández, Mon Rivera, Cortijo o Tito Rodríguez vivieron un tiempo y compusieron en los Estados Unidos. Hoy la salsa, el rap, el baile *break*, el *hip-hop* son vehículos de afirmación cultural no sólo puertorriqueña sino latina y negra, al igual que los graffiti. Se trata de minorías cuya proporción en Manhattan fue variando: tras la revolución del 59 hubo gran afluencia de cubanos; en la década del sesenta con la caída de Trujillo irrumpen los dominicanos que sufrirán un incremento espectacular en los noventa. A ellos se suman México, Colombia, Ecuador... generando un conglomerado panlatino que se entrecruza con lo nuyorican.

Aunque desde 1970 la emigración puertorriqueña se nivela con el retorno a la isla o la diáspora por los Estados Unidos, la cultura nuyorican se ha consolidado: en 1969 se fundó el Museo del Barrio en Manhattam y al año siguiente, el Centro de Estudios Puertorriqueños de Nueva York. Hay una cocina, una pintura, una literatura nuyorican. En 1973 Miguel Algarín abre el Nuyorican Poets Café y junto a Miguel Piñero compila una antología,

Nuyorican Poetry (1975), consolidando el término y certificando la existencia de un cúmulo de buenos poetas –los propios antólogos, Pedro Pietri, Sandra María Esteves, Bimbo Rivas, Jesús Papoleto Meléndez, Piri Thomas, Tato Laviera...– que consagrará la antología *Herejes y mitificadores...* (1980, compilada por Barradas y Rodríguez) y el libro de entrevistas de Carmen Dolores Trelles, *Puerto Rican Voices in English* (1997). En cuanto a los narradores, Jack Agüeros, Piri Thomas, Pedro Pietri, Ed Vega, Abraham Rodríguez Jr., Edwin Torres y también mujeres como Esmeralda Santiago, Nicholasa Mohr, Judith Ortiz Cofer, Alba Imbert y Aurora Lewis Morales certifican la existencia de esta literatura. Sus señas de identidad tienen que ver con la exaltación: no en vano son colonia, "extranjeros nacionales" y el tema de la patria es un telón de fondo nunca olvidado. Es una literatura descriptiva, cotidiana en sus temas siempre duros, bilingüe ya que funde español e inglés, sin asimilarse a la cultura oficial norteamericana de la que es alternativa vigorosa. Según algunos (Flores 1997) pasa por cuatro fases: el relato de las circunstancias vitales en los Estados Unidos; el redescubrimiento utópico de Puerto Rico; la entrada en una nueva creación cultural y la ramificación o contacto selectivo con la cultura dominante.

La narrativa *nuyorican* se consolida con *Down These Means Streets* (1967), de Piri Thomas (1928), *bildungsroman* testimonial, a mitad de camino entre ficción y autobiografía, que narra cómo se cría un puertorriqueño negro en el ghetto neoyorquino. El tema de fondo es la identidad, con una disyuntiva novedosa: identidad negra/identidad puertorriqueña o hispana, menos rechazada que la anterior. El escritor ha contado de su regreso a la isla, ya adulto, y del sentimiento de rechazo por su nefasto español (Rodríguez de Laguna 1985). Publicó después un libro autobiográfico, *Savior, Savior, Holy My Hand* (1972), así como sus memorias de prisión, *Seven Long Times* (1974) y una colección de cuentos, *Stories From El Barrio* (1978). Actor, ha participado en documentales como *Peter and Johnny* (1964) –primer premio en el Festival del Pueblo en Florencia–, o *The World of Piri Thomas*, dirigida por Gordon Park. Además escribió una obra dramática, *Las calles de oro* representada en Nueva York (1972) bajo la dirección de Miriam Colón, y grabó recitales poéticos (1983).

Pedro Pietri (1943, Ponce) vive en Nueva York desde los cinco años. Es poeta, uno de los fundadores del movimiento nuyorican y como tal ha publicado dos poemarios: *Puerto Rican Obituary* (1973, traducido en el 77 por Matilla Rivas –*Obituario puertorriqueño*– y dramatizado y presentado en la isla); y *Traffic Violations* (1983). Como narrador escribió *Lost in the Museum of Natural History/Perdido en el museo de Historia Natural* (1981), cuento en el que crea un mundo absurdo, donde el sinsentido alcanza a la estructura, trama y personajes... incluso a las palabras; todo ello al servicio de la denuncia del capitalismo. En cuanto a la forma, enfrenta al narrador con sus personajes –Unamuno y Pirandello son sus modelos evidentes–, para explorar los límites del ser humano, o evaluar la obra como espejo del propio yo. El absurdo como fenómeno social, como pesadilla colectiva de los boricuas en Nueva York es el tema tanto de su poesía como del teatro: *The Livingroom* (1975), *The Masses Are Asses/Las masas son crasas* –traducido por Alfredo Matilla– (1983), diálogo dramático de dos personajes anónimos que comparten un espacio cerrado, a modo de infierno sartreano. Por fin *Mondo Mambo/ A Mambo Rap Sodi*, presentado en el Festival Latino de Nueva York (1990).

Edwin Torres, fiscal y juez del Tribunal Supremo de Nueva York, aprovecha su profesión en la novela *Carlito's Way* (1975), llevada al cine en el 93 por Brian de Palma. Es una especie de novela picaresca situada en el Nueva York de 1950 –buen ejemplo de cruce de tradiciones literarias–, narrada en primera persona por su protagonista, un ingenuo desencantado, un cortés, amable y casi robinjudiano hampón puertorriqueño.

Abrahám Rodríguez Jr. (1961, Nueva York) es parte de la nueva generación que pone distancia entre autor y obra, universalizando tipos muy cercanos. Así el protagonista de *The Boy Without a Flag* –perteneciente a su libro de cuentos *The Boy Without a Flag: Tales of the South Bronx* (1992)– es anónimo para poder enfocar el tema central: la ambivalencia de la identidad puertorriqueña como pueblo. En cuanto a *Spidertown* (1993, novela de gran tirada) describe la vida de los jóvenes puertorriqueños en un Manhattam de drogas, violencia y asesinatos.

Ed Vega –Edgardo Vega Yunqué– (1936, Ponce), bisnieto de esclava negra e hijo de un ministro protestante afiliado al nacionalismo, llegó en el 49 a Estados Unidos donde estudió, se graduó de bachiller en Artes, trabajó como profesor y director de talleres narrativos. Ha publicado una novela, *The Comeback* (1985), y dos libros de cuentos: *Mendoza's Dreams* (1987) y *Casualty Reports* (1991).

Iván Silén (1944, Puerto Rico) es autor de poemarios como *Después del suicidio* (1970), *Los poemas de Filí-Melé* (1976), *El miedo del pantócrata* (1981), así como la antología de poesía neoyorquina *Los paraguas amarillos* (1984). Su libro de antiensayos *El llanto de las ninfómanas* (1981) causó un cierto revuelo. En narrativa ha publicado dos novelas, *La biografía* (1984) y *Los narcisos negros* (1997).

En cuanto a las mujeres, *When I was Puerto Rican* (1994)/*Cuando era puertorriqueña* (1994) de la que se vendieron más de 50.000 ejemplares sirvió para darse a conocer a Esmeralda Santiago, (1948). Natural de Toa Alta, cuenta la historia de su familia que tras vivir la experiencia del campesino proletarizado en los años cincuenta del muñocismo, emigra al continente. El campo y el jíbaro simbolizado en la figura paterna representan la puertorriqueñidad, que la familia pierde cuando la madre emigra a Nueva York en 1961, cansada de las infidelidades del marido. El texto recoge la forja de una identidad personal ante un medio hostil. Asimismo, el desencanto ante una isla que no reconoce a los emigrantes como suyos debido a sus costumbres y al español oxidado, lleno de americanismos. Graduada en Harvard, periodista y conferenciante, está en todas las antologías. Ha escrito después dos novelas: *El sueño de América* (1997) y *Casi una mujer* (1999).

Nicholasa Mohr, diseñadora gráfica nacida en Harlem, ha contado de su infancia, de su descubrimiento paulatino de la segregación que suponía hablar español, pero también de su asombro frente a los parientes, demasiado caribeños, que llegaban en oleadas sucesivas. Tras una larga y fructífera carrera en artes plásticas, se inicia en la literatura. Escribe *Nilda* (1973) –gran éxito editorial de cuño autobiográfico–, *El Bronx Remembered* (1975, cuentos), *In Nueva York* (1977, cuentos bien logrados), *Felita* (1980, novela breve para niños), *Rituals of Survival. A Woman's Portfolio* (1985, cuentos), *Going Home* (1986, novela), *All for the Better: A Story of El Barrio* (1995, biografía de Evelyn López Antonetty), *In My Own Words: Growing Up Inside the Sanctuary of My Imagination* (1994, autobiografía de sus primeros años en que forja su "yo" de ser humano y creadora) y *The Magic Shell* (1995, novela corta), además de ilustrar libros... Escribe para y sobre gente joven: su temática gira en torno a las adolescentes puertorriqueñas que crecen en Nueva York protegidas por familias patriarcales y deben enfrentarse al medio. Sus personajes son recurrentes y en cierto modo autobiográficos: madre, abuela, o el viejo y paternal comunista; personajes símbolos, encarnaciones del pueblo boricua. En su autobiografía privilegia la búsqueda de la verdad y el por qué de los acontecimientos, abordados con una mirada infantil e inquisidora, con sencillez de lenguaje y sin pedantería.

Rescate y afirmación colectiva, interacción cultural con otras minorías, el fenómeno de la literatura/cultura *nuyorican* considerada literatura puertorriqueña lleva hasta los límites la noción de un canon americano pluralista, en el que se integrarían múltiples literaturas e idiomas nacionales.

> Hoy en día el escritor boricua asume el acto literario como una vocación de diálogo, una voz más dentro del conglomerado de voces que compone a la raza humana, al planeta, al país de accidental natura (Santos-Febre 2005a: 222).

BIBLIOGRAFÍA CITADA

ACEVEDO, Ramón Luis (1991): *Del silencio al estallido: narrativa femenina puertorriqueña*. Río Piedras: Cultural.

BARRADAS, Efraín (1983): *Apalabramiento. Diez cuentistas puertorriqueños de hoy*. Hanover: Ediciones del Norte.

— (1998): *Partes de un todo. Ensayos y notas sobre literatura puertorriqueña en los Estados Unidos*. Río Piedras: Universidad de Puerto Rico.

BEAUCHAMP, José Juan (1976): *Imagen del puertorriqueño en la novela*. Río Piedras: Universidad de Puerto Rico.

BOVES, Marilyn/VALDEZ, Pedro Antonio/GÓMEZ BERAS, Carlos R. (2000): *Los nuevos caníbales. Antología de la más reciente cuentística del Caribe hispano*. San Juan: Unión/Búho Negro/Isla Negra.

CABALLERO WANGÜEMERT, María (1992): "Rodríguez Juliá, una ojeada sobre Puerto Rico entre la burla y la compasión", en *Revista Iberoamericana* nº 159, Pittsburgh, abril-junio, pp. 367-378.

— (1998): "¡Llegaron los americanos! El 98 en la narrativa puertorriqueña", en *Cuadernos Hispanoamericanos* nº 577-578, Madrid, agosto, pp. 293-298.

GELPÍ, Juan (1993): *Literatura y paternalismo en Puerto Rico*. Río Piedras: Universidad de Puerto Rico.

GONZÁLEZ, José Luis (1997): *La llegada. Crónica con ficción*. Río Piedras: Huracán.

GUZMÁN MERCED, Rosa (2000): *Las narraciones autobiográficas puertorriqueñas. Invención, confesión, apología y afectividad*. Río Piedras: Publicaciones de Puertorriqueñas Inc./Decanato de Estudios Graduados e Investigación.

LÓPEZ-BARALT, Mercedes (2004): *Literatura puertorriqueña del siglo XX. Antología*. Río Piedras: Universidad de Puerto Rico.

LUGO FILIPPI, Carmen/VEGA, Ana Lydia (1981): *Vírgenes y mártires*. San Juan: Antillana.

MARQUÉS, René (1959): *Cuentos puertorriqueños de hoy*. San Juan: Club del Libro de Puerto Rico.

— (1983): *En una ciudad llamada San Juan*. Río Piedras: Cultural.

MELÉNDEZ, Concha (1961): *El arte del cuento en Puerto Rico*. New York: Las Américas.

RODRÍGUEZ JULIÁ, Edgardo (1988): *Puertorriqueños (Álbum de la Sagrada Familia puertorriqueña a partir de 1898)*. Río Piedras: Plaza Mayor.

— (1989): *El cruce de la bahía de Guánica (Cinco crónicas playeras y un ensayo)*. Río Piedras: Cultural.

SANTOS-FEBRES, Mayra (ed.) (1997): *Mal(h)ab(l)ar. Antología de la nueva literatura puertorriqueña*. San Juan: Fundación Puertorriqueña de Humanidades.

— (2005a): "Caribe y travestismo", en *Sobre piel y papel*. San Juan: Callejón.

— (2005b): "Español, clave Caribe", en *Sobre piel y papel*. San Juan: Callejón.

— (2005c): "¿A manera de un pequeño manifiesto?", en *Sobre piel y papel*. San Juan: Callejón.

SCHMIDT, Aileen (2003): *Mujeres excéntricas. La escritura autobiográfica femenina en Puerto Rico y Cuba*. San Juan: Callejón.

SOLA, María (1990): *Aquí cuentan las mujeres*. Río Piedras: Huracán.

VEGA, Ana Lydia (1994): *Encancaranublado y otros cuentos de naufragio*. San Juan: Antillana.

VEGA, José Luis (1983): *Reunión de espejos*. Río Piedras: Cultural.

McOndo en Macondo: los medios de masas y la cultura de la imagen en *El otoño del patriarca*

Edmundo Paz-Soldán
Cornell University

¿Cuál es el lugar de los medios de masas en la obra de Gabriel García Márquez? ¿Hay espacio para la modernidad del telégrafo y el teléfono, para la fotografía, la televisión o el cine? ¿Tienen cabida en Macondo los elementos más reconocibles de la sociedad contemporánea, ese nuevo McOndo latinoamericano cuyo mismo nombre implica a la vez un homenaje y una burla al mítico pueblo de García Márquez?[1] A primera vista, estas preguntas tienen una respuesta negativa. Años de generalizaciones críticas y periodísticas sobre el novelista colombiano han terminado por convertirlo en un escritor dedicado a narrar la fusión de lo extraordinario con lo cotidiano en la cultura rural, premoderna del Caribe latinoamericano[2]. García Márquez es el gran proveedor de exotismo para los lectores de las metrópolis de Occidente; el célebre inventor de Macondo, un país imaginario que consolida plenamente los intentos de ontologización de lo real maravilloso –cuyos antecedentes se remontan a Alejo Carpentier–, como el modo más adecuado para narrar la heteróclita realidad latinoamericana[3].

---

[1] Aludo a la antología *McOndo*, que en 1996 presentó a una nueva generación de escritores latinoamericanos que busca distanciarse del realismo mágico. En el prólogo, Alberto Fuguet y Sergio Gómez escriben: "El nombre (¿marca registrada?) McOndo es, claro, un chiste, una sátira, una talla. Nuestro McOndo es tan latinoamericano y mágico (exótico) como el McOndo real (que, a todo esto, no es real sino virtual). Nuestro país McOndo es más grande, sobrepoblado y lleno de contaminación, con autopistas, metro, TV-cable y barriadas. En McOndo hay McDonalds, computadores Mac y condominios, amén de hoteles cinco estrellas construidos con dinero lavado y *malls* gigantescos" (17).

[2] Para un sólido estudio del realismo mágico, véase la colección de ensayos recopilados por Lois Parkinson Zamora y Wendy Faris en *Magical Realism: Theory, History, Community* (1995). En "Scheherazade's Children", Wendy Faris menciona que el realismo mágico "has tended to concentrate on rural settings and to rely on rural inspiration –almost a postmodern pastoralism" (1995: 182).

[3] Véase el ensayo de Carpentier "Sobre lo real maravilloso americano" en *Tientos y diferencias*. La versión original fue publicada en 1949, en el prólogo a *El reino de este mundo*. Para Carpentier, el surrealismo europeo intenta mostrar de manera artificial la maravilla inherente a

Macondo es una alegoría reconocible y al mismo tiempo cada vez más distante: a las nuevas generaciones de jóvenes en América Latina, saturadas de Internet y cine y televisión, les cuesta reconocerlo como su mundo, y los escritores de las nuevas generaciones se distancian de él, a veces de manera elegante, otras de forma visceral, rupturista, parricida: Alberto Fuguet y Sergio Gómez, en el prólogo a la antología *McOndo*, escriben, refiriéndose al realismo mágico: "No desconocemos lo exótico y variopinto de la cultura y costumbres de nuestros países, pero no es posible aceptar los esencialismos reduccionistas, y creer que aquí todo el mundo anda con sombrero y vive en árboles" (1996: 16)[4].

El concepto "realismo mágico", inicialmente revelador de un modo original de capturar la compleja realidad del continente latinoamericano, ha ayudado a que se consolide una lectura reduccionista de su autor más representativo, ha contribuido a la exotización del continente latinoamericano y, en muchos casos, también a la exotización de todo aquello que se encuentra en la periferia de Occidente, o fuera de Occidente (hay escuelas de "realismo mágico" en el Tíbet, y escritores como Salman Rushdie o Toni Morrison han adoptado muchas de sus estrategias narrativas). Las condiciones de recepción en que se encuentra la obra de García Márquez predeterminan su lectura.

Quizás sea hora, entonces, de construir otro García Márquez, o al menos de matizar al que ya existe. Quizás sea tiempo de preguntarnos si la dicotomía mundo rural "realista mágico"/mundo urbano es realmente tan fuerte como parece. Si junto a la fuerte presencia de la cultura popular en García Márquez coexisten elementos de la cultura de masas contemporánea. ¿Se puede leer al autor colombiano a contrapelo de los clichés que circulan en torno a su obra, y tratar, así, de romper la dicotomía? Quizás el lugar de los

---

la realidad; esa maravilla, en cambio, se puede encontrar de manera natural en América Latina. Amaryll Chanady llama a esta ontologización carpenteriana una "territorialización de lo imaginario". Véase su "The Territorialization of the Imaginary in Latin America: Self-Affirmation and Resistance to Metropolitan Paradigms" (1995).

[4] Esta ruptura con el "realismo mágico" se puede rastrear ya en los escritores del *posboom*. En 1986, en una conferencia en la Universidad de Virginia, el escritor argentino Mempo Giardinelli afirmó: "stated that... recet writers have grown to distrust a stance that makes Latin American authors into either purveyors of exoticism to readers in developed countries or warrantors of long-held stereotypes about Latin America" (Pellón 1996: 281). Irónicamente, la escritora del *posboom* más conocida ha terminado siendo Isabel Allende, acaso la más ferviente seguidora de García Márquez.

medios de masas en una novela como *El otoño del patriarca* (1975) sea un buen punto de partida. *El otoño del patriarca* es, después de todo, el apogeo de ese mundo real maravilloso en el que el mar puede ser trasladado de un lugar a otro y los dictadores viven más de doscientos años.

En ese mundo mágico, en el que asistimos a la muerte de un paradigmático dictador latinoamericano y a la invención de su mito por parte de un narrador colectivo[5], principalmente a través de los rumores y las leyendas –formas premodernas de comunicación e información sociocultural– que circulan entre sus súbditos, las tecnologías de difusión mediática no están ausentes. Una de las formas en que la novela como género literario se ha resituado en la actual ecología de medios ha sido mostrándose como un "poderoso instrumento para representar su propia multiplicidad mediática..." (Tabbi/Wutz 1997: 20). La novela es un género en deseo continuo de procesar otros códigos de los medios de masas, una suerte de tecnología mediática que incorpora a todas las otras tecnologías de medios, las procesa y comenta sobre ellas. ¿Cómo se muestra esa multiplicidad mediática en *El otoño del patriarca*?

El otoño del patriarca pertenece a un subgénero con gran tradición en la literatura latinoamericana, el de "la novela del dictador"[6]. Diversos críticos han ubicado la novela de García Márquez junto a las de Alejo Carpentier, *El recurso del método* (1973), y Augusto Roa Bastos, *Yo, el Supremo* (1974), como tres grandes textos que en la década del setenta renovaron el género al utilizar un gran virtuosismo estilístico, de corte experimental, al servicio de un tema relativamente tradicional. Lo que no se ha hecho es situar a esa novela junto a obras como *El beso de la mujer araña* (1976), *Vista de amanecer en el trópico* (1974) o *La tía Julia y el escribidor* (1977), que reflejan la creciente preocupación de los escritores latinoamericano, en esa misma década, por los medios de masas como parte fundamental de la textura de la vida cotidiana. En las novelas de Puig, Cabrera Infante y Vargas Llosa, y junto a ellos en la de García Márquez, se encuentran diferentes versiones de una sociedad latinoamericana cada vez más atrapada, junto al resto de Occidente, en el culto del espectáculo. El cine en Puig, la fotografía en Cabrera Infante o la radio en

---

[5] Véase la excelente lectura de la novela que hace Michael Palencia-Roth (1983: 164-264).

[6] Sobre *El otoño del patriarca* y la novela del dictador, véase Menton (1981: 203-209).

Vargas Llosa, son medios que no solamente sirven para reflejar los cambios sociales sino también para construirlos[7].

A diferencia de las novelas mencionadas anteriormente, los medios no ocupan un lugar central en la estructura narrativa de *El otoño del patriarca*. Aparecen de manera subrepticia, y son mencionados esporádicamente, hasta alcanzar una mayor presencia en el último tercio de la novela. Esta presencia periférica, relativamente marginal, no carece, sin embargo, de importancia, pues García Márquez deriva de ella conclusiones inesperadas; en cierta forma, el autor colombiano va más lejos que Puig y el resto, y en *El otoño del patriarca* presenta a los medios de masas –principalmente el periodismo y la televisión– como instrumentos cuya manipulación por parte del poder sirve para ofrecer una versión parcializada de la historia y del presente.

En ambos medios, lo que se manipula es la imagen fotográfica; la sofisticación tecnológica hace que cada vez sea más difícil discernir entre la imagen real y su simulacro[8]. Es cierto, la dimensión mítica del dictador garciamarquesiano se debe, en gran parte, a que es un agregado de anécdotas de los más pintorescos y crueles dictadores que le han tocado en suerte al continente (desde el decimonónico Melgarejo hasta el absolutista Trujillo), y a la temporalidad omniabarcadora de la narrativa. Sin embargo, esta dimensión mítica no debería hacernos soslayar la preocupación del escritor colombiano por el simulacro, o la manipulación de la información por parte del poder, como elementos centrales de la sociedad de masas. Si, como ha señalado la crítica, la obra de García Márquez revela, a través del modo estético-mítico cuyo componente central es el tiempo mítico, la simultaneidad de tiempos históricos como eje central de la realidad latinoamericana, uno de esos tiempos, en *El otoño del patriarca*, es el de la sociedad del espectáculo, el de la cultura de la imagen.

---

[7] Guy Debord, en su clásico *The Society of the Spectacle* (1967), escribe que en las sociedades modernas "All that once was directly lived has become mere representation. The spectacle is not a collection of images; rather, it is a social relationship that is mediated by images" (1995: 12). Para una lúcida crítica a Debord, véase Best/Kellner (1997: 78-123).

[8] Utilizo la palabra "simulacro" con plena consciencia de sus ecos baudrillardianos (véase Baudrillard 1994). A la vez, me distancio de las ideas más radicales de Baudrillard, en las que los signos rompen con el referente e ingresan a su propia órbita significante. Creo, con Best y Kellner, que los signos siempre tienen un contexto sociohistórico, por más reprimido o disimulado que éste esté (1997: 112). En *El otoño del patriarca*, las imágenes siempre son manipuladas por un personaje concreto en busca de algún beneficio concreto.

LOS MEDIOS DE MASAS Y LA MANIPULACIÓN DE LA REALIDAD

En el territorio del viejo patriarca, hay una gran distancia entre la verdad de los acontecimientos y las conclusiones a las que llegan los súbditos. Como sugiere Seymour Menton, "ni lo visto, ni lo oído, ni lo sentido" (1981: 190) pueden aceptarse como tales. El patriarca, al principio, suele escudar su identidad en su doble, Patricio Aragonés. El doble le sirve tanto para protegerse de sus enemigos como para contribuir a proyectar la sensación de ubicuidad del poder. En "[a]quel estar simultáneo en todas partes durante los años pedregosos que precedieron a su primera muerte, aquel subir mientras bajaba, aquel extasiarse en el mar mientras agonizaba de malos amores" (13) que se logra gracias a Patricio Aragonés, la manipulación de la imagen de la dictadura construye la "realidad" del mundo del General a partir de la pérdida de la presencia de lo real, o mejor, de su ocultamiento en base a la presencia del doble, de otro cuerpo no menos real. La realidad sirve, así, para esconder la realidad.

Pero no sólo Patricio Aragonés sirve para esta manipulación. La mayor parte de ésta se lleva a cabo a través de un monopólico control de la imagen a través de los medios de masas. El narrador colectivo de la novela que encuentra muerto al dictador no lo ha visto jamás en persona, aunque tiene una idea de él porque su imagen ha sido desplegada por todas partes: "su perfil estaba en ambos lados de las monedas, en las estampillas de correo, en las etiquetas de los depurativos, en los bragueros y los escapularios, y... su litografía enmarcada con la bandera en el pecho y el dragón de la patria estaba expuesta a todas horas en todas partes" (8).

Sin embargo, tampoco las litografías dan cuenta de la realidad, pues el narrador colectivo señala que "eran copias de copias de retratos que ya se consideraban infieles en los tiempos del cometa" (8). Se trata aquí de un sucesivo ocultamiento de la realidad, en el que, de manera perversa, las copias no remiten al original sino a un retrato "infiel". La dictadura controla de manera omnímoda la proyección de la imagen del patriarca, pero, aun así, prefiere esconder la versión original.

Esta dinámica del original y la copia en torno a la figura del dictador nos remite inevitablemente a Walter Benjamin. El crítico alemán, en sus escritos de los años treinta, en el momento del ascenso del fascismo y el nazismo, colocaba el tema de la reproducción de la imagen como el evento fundamental de la modernidad (Cadava 1997: xxix). Su reflexión histórico-filosófica mostraba la complicidad entre la ideología estética y la estetización fascista de la política y la guerra. Para Benjamin, una de las características de la obra de arte en la era de la reproducción mecánica es la pérdida de su aura sagrada gracias a la posibilidad de su infinita multiplicación. Los cambios en las condiciones tecnológicas de producción hacen que las tradicionales bases rituales del arte cedan paso al predominio de su función política (Ibíd.: 44). Los gobiernos –fascistas y comunistas– dependen de fotografías y films para su consolidación: "all politics can be viewed as a politics of art, as a politics of the technical reproduction of the image" (Ibíd.: 45). Si en Benjamin la politización y la reproducción masiva de la imagen conlleva la inevitable pérdida del aura, en *El otoño del patriarca* el aura del poder se logra mantener evitando que el original prolifere en múltiples copias, y confundiendo a la ciudadanía con imágenes del dictador que no concuerdan con el dictador. Las imágenes se reproducen de forma masiva y son usadas políticamente; lo que no se reproduce es la imagen verdadera.

Uno de los medios de masas que más ayuda a la mitificación del patriarca es el periódico, al encontrarse al servicio de un régimen que el narrador colectivo llama con acierto "trono de ilusiones" (130). A la muerte del General, la gente está a la espera de la realización de un cúmulo de "predicciones antiguas" relacionadas con dicha muerte. El poder de la dictadura se mantiene constante más allá de la muerte, pues la historia del patriarca ha sido transmutada en mito gracias, entre otras cosas, a los medios de masas:

> los pocos periódicos que aún se publicaban seguían consagrados a proclamar su eternidad y falsificar su esplendor con materiales de archivo, nos lo mostraban a diario en el tiempo estático de la primera plana con el uniforme tenaz de cinco soles tristes de sus tiempos de gloria, con más autoridad y diligencia y mejor salud que nunca a pesar de que hacía muchísimos años que habíamos perdido la cuenta de sus años, volvía a inaugurar en los retratos de siempre los monumentos conocidos o instalaciones de servicio público que nadie conocía en la vida real (129).

La fotografía, sugiere Susan Sontag, confiere al evento o persona fotografiada una suerte de inmortalidad y trascendencia: la muerte llega a las personas, pero las fotografías persisten y perviven (1990: 11). Para Roland Barthes, la fotografía repite *ad infinitum* aquello que sólo ha ocurrido una vez: la repetición mecánica va a contrapelo de la repetición existencial (1981: 4). El patriarca puede envejecer y encontrar la muerte, pero su historia es transformada en mito debido a, entre otras cosas, esas fotografías que, desde los periódicos, han logrado congelar el tiempo y lo presentan a sus súbditos eterno, incapaz de envejecer, y proyectado *ad infinitum.*

Algunos críticos de la novela han mencionado que uno de sus defectos es que el patriarca es un personaje a ratos tan conmovedor que nos hace olvidar su lado perverso; el escritor peruano Julio Ramón Ribeyro hubiera querido, por ejemplo, que el dictador de García Márquez fuera no sólo simpático sino también odioso. En efecto, García Márquez nos presenta una figura fascinante, un déspota enfermo de soledad y consciente de "que no había sido nunca ni sería nunca el dueño de todo su poder" (103). El dictador es también una víctima de la dinámica del poder en un modelo autoritario que termina rebasándolo. Aislado del pueblo, el patriarca está a merced de un reducido grupo de gente que tiene acceso a él, entre ellos, asesores como Rodrigo de Aguilar y José Ignacio Sáenz de la Barra, y otros secuaces. Es este entorno palaciego quien, en la época de la decadencia del patriarca, toma las riendas del poder y manipula la verdad y la imagen de la dictadura para sus propios fines. Monseñor Demetrio Aldous, encargado de verificar si la madre muerta del patriarca es capaz, como dice la gente, de hacer milagros, descubre que "no había un solo testimonio [de los milagros] que no hubiera sido pagado" por el gobierno, pero que esta confabulación no se había llevado a cabo sólo para complacer al patriarca: "quienes inventaban los milagros y compraban los testimonios de mentiras eran los mismos secuaces de su régimen que fabricaban y vendían las reliquias del vestido de novia muerta de su madre Bendición Alvarado, ajá, los mismos que imprimían las estampitas y acuñaban las medallitas con su retrato de reina" (156).

Si los secuaces de segunda fila hacen negocio manipulando las imágenes del poder, es el feroz asesor Sáenz de la Barra quien lleva al extremo esta manipulación. Sáenz de la Barra es el verdadero poder detrás del poder, alguien que toma las riendas de mando y usurpa la imagen del dictador, convirtiéndolo en un "monarca cautivo" (215). El General cree tener todavía el poder, pero no le alcanza más que para hacer que se modifique el libreto de las novelas en la radio y las películas en la televisión, "en que todo ocurr[e] por orden suya al revés de la vida" (225); Sáenz de la Barra lo complace para fomentar su ilusión (215).

Sáenz de la Barra usa hábilmente la capacidad de manipulación de otros dos medios de masas: la radio y la televisión. En un momento clave de la novela, el General se sorprende contemplándose a sí mismo en la televisión, diciendo cosas "con palabras de sabio que él nunca se hubiera atrevido a repetir" (236). El fantasmagórico misterio de la repetición de su imagen y de su voz alejadas de su propio control es aclarado poco después por Sáenz de la Barra, quien le dice que ese "recurso ilícito" ha sido necesario "para conjurar la incertidumbre del pueblo en un poder de carne y hueso" (236). Sáenz de la Barra lo ha grabado y filmado sin que se diera cuenta, y ha elaborado con esos fragmentos de voces e imágenes una realidad artificial que sustituye, para el pueblo, a la verdadera y confusa vida real.

Más que la realidad en sí, el pueblo del General necesita de una imagen y una voz que transmitan la estabilidad, el orden de esa realidad. Sáenz de la Barra, en el fondo, ha descubierto una cualidad fundamental de las sociedades modernas: el poder se sostiene en base a una estratagema de representación mediática en la que nada es dejado al azar. Las imágenes fotográficas en el periódico y la televisión son, sugiere Susan Sontag, realidades materiales por derecho propio, "potent means for turning the tables on reality –for turning *it* into a shadow" (1990: 180, énfasis en el original). Ya el filósofo alemán Feurbach decía en 1843 que una cualidad fundamental de la era moderna es preferir la imagen a la cosa en sí, la copia al original, la representación a la realidad, la apariencia al ser (Ibíd.: 153). En la segunda mitad del siglo XX, la premonición de Feuerbach se ha cumplido: las imágenes fotográficas son poderosos sustitutos de la realidad, indispensables para el bienestar económico y la estabilidad social (Ibíd.: 153).

Pero la cuestión de la manipulación de las imágenes en *El otoño del patriarca* no es solamente una preocupación temática en García Márquez. En este tema puede condensarse todo el despliegue narrativo de la novela, sus condiciones de generación formal. Recordemos, con Palencia-Roth, que la experiencia de lectura de *El otoño del patriarca* "estriba en una constante, progresiva, pero siempre incompleta desilusión. Después de cada desenmascaramiento se descubre otra máscara; detrás de cada desciframiento se encuentra otra cifra; detrás de cada desmitificación se encuentra otro mito" (1983: 245). La novela comienza con el descubrimiento de la muerte del patriarca por parte del narrador colectivo; poco a poco, todo es puesto en duda; del patriarca sólo se conocen rumores y leyendas, y su "retrato" es infiel. Los inicios de los tres primeros capítulos están atravesados por la duda ontológica acerca del patriarca y su muerte (la muerte del doble ayuda a la confusión, pues se habla de una "primera" y una "segunda" muerte). Los de los tres siguientes capítulos –la novela tiene seis– tratan de "la 'fabricación de la realidad', la 'creación de la ilusión o la 'mitificación' de la figura del patriarca"

(Palencia-Roth 1983: 254). Así, el problema del descubrimiento del cadáver deja paso al de qué hacer con ese cadáver una vez descubierto: por ejemplo, se le cambia la ropa, se le viste con uniforme de gala para que se parezca a la "imagen de su leyenda" (169). La realidad histórica que significó la existencia del patriarca es enterrada por el peso de las leyendas, por el poder mitificador del pueblo (y del autor de la novela). Al final, para ajustarse a las premoniciones acerca de su muerte, el patriarca termina "como si hubiera sido él aunque no lo fuera" (219).

No hay imagen fidedigna del patriarca como no hay verdad histórica. El tema de la manipulación consciente de la imagen al servicio de la fabricación de un mito colectivo es entonces, al inicio de cada capítulo de *El otoño del patriarca*, el generador textual de la misma novela. El texto trata de una fabricación de la verdad; formalmente, el texto es una fabricación.

A MANERA DE CONCLUSIÓN

En uno de los pocos estudios sobre el rol de la tecnología en la obra de García Márquez, Jane Robinett contrapone magia y tecnología. Para Robinett, la magia que encontramos en García Márquez —y en otros escritores latinoamericanos como Isabel Allende o Jorge Amado— no tiene que ver con actos de ilusionismo mental, y es sólo sobrenatural en el sentido en que se refiere a "powers that lie beyond our understanding of natural laws" (1994: 16). La magia de las novelas latinoamericanas incorpora una visión del mundo en la que coexisten lo conocido y lo desconocido, en la que las entidades vivientes pueden ser animales, vegetales, minerales o espirituales (Ibíd.: 16-18). Esta visión critica y corrige la visión occidental, que privilegia una forma de conocimiento del mundo científica, racional. En el conflicto entre magia y tecnología, la magia "is the older of the two forces, and finally proves to be the stronger. Although magic retreats before the advancing knowledge of science and technology's control over the natural world, it retains both its power and its mystery, even when it appears to have been eradicated" (Ibíd.: 18).

Robinett también señala que los escritores latinoamericanos, si bien valoran los beneficios de la tecnología, a la vez la ven como algo no del todo positivo, pues promueve valores y conceptos que necesitan ser resistidos. Una de las razones para esta resistencia es que, mientras la visión mágica de la realidad está asociada con una visión natural, "latinoamericana" de las cosas, la tecnología generalmente viene de afuera y promueve valores extranjeros. Otra de las razones es que mientras la magia busca la "unidad esencial" de las cosas, la tecnología es una fuerza divisiva y excluyente. Por último, mientras la magia es en Latinoamérica, a diferencia del resto de Occidente, la fuerza que determina la realidad, la tecnología es un constructo de ilusión (Ibíd.: 260).

Robinett promueve una visión dicotómica de las cosas, naturalizando el realismo mágico, ofreciéndolo como la verdadera, ontológica expresión de la realidad latinoamericana, y reclamando para éste la primacía moral al ofrecerse como un necesario antídoto a una sociedad occidental materialista y racional. Es cierto que, desde la aparición de la compañía bananera en *La hojarasca* (1955), la obra de García Márquez está repleta de norteamericanos imperialistas que usan la tecnología para dominar a Macondo; pero no es menos cierto que en *El otoño del patriarca*, es el asesor local Sáenz de la Barra, nada asociado a poderes extranjeros, y otros individuos sin nombres ni rostros del régimen patriarcal, quienes utilizan la tecnología para manipular a los medios de masas al servicio del poder. También se podría argumentar que, para grandes sectores urbanos en el continente latinoamericano, los medios de masas y las nuevas tecnologías crean una ilusión que no es menor a la creada por las fuerzas mágicas que abundan en las novelas del realismo mágico. No existe una visión "natural", "latinoamericana" de las cosas.

Toda la obra de García Márquez es un gran fresco textual que crea una alegoría de lo latinoamericano a través de su fusión de múltiples temporalidades históricas. En los espacios narrativos del novelista colombiano predomina una visión mágica, premoderna del mundo; en los márgenes de ese mundo, existe una preocupación por los medios de masas como elementos centrales de la sociedad moderna. En *La hojarasca*, la primera novela de García Márquez, los medios de masas hacen su aparición como elementos negativos, asociados a los valores foráneos. En uno de sus monólogos, Isabel, la hija del coronel Aureliano Buendía, dice: "En Macondo había un salón de cine, había un gramófono público y otros lugares de diversión, pero mi padre y mi madrastra se oponían a que disfrutáramos de ellos las muchachas de mi edad. 'Son diversiones para la hojarasca', decían" (76). Treinta años después, en *El amor en los tiempos del cólera*, los medios de masas son un elemento positivo, pues sin el telégrafo en el que trabaja Florentino Ariza, su relación sentimental con Fermina Daza no podría continuar: *El amor en los tiempos de la tecnología*, podría ser otro posible título de la novela.

Entre ambas obras se encuentran *Cien años de soledad* (1967), en que la visión de los medios de masas y la tecnología se hallan cerca a la visión negativa de *La hojarasca*, y *El otoño del patriarca*, donde García Márquez nos entrega una visión compleja de un mundo en el que coexisten magia y tecnología, y en el que los medios de masas son elementos centrales de la fusión de múltiples temporalidades históricas como estrategia central de la novela. Allí, lo premoderno coexiste con lo moderno, y se nos entrega una visión de una sociedad regida por el simulacro; en ella, hasta los milagros y las premoniciones mágicas son engaños, y los medios de masas tienen mucho que ver en la invención y el mantenimiento perpetuo del mito del patriarca. La cultura contemporánea de la imagen también existe en el universo atemporal, o supratemporal, del patriarca; el mundo tecnológico y *massmediático* de McOndo, desde los márgenes, proyecta su larga sombra sobre Macondo.

BIBLIOGRAFÍA CITADA

BARTHES, Roland (1981): *Camera Lucida. Reflections on Photography*. Tr. Richard Howard. New York: Hill & Wang.

BAUDRILLARD, Jean (1994): *Simulacra and Simulation*. Tr. Sheila Faria Glaser. Ann Arbor: University of Michigan Press.

BEST, Steven/KELLNER, Douglas (1997): *The Postmodern Turn*. New York: The Guilford Press.

CADAVA, Eduardo (1997): *Words of Light. Theses on the Photography of History*. Princeton: Princeton University Press.

CARPENTIER, Alejo (1964 [1949]): "Sobre lo real maravilloso americano", en *Tientos y diferencias*. Montevideo: Arca.

CHANADY, Amaryll (1995): "The Territorialization of the Imaginary in Latin America: Self-Affirmation and Resistance to Metropolitan Paradigms", en Parkinson-Zamora, Lois/Faris, Wendy B. (eds.), *Magical Realism: Theory, History, Community*. Durham: Duke University Press.

DEBORD, Guy (1995 [1967]): *The Society of the Spectacle*. Tr. Donald Nicholson-Smith. New York: Zone Books.

FARIS, Wendy (1995): "Scheherazade's Children", en Parkinson-Zamora, Lois/Faris, Wendy B. (eds.), *Magical Realism: Theory, History, Community*. Durham: Duke University Press.

FUGUET, Alberto/GÓMEZ, Sergio (eds.) (1996): *McOndo*. Barcelona: Grijalbo.

GARCÍA MÁRQUEZ, Gabriel (1990 [1975]): *El otoño del patriarca*. Buenos Aires: Sudamericana.

MENTON, Seymour (1981): "Ver para no creer: *El otoño del patriarca*", en Earle, Peter (ed.), *García Márquez*. Madrid: Taurus.

PALENCIA-ROTH, Michael (1983): *Gabriel García Márquez: La línea, el círculo y las metamorfosis del mito*. Madrid: Gredos.

PARKINSON ZAMORA, Louis/FARIS, Wendy B. (eds.) (1995): *Magical Realism: Theory, History, Community*. Durham: Duke University Press.

PELLÓN, Gustavo (1996): *The Cambridge History of Latin American Literature*. Roberto González Echevarría (ed.). Cambridge: Cambridge University Press.

ROBINETT, Jane (1994): *This Rough Magic: Technology in Latin American Fiction*. New York: Peter Lang.

SONTAG, Susan (1990 [1977]): *On Photography*. New York: Anchor Books/Doubleday.

TABBI, Joseph/WUTZ, Michael (eds.) (1997): *Reading Matters. Narratives in the New Media Echologies*. Ithaca: Cornell University Press.

REAL Y FANTÁSTICO EN LA NARRATIVA IBEROAMERICANA DEL SIGLO XXI: SEGUNDA PARTE. IMPRECISAS FRONTERAS DEL CIELO Y EL INFIERNO

Rafael Courtoisie

INTRODUCCIÓN-PRESENTACIÓN

Procurando evitar algunos lastres o rémoras "metodológicas" que a veces se constatan en ciertos trabajos académicos, un hipotético "yo" narrador creativo se pregunta y pregunta acerca de los problemas éticos y estéticos en la literatura del s. XXI. Las respuestas procuran no sostenerse en trasnochadas proclamas vanguardistas del s. XX ni en ansiosas hesitaciones postmodernistas de inicios del s. XXI. Las respuestas representan tan solo hipótesis de trabajo, posibles instrumentos de pensamiento, premisas reflexivas que apuntan a esclarecer un futuro posible en la narración creativa.

La narración en el ámbito social de una lengua es un planeta de una completud verbal cuya medida no se parece al hombre sino a la idea que el hombre, a través de miles de años, ha construido de los dioses.

Los dioses alcanzan a existir en ese proceso que la palabra inventada, balbuceada por los hombres, instruye en ellos. La existencia de los dioses, del cielo y del infierno, deviene en la narración primero oral y luego y escritural.

Los hombres son dioses de la ignorancia tocada por la palabra que es la ley de la nada que en el hombre hace surgir y crecer dioses insospechados. Los dioses nacen y mueren en el hombre cada día, cada siglo.

Este yo, este sujeto de enunciación, escribe al reflexionar. Al escribir reflexiona, al hablar, piensa. Al decir de Tristan Tzara "el pensamiento se hace en la boca".

Escribo. Es un supuesto yo "pospessoiano" quien escribe.

Al escribir soy la memoria de la sombra que recuerda mi cuerpo. No soy mi cuerpo. No soy luz. Soy letra. Negrura sobre el espanto del silencio de la luz.

No soy hombre al escribir. Soy nada que escribe, que se hace texto y con el texto se hace cielo e infierno para sí y para otros, real y fantástico.

La narrativa de la vida respira un tiempo agrio, un oprobio, un tiempo de lenguas podridas que el hacer vuelve misterio y agua sin sombra en la memoria de mí.

De esa agua se bebe y se vive.

La escritura es solamente gota infinita, agua seca. La escritura es la cara luminosa del silencio.

Voy al silencio porque es el Juicio Final, el lugar donde la escritura se encuentra con su cuerpo.

No tengo cuerpo en la inmensidad obesa de mi cuerpo. Tengo escritura. Soy un hombre sin cuerpo en el espacio que narro y que me narra. Mi cuerpo es una luz del texto. La alegría de estar en el texto, el coraje de ser, la irrealidad concreta y feérica del texto que hace la sustancia viva y el saber, la materia compacta de la conciencia creadora.

Narro, pero no sé qué decir. Si supiera qué decir no escribiría. Es más, si supiera qué decir no lo diría jamás, ni bajo tortura.

En mi país y en la Argentina desaparecieron cientos, miles de hombres y mujeres. Los arrojaban en aviones a las aguas del Río de la Plata. Arrojaban los cuerpos desnudos, aún vivos, adormecidos, desde dos mil metros de altura.

Los cuerpos caían sin hablar. Se hundían en el agua turbia del estuario, del río más ancho del mundo.

La conciencia de los que los tiraban tenía lugar para cien cuerpos, para mil cuerpos, para diez mil cuerpos, para cien mil cuerpos.

Todos los cuerpos caían en la conciencia de un sargento, de un teniente, de un capitán de navío, de un coronel. Los que los tiraban no eran narradores, eran poetas de la muerte. Escribían con los cuerpos ajenos, escribían con cuerpos robados su paupérrima historia de estupidez y odio en la historia infinita del agua.

El agua quedó marcada para siempre.

El agua no olvida. Desde entonces, el agua está manchada.

Esta noche, cuando bebamos un vaso de agua, entrará en nosotros un punto de la muerte, un lunar negro y cancerígeno, infinitesimal, morboso. Pero no nos atoraremos con ese recuerdo pavoroso.

Tragaremos ufanos nuestra cena.

Recordémoslo hoy, cuando bebamos el primer trago transparente de agua contaminada.

Esos cuerpos arrojados en la noche caían en la conciencia. La noche se tragaba los cuerpos y en la sombra que era la materia de la noche había un peso que no se decía, un peso impronunciable. De ese peso habla la literatura. La literatura habla de lo que no puede decirse.

Si supiera qué decir, no sabría nada, no podría descubrir al escribir, pues la escritura es gnoseología y la gnoseología es dinámica, se hace al andar, es tributaria de una dialéctica de la luz y de la sombra que permite advertir los matices, los claroscuros.

El movimiento del texto va generando el espectro heterodoxo de los tonos más allá o más acá de la deriva derrideana, la mendacidad de los colores descubre en ocasiones algunas certezas que traspasan el horizonte exiguo de la mirada.

La reconstrucción de la verdad del texto produce varios sistemas posibles de verdad, ortogonales y oblicuos, si se me permite continuar con el sistema metafórico propuesto desde el título para este seminario. La música abstracta del signo –una composición saussureana que al decir de Charles Sanders Peirce nunca es arbitraria, aunque el signo si lo es en la teorización propuesta por el ginebrino abuelo del estructuralismo– obliga, por cuestiones taxonómicas o metodológicas, a hablar de una fenomenología de la creación narrativa contemporánea en Iberoamérica. En esta fenomenología los productos textuales retoman una o más líneas de la tradición y la continúan precisamente por traicionarla, por contradecirla.

La novela del llamado *boom* latinoamericano se pretendía total o al menos totalizadora, por lo que en ocasiones devino totalitaria, salvo excepciones áureas por lúdicas, como, por ejemplo, *Rayuela* de Cortázar.

Por otra parte, el rompimiento a priori con el género pretendidamente totalizador de la novela establecido por Jorge Luis Borges plantea una estética de la fragmentariedad del discurso narrativo. Otro ejemplo válido y notorio lo representa la obra aún no conocida suficientemente del uruguayo Felisberto Hernández.

La novela de este nuevo siglo en ocasiones se presenta como fractal (en el sentido que a esta palabra otorgan los conjuntos desarrollados por el matemático de origen polaco-lituano nacionalizado francés, Benoît Mandelbrot): fragmentaria, heterodoxa, completa precisamente por reunir y hacer dialogar opuestos, absoluta por su vocación parcial. Buen ejemplo de esta parcialidad, limítrofe con el capricho, pero con el capricho talentoso, lo ha dado Roberto Bolaño, sobre todo a través de su legendaria *Los detectives salvajes*.

La tecnología escritural no se reduce a un teorema de una dada narratología ni a la adscripción a una postura de entre las muchas posibles de una determinada corriente literaria en boga en los aparatos académicos.

* * *

El hombre está dentro de su alma, no fuera de su alma o psique, de cuyo espectro mitológico se habría enamorado Eros.

Dentro del alma del hombre no hay nada más que el hombre.

Fuera del alma del hombre están las estrellas, y se apagan.

Lo que escribo cabe en mí porque no tiene espacio. Lo que escribo no tiene forma, ni sabor ni medida.

La verdad no puede escribirse.

La verdad no tiene palabras.

No hay letras que abarquen la verdad, al menos toda la verdad.

La verdad es la alegría de las palabras, las palabras son libres pero la libertad no tiene nombre, no se reduce a una palabra.

"La respuesta es la tristeza de la pregunta", decía Fernando Pessoa.

* * *

Cuando hablo del sentimiento hablo de la noche, cuando hablo de la noche hablo de los pies que caminan hacia las raíces del concepto de lo que quiero decir.

Cuando hablo de lo que quiero decir, no digo. Hablo, pero no digo. Lo que quiero decir no obedece, ignora y sabe lo que hace.

* * *

El amor es la única palabra buena, y está podrida. El amor tiene una mancha en medio del corazón del pensamiento y el pensamiento tiene una mancha en medio del corazón del amor.

* * *

¿Cómo es el olor de lo que se dice?

¿A qué sabe lo que digo?

¿Cuál es el color de las palabras?

Lo que digo está en el silencio empolladito, tibio, tibio en su nido de testículos contraídos, apretado en los huevos de la muerte.

* * *

La puerta se abre y lo que digo sale.

La puerta se cierra y lo que escribo besa el espacio en blanco.

Lo que digo es agua de lo que no digo.

* * *

La narrativa de un perro.

El sarampión de un ángel.

La pelambre de un sapo posmoderno.

* * *

Lo que digo me muerde la lengua. Trago las vocales, degluto consonantes.

Ser escritor es la peor manera de subir al reino de los cielos.

"Para subir al cielo se necesita un poquito de gracia y otra cosita".

El cielo es una palabra destrozada, llena de huecos. El cielo es un orificio literario, un agujero sin solaz ni goce.

Una vez, en el casco antiguo de la ciudad de Toledo, junto a los restos de una sinagoga, me quité los lentes oscuros y miré directo los ojos del sol.

La luz del sol habló en árabe.

La luz del sol habló en hebreo.

La luz del sol habló en latín.

La luz del sol habló en griego.

No entendí nada y la nada que no entendí se convirtió en lengua española, y las aguas del Tajo, verdes en aquel momento, pronunciaron una palabra que no puedo repetir ahora, estrecha como los labios que lamían las murallas de piedra hundidas para siempre en el temor de los recuerdos, en el pasado, en el dolor sereno del presente.

* * *

Hablar de dolor es relatar un bosque de presentimientos.

Escribir es talar el bosque. Pulir la madera. Hacer de cada tabla un altar, una silla, una mesa.

Y luego quemarlo todo.

Escribir es echar más leña al fuego.

* * *

Pero no basta.

Las palabras hechas humo nublan la gramática. Se quema el frío, el aire y el silencio.

Se escribe y borra.

Se borra. Se escribe.

La palabra borrada es más de lo que se dijo. Lo que se quiso decir tiembla en el aire.

Un libro es un bosque de palabras.

Se tala el bosque. Se lee el libro.

¿Vale la pena sacrificar un árbol para imprimir un libro?

Nada es más que las palabras.

* * *

El poeta uruguayo Salvador Puig afirmó en un extraordinario poema compuesto a fines de los años sesenta: "las palabras no entienden lo que pasa".

Es cierto, pero en ocasiones las palabras inventan lo que pasa.

* * *

No hay, en el planeta de la lengua narrativa, más libertad que la del esclavo. Los escritores son esclavos de la palabra. Cada palabra es un eslabón de la cadena que une al hacedor del decir con su empeño, con su memoria y su viento.

Comunicar es una tarea humana. El hombre se vuelve dios cuando relata, pero su divinidad resulta atroz y no alcanza el espejo de la dicha. Entre todas las tareas que un ser humano aprende a llevar a cabo en el mundo está la de escribir. Tarea de esclavos o dioses. Esclavitud gloriosa, orgullo, placer soterrado, condición humilde, inconfesablemente grandiosa y pura de mancillar páginas, tragar letras, escupir signos sobre el hambre voraz del mundo en blanco.

¿Qué significa el mundo?

Nada. Una nada feroz que muerde el viento, un rumor sin presencia que el ser se acostumbra a soportar, una profundidad sin sonido que se acaba por tener en cuenta, por atender como si fuera un ser vivo, una sensibilidad latente, escondida.

Pero no lo es: el mundo es una roca presente, un corazón de piedra en el centro de todo pensamiento, una necesidad de peso y una voluntad de caer al centro de sí mismo, al nudo de ese peso.

El mundo es nada sin la escritura del mundo. Pero la escritura necesita del mundo no como referente sino como combustible, como materia prima para arder.

Para tener de qué hablar, para inventar el lugar de ser, la escritura necesita la razón tácita de la materia y el silencio de su espacio.

Pero el mundo ni siquiera está hecho de materia, o bien la materia es ilusión inconclusa, permanencia del siniestro equívoco de la realidad, punto ubicuo del ser que está en todas partes y yace en ninguna, flota en el cuerpo del que escribe.

Flota, pero no está.

* * *

La escritura, la narrativa es silencio. Y si es silencio ¿qué importa?

No hay nada más anodino que un trozo de papel, de soledad, de voz.

La escritura es soledad concreta, piedra de soledad liviana como el aire o el concepto del invierno.

La escritura es sustancia de pensamiento, piedra caída en medio del tiempo.

La soledad es escritura.

El tiempo, piedra deshecha, arena.

* * *

Se escribe porque no se puede más, para poder más.

Se escribe porque no quedan cosas que decir, para decirlas.

Se escribe pues en el instante de escribir y en el instante de leer precipita un granizo blanco que oscurece la interpretación, que eclipsa el sentido.

Se escribe más allá de ese sentido y de las posibilidades siempre mendaces de la interpretación.

La deriva interpretativa derrideana conduce a todas partes y a ninguna.

Umberto Eco, en *Los límites de la interpretación* puso coto o aforo a ese diluvio de semiósis ubicua, constante, a ese viaje interminable en todas direcciones. Pero no alcanzó a trazar con nitidez las fronteras entre cielo e infierno: la narrativa es siempre sustancia híbrida amasada a partir de la carne del lenguaje. La narrativa refiere y modifica, nombra y al nombrar funda, crea, inventa.

Al inventar, dice la verdad.

En el imaginario de la geometría euclideana se plantean relaciones de paralelismo y perpendicularidad entre planos fantásticos y los así llamados planos "reales".

En Euclides, la medida, la cuantificación, es fundamental.

Pero aquí se ha invocado un aspecto cualitativo, una propiedad, una característica.

¿Qué es entonces lo "oblicuo" en la narrativa iberoamericana del siglo XXI?

¿Qué carga semántica porta el adjetivo "oblicuo" que nos remite nuevamente a una faceta de la heteronimia de Pessoa y su fundamental "Lluvia oblicua"?

¿Qué significa o resignifica el adjetivo "oblicuo" en la narrativa del presente?

Entre otras cosas, el abandono de la racionalidad propia de la Modernidad "dura", el abandono de la mensura y de la loca mesura que privó hasta bien entrados los setenta, durante y después del llamado *boom* y del *posboom*.

El adjetivo "oblicuo" implica la asunción de un post racionalismo, la asunción del cuestionamiento permanente, la disolución parcial de un yo narrativo fijo, entronizado y "totalitario", delimitado para siempre dentro de un marco autoral sistemático pero dudoso.

Reitero aquí, entre paréntesis, las excepciones representadas por Borges, Felisberto Hernández y Cortázar, entre otros.

La exploración del campo semántico del adjetivo "oblicuo" nos lleva al lugar de las hesitaciones, al jardín de las dudas, a un territorio que reniega del mapa, que lo dice y desdice.

Se trata de una narrativa de asuntos laterales que devienen centrales, una narrativa de una época de pulso taquicárdico sin denominación precisa.

¿Esta escritura habita y representa la Modernidad tardía?

¿Esta narrativa se instala en la condición bautizada por un rumiante Lipovesky como "Hipermodernidad"?

¿Esta narrativa se posa como una pluma de pubis en la era del choque de civilizaciones que enarbola y describe didáctico, aunque algo maniqueo desde su pragmática histórica el estadounidense Samuel Huntigton?

* * *

Todo intervalo temporal histórico cultural resulta de una transa epistemológica, de una in/necesaria "petición de principio" inexacta pero didáctica y posibilitadora de enunciación.

Sigamos por un momento esa línea: en términos de la historiografía clásica la posmodernidad, no como corriente arquitectónica sino como configuración de pensamiento, se inicia en 1989 con la caída del Muro de Berlín.

En este encare simplista pero didáctico la post modernidad habría finalizado en 2001 con otra caída, la de las Twin Towers o Torres Gemelas en Nueva York.

Entre ambas fechas se verificó un estado imaginario de coexistencia pacífica entre numerosos sistemas de pensamiento incompatibles o contradictorios. El cielo y el infierno eran equivalentes en el mercado de valores de la posmodernidad.

Pero la posmodernidad, con mayúsculas o minúsculas, acabó. *C'est fini.*

Como decía Bugs Bunny, el conejo de la suerte: "*That's all, folks*".

Eso es todo, amigos.

Pero todo recomienza.

* * *

Para el narrador iberoamericano del siglo XXI la historia no terminó. La mirada oblicua connota también bizquera, estrabismo, cruce de ojos.

La idea del doble, la idea de la multiplicidad y el juego de espejos, la fatalidad que conllevan el humor y la poesía como parámetros para narrar o inventar la vida se implementan en esta oblicuidad que no es manifiesto ni programa vanguardista al uso de la vigésima centuria.

El tema de la oblicuidad implica a su vez la idea de intersección de planos y multiplicidad, lo que conduce a otro imaginario geométrico: no el de Euclides sino el topológico, donde importan más las relaciones entre puntos que las medidas, donde no es necesaria la aprehensión maximal pues en lo particular, en cada fragmento, en términos fractales, puede encontrarse la verdad estética de la obra, la verdad, toda la verdad y nada más que la verdad.

Y esto hace que el discurso se vuelva sobre sí mismo y retorne al problema de la escritura. El discurso reflexiona, se contrae, se tuerce y en última instancia se endereza del mismo modo en que se *desfacen* o deberían *desfacerse* los entuertos.

* * *

Una narrativa de la vida debería hablar, entre otras cosas, de la muerte. Una narrativa oblicua debería predicar también sobre las sinuosidades invisibles de la línea recta.

Euclides enseña que un haz es infinito y en cierto modo inabarcable.

La topología muestra el camino de la flexibilidad, una alternativa al imperio absoluto del ego autoral y a la llamada "novela total", la asunción por el humor y la ironía de una verdad probable, nunca exacta pero bella en su indeterminación.

* * *

La mirada sobre las cosas devuelve una escritura que va más allá de las cosas.

La mirada es transformación.

La escritura transforma el sentido de la vista, del oído, del tacto, del olfato y del gusto.

El sentido se transforma también, como una crisálida, y cuando lo que era gusano despliega unas imponentes y levísimas alas y sale volando, queda patente que la realidad es más fantástica que el más atrevido de los ingenios.

Sólo es menester querer y saber verlo.